应用型人才培养改革研究

Research on the Reform of Applied Talents Training

黄东显 著

科学出版社

·北京·

内 容 简 介

作为市场经济和知识经济的结合点,应用型人才必然成为职业教育人才培养的主要方向,这也是高等教育大众化的必然选择。

本书从多维角度深入研究应用型人才培养问题。首先,本书从应用型人才培养的市场效应入手,揭示应用型人才培养与劳动力市场的良性互动,为应用型人才培养指明了方向;继而分析应用型人才培养的创业导向,提出了帮助职业院校大学生实现创业梦想的对策;最后,本书从应用型人才培养的模式改革角度,探讨了提升应用型人才培养质量的有效路径。

本书对教育学学者尤其是职业教育工作者,以及对职业教育感兴趣的普通大众有重要参考价值。

图书在版编目(CIP)数据

应用型人才培养改革研究 / 黄东显著.—北京:科学出版社,2016.12
ISBN 978-7-03-051404-2

Ⅰ.①应… Ⅱ.①黄… Ⅲ.①高等教育-人才培养-教育改革-研究-中国 Ⅳ.①G649.21

中国版本图书馆 CIP 数据核字(2016)第 314945 号

责任编辑:付 艳 孙文影 高丽丽 / 责任校对:李 影
责任印制:张 伟 / 封面设计:楠竹文化

科 学 出 版 社 出版
北京东黄城根北街 16 号
邮政编码:100717
http://www.sciencep.com

北京建宏印刷有限公司 印刷
科学出版社发行 各地新华书店经销

*

2016年12月第 一 版 开本:720×1000 B5
2018年 5 月第二次印刷 印张:16
字数:300 000

定价:78.00 元

(如有印装质量问题,我社负责调换)

序　言

国家的强大，民族的振兴，取决于职业的红火和教育的繁荣。改革开放以来，我国科技革命和互联网思维影响下的各行各业日新月异，教育特别是高等教育也经历了一个恢复、调整、快速发展的过程，并取得了举世瞩目的卓越成就。自 1999 年高校扩招开始，我国高等教育毛入学率一直稳步上升，短短数年就实现了高等教育大众化的目标。根据目前适龄人口情况测算，预计在今后较短的时间内，我国高等教育毛入学率将达到 50%，稳步进入高等教育普及化阶段。尽管我国高等教育规模已位居世界第一，但也面临千校一面、特色不明、人才培养与经济结构发展不相适应、行业"招聘难"与人才"就业难"的尖锐矛盾。事实上，教育发展阶段和人才培养类型紧密关联。在高等教育规模不断扩大的同时，高等教育结构也在不断调整，两者相互影响、相得益彰。高等教育大众化一方面导致了教育类型的日益分化，另一方面也使应用型人才培养逐渐成为高等教育发展的突出重点。2015 年 10 月 19 日，教育部颁发了《高等职业教育创新发展行动计划（2015—2018 年）》，为深入推进我国职业教育改革发展设计了明朗的路线图。《应用型人才培养改革研究》一书作者对高等职业院校应用型人才培养改革的探索，顺应了经济社会发展和国家对高等职业教育的强烈需求，有利于满足高职学生职业训练和职业发展的需要，因而有着非同寻常的理论意义和现实价值。

该书的主体框架分为三个组成部分，上篇为应用型人才培养的市场效应，中篇为应用型人才培养的创业导向，下篇为应用型人才培养的模式改革。

上篇从分析国外应用型人才培养与劳动力市场的互动关系入手，立足中外比较的视角探讨了我国应用型人才培养与劳动力市场的互动发展情况，揭示了我国职业教育发展面临的新机遇和新挑战，进而对我国应用型人才的培养提出了改革方向，并由此明确提出，我国应用型人才培养与劳动力市场结合的最佳模式乃是"校企合作"，其具体路径包括开展"现代学徒制"培养试点、发挥企业重要办学主体作用、培养学生更好地适应社会的能力等；此外，上篇还从应用型人才培养的市场错位、市场互动和市场协调三个方面分析了应用型人才培养与劳动力市场的关联性及良性互动。作者现实关照感强，路径寻求心切，充分体现了一位职业教育研究者的拳拳之情。

中篇强调，推进大众创业、万众创新是经济发展的动力之源，是培育和催生社会发展新动力的必然选择。在我国高等职业教育中，大学生创业存在诸多缺陷和不足，例如，学校创业激情高，创业人数少，创业精神严重缺失，创业者自恃清高、好高骛远、缺乏坚持不懈的奋斗精神等。作者由此进一步说明，加强创业意识教育确有必要，开展创业方法指导实属必然，并分别从强化社会责任、改变家庭观念、提升教育质量和自我修炼成长四个角度，探究了帮助职业教育大学生实现创业梦想的对策。在本篇中，作者问题意识突出，创新观念强盛，多维度强调了职业院校大学生创业教育的必要性。

下篇着重探讨应用型人才培养模式的改革。作者指出，提升应用型人才培养质量，需要改革现有的人才培养模式。随后，作者分别从高等职业专科教育、应用型本科教育和专业学位研究生教育三个层面研究了应用型人才培养模式改革的策略。尤为可贵的是，作者基于知识结构的特征认识到，应用型人才不仅要有精湛的专业技能和追求极致的工匠精神，以快速适应和满足职业岗位需求，而且还要具备较高的综合素养，展示职业热情、伦理精神和社会责任素养。特别是在培育和践行社会主义核心价值观的大背景下，职业教育要努力探索核心价值观的引领作用，将其体现在应用型人才培养实践中，要从战略规划的角度对职业教育予以准确定位，有效规约，努力实现政治、经济、文化、社会的综合治理。本篇思想内容先进，操作层级多样，呈现了作者正能量色彩的学术品格、实践型风格的研究特色和立体化发展的思维张力。

该书作为应用型人才培养方面的专著，有着独到而鲜明的特色。

一是研究思路清晰，层次分明。该书的上、中、下三篇，分别探讨市场效应、创业导向和模式改革，三者相互照应，彼此衔接，构成一个有机的整体结构；篇内各章亦基本围绕发现问题、分析问题的技术路线，环环相扣，层层深入，设计精巧，匠心独运。

二是研究范围广泛，应用性强。作者从不同角度对应用型人才培养作出了较为全面的解读。解读切合社会现实，避免了陷入空谈理论的怪圈，比如在应用型人才培养的创业导向方面，作者从职业教育大学生的创业现状出发，深入剖析了创业难的成因，进而有针对性地提出了应对策略。

三是研究内容新颖，具有深度。作者在应用型人才培养的市场效应论证方面，对构建应用型人才培养与劳动力市场良性互动关系见解深刻，提出完善就业工作是两者协调发展的核心，并在经济发展对人才培养的引领和人才培养对经济发展的支撑两方面提出了独到的见解和主张。在应用型人才培养的模式改革方面，作者既着眼于当下高等职业专科教育的现实状况，又突出应用型本科教育的改革重点，还对专业学位研究生教育的导向性进行创新性探究。

总之，面对加快发展职业教育的大好历史机遇，作者结合我国经济社会发展对人才的需求状况，进行了全方位、大视野、强力度的研究，提出了若干加快应用型人才培养的应对之策。这既利于实现普通教育与职业教育之间的良性互动，也利于人力资源建设理论在我国职业教育领域的有效应用，还利于中国特色职业教育人才培养体系的发展与完善，值得嘉许。通观全书，这是一部近年来不多见的职业教育人才培养研究的力作，故愿将其推荐给各位同仁，以期共谋高等职业教育繁荣大计。

李保强[①]

2016 年 10 月 1 日

---

① 李保强，武汉大学教育科学研究院教授、博士生导师。

前　言

　　在高等教育大众化进程中，发达国家以服务区域经济发展需求为基础，并不片面追求培养传统的学术精英，如美国的社区学院、德国的应用科技大学、日本的短期大学、英国的多科技术学院等。高等教育类型多样化，培养更多应用型人才，是实现高等教育大众化、普及化的必然选择，也是高等教育发展的趋势。

　　我国作为最大的发展中国家，面临严峻的就业形势。从劳动力供给角度看，我国现在已经度过了劳动力供给最丰富的时期，人才供给量逐渐减少；从劳动力需求角度看，随着经济增长方式的转变，产业结构的优化升级，经济增长对就业的拉动能力正在减弱，就业弹性也在不断降低,劳动力供给结构性过剩和就业需求不足的矛盾日益突出。面对严峻的就业形势，中央和地方政府相继发布了一系列相应政策，出台了鼓励和支持大学生到基层就业、自主就业的指导性文件，这既是解决大学生就业难的有效途径，也是事关人民群众切身利益的大事。

　　随着高校扩招和经济结构调整，就业结构和就业方式也发生较大变化，大学生作为青年就业主体，其就业竞争力已经引起社会广泛的关注。由联合国、世界银行和国际劳工组织共同发起的"青年就业网"，曾提出解决青年就业的四大途径是创业精神、创造就业、提高就业力、机会均等。事实上，自主创业、自谋职业、灵活就业等已成为大学生，特别是职业教育大学生就业的重要方式；在逐渐壮大的创业队伍中，大学生群体已成为一只不可忽视的力量。但由于受传统观念、社会经济体制等因素的影响，目前大学毕业生真正自主创业的比例并不高，这同社会对大学生创业的期望不符，未来职业院校应着重于对应用型人才的职业素养和创业创新能力进行培养。

　　我国的职业教育体系在逐步完善，高等职业教育已经实现了跨越式发展，培养了大量的应用型人才，在提高劳动者素质的同时，也推动了市场经济的发展，促进了就业结构的改善。但当前职业教育办学条件比较薄弱，教育质量有待提高，存在着不能完全适应经济社会发展需要的问题。在此背景下，2010 年 7

月，教育部颁布《国家中长期教育改革和发展规划纲要（2010—2020 年）》，明确提出进一步建设中国特色现代高等教育，要更加注重高等职业教育质量的提升。2014 年 6 月，国务院印发《关于加快发展现代职业教育的决定》，规划到 2020 年，形成适应经济发展需求、产教深度融合、中职高职衔接、职业教育与普通教育相互沟通，体现终身教育理念，具有中国特色、世界水平的现代职业教育体系。由此可见，提升职业教育质量，培养高素质应用型人才，成为经济社会发展和高等教育自身发展的迫切需要。

当今社会的发展源于市场经济和知识经济两种经济力量，而应用型人才作为实现这两种经济力量的结合点，必然会成为职业教育人才培养的主要方向。社会的发展催生了市场经济的多样化，进而要求多样化的人才来适应市场经济。注重人才培养的多样性、应用性，以通过提高劳动者知识和技能的方式提高劳动生产率，并进一步促进经济增长。因此，发展职业教育，培养应用型人才，应该成为高等教育结构改革的重点，唯如此，才能保障高等教育的多样性，保障高等教育适应经济增长的需要，促进经济增长。

教育为社会经济发展服务，也为促进人的全面发展服务。高等职业教育培养高素质应用型人才，为经济社会发展提供人力资源支撑，与此同时，受教育者自身也在这个过程中获得了全面发展。这就要求应用型人才培养要以人为本，遵循教育发展规律，在人才培养模式上体现职业技能与综合素养的融合培养，在教会学生适应社会生存的职业技能的同时，注重对学生品行的塑造。职业教育不能仅以促进社会经济发展为目标，更应把促进人的全面发展结合起来，两者相互影响，形成良性循环，使职业教育在塑造高素质全面发展的应用型人才的同时，促进经济社会的繁荣发展。

应用型人才培养是伴随高等教育大众化的发展而发展的，实践历时不长，仍处于发展与探索阶段，加之作者的研究视野和研究水平有限，本书难免有不足之处，还请专家与读者指正。

黄东显

2016 年 10 月

目　　录

中篇 应用型人才培养的创业导向

第一章　绪　论

第一节　应用型人才培养展望

随着我国科教兴国战略的大力推进，我国的高等教育实现跨越式发展，取得了令人瞩目的成绩，但同时也面临着千校一面、特色不明，以及人才培养与经济结构调整不相适应等问题。事实上，人才培养类型和教育发展阶段是紧密联系的，两者相互影响，相互促进，高等教育大众化对高等学校人才培养质量提出了新的要求，高等学校要注重对学生应用能力的培养，服务区域经济发展，为学生将来的就业打好基础，进而形成教育类型的分化，使应用型人才培养逐渐成为新时期高等教育发展的重点。

一、职业教育促进经济发展

加快发展现代职业教育，是党中央、国务院作出的重大战略部署，对于深入实施创新驱动发展战略，创造更大人才红利，加快转方式、调结构、促升级具有十分重要的意义。关于教育与经济的关系，无论是新古典经济学家还是现代经济学派，都一致认为教育对促进经济增长发挥了极大的促进作用。一般而言，经济发展包括三个方面：经济总量增长、经济结构优化与升级、经济质量改善和提高，三者相互作用、相互支撑，共同推动经济发展。职业教育培养了大量的技能型人才，优化了人力资本结构，不同层次的教育又为社会和经济发展提供了不同层次的人力资本，也为产业结构的调整和优化提供了人力要素。

马克思在《资本论》中提到，"劳动生产力是由多种情况决定的，其中包括：工人的平均熟练程度、科学的发展水平和它在工艺上的应用程度……"[1]。而其中工人的平均熟练程度需要依靠培训或训练才能提高，科学发展水平需要依

---

[1]　马克思. 资本论（第1卷）. 中共中央马克思恩格斯列宁斯大林著作编译局译. 北京：人民出版社，1975：53.

靠教育才能得到发展，而科学发展水平在工艺上的应用程度则体现了如何应用知识、如何将知识转化为生产力方面的问题。事实证明，在科学发展水平的应用方面，不仅需要大量高层次知识分子、大量研发人才，也需要大量的将各种技术转化为具体高新技术产品的技能型人才。

人力资本是经济增长的重要源泉，教育可以通过提高劳动者技能的方式提高劳动生产率，教育可以提高人力资本、技术进步，并进一步促进经济增长。另外，受教育程度越高，人们更易于提高劳动生产率；受教育的规模越大，人力资本积累越丰富，则更能促进长期经济增长，这一公认的假设也曾被许多国家教育发展与经济增长的事实所证明。在高等教育大众化进程中，发达国家涌现出一批新的教育类型，以服务区域经济发展需求为基础，并不追求培养传统的学术精英，如美国的社区学院、日本的短期大学、德国的应用科技大学、英国的多科技术学院等。高等教育培养人才多样化，成为实现高等教育大众化的必由之路，发达国家的高等教育发展历程已经证明了这一点。

在知识经济全球化的背景下，我国经济迅速发展。2015 年，面对错综复杂的国际形势和艰巨繁重的国内改革发展稳定任务，党中央、国务院团结带领全国各族人民，按照"五位一体"总体布局和"四个全面"战略布局的总要求，牢固树立和贯彻落实创新、协调、绿色、开放、共享的发展理念，适应经济发展新常态，坚持改革开放，坚持稳中求进的工作总基调，坚持稳增长、调结构、惠民生、防风险，不断创新宏观调控思路与方式，深入推进结构性改革[①]，扎实推动大众创业、万众创新，努力促进经济保持中高速增长，迈向中高端水平，转型升级步伐加快，改革开放不断深化，民生事业持续进步，经济社会发展迈上新台阶，实现了"十二五"圆满收官，为"十三五"经济社会发展、全面建成小康社会奠定了坚实基础。

2015 年，我国国内生产总值 676 708 亿元，比上年增长 6.9%。其中，第一产业增加值 60 863 亿元，增长 3.9%；第二产业增加值 274 278 亿元，增长 6.0%；第三产业增加值 341 567 亿元，增长 8.3%。第一产业增加值占国内生产总值的比例为 9.0%，第二产业增加值比例为 40.5%，第三产业增加值比例为 50.5%，首次突破 50%。全年人均国内生产总值为 49 351 元，比上年增长

---

① 新华社. 抓好"一带一路"建设和重大标志性工程落地，习近平主持政治局会议分析研究 2016 年经济工作[J]. 建筑设计管理，2015，（12）：47-48.

6.3%，全年国民总收入为 673 021 亿元。①

我国工业化和城镇化进程加速，产业结构不断升级，资本和技术密集型产业快速发展，急需一大批既具有较高理论水平、又能灵活运用科学知识和方法有效解决实际问题的高层次应用型人才。影响当今社会发展的两大经济力量，一个是市场经济，另一个就是知识经济，两者的结合造成了市场经济的多样性，多样性的市场经济必然需要多样性的人才，高等教育的发展必须考虑这一因素，注重培养人才的多样性；高等教育与经济增长的关系，实际上是高等教育结构与经济增长的适应与匹配问题。在高等教育结构体系中，始终存在总量和结构的矛盾，应用型人才恰恰是这两种经济力量的结合点，并成为当今社会对高等教育的最大需求。

二、职业教育模式改革

随着我国经济社会的发展，大力发展职业教育已经成为全党和全国人民的共识，应用型人才培养成为我国经济社会发展的重要基础和教育工作的战略重点。以邓小平理论、"三个代表"重要思想、科学发展观为指导，切实贯彻习近平总书记重要指示精神，服务"四个全面"战略布局和创新驱动发展战略，以立德树人为根本，以服务发展为宗旨，以促进就业为导向，坚持适应需求、面向人人，坚持产教融合、校企合作，坚持工学结合、知行合一，推动高等职业教育与经济社会同步发展，加强技术技能积累，提升人才培养质量，为实现"两个一百年"奋斗目标和中华民族伟大复兴的中国梦提供坚实人才保障。②面对大力发展职业教育的大好历史机遇，结合我国经济社会发展对人才的需求状况，进行全方位、有深度的研究，对加快培养应用型人才提出应对之策，必将有利于我国教育事业的全面发展，有利于我国人力资源建设的完善，有利于加快我国经济转型的步伐，对建设中国特色职业教育体系也有着较高的应用价值。

近年来，我国高等职业教育事业快速发展，职业教育体系建设稳步推进，培养了大批中高级技能人才，在提高劳动者素质的同时，推动了市场经济的发展，

---

① 国家统计局. 中国统计年鉴-2015. 北京：中国统计出版社，2015.
② 温海花. 职业为导向的高职英语教育专业岗前培训的实践与探讨[J]. 福建教育学院学报，2016，17（4）：69-71.

促进了就业结构的改善。同时我们也要看到，当前职业教育办学条件比较薄弱，教育质量有待提高，还不能完全适应经济社会发展的需要。在很大程度上，学生的就业状况反映了社会对人才的评价和需求，也体现了高等学校人才培养的质量，从本质上看，衡量教育质量的根本标准是促进人的全面发展和适应社会的要求。因此，在这样的背景下，加强职业教育，培养应用型人才，成为社会经济发展和高等教育自身发展的迫切需要。2010 年 7 月，教育部颁布《国家中长期教育改革和发展规划纲要（2010—2020 年）》，明确提出进一步建设中国特色现代高等教育，要更加注重高等职业教育质量的提升①。2014 年 6 月，国务院印发《关于加快发展现代职业教育的决定》，规划到 2020 年，形成适应经济发展需求、产教深度融合、中职高职衔接、职业教育与普通教育相互沟通，体现终身教育理念，具有中国特色、世界水平的现代职业教育体系②。

教育为社会经济发展服务，也为促进人的全面发展服务，培养高素质的应用型人才为经济社会发展提供人力资源，造福社会和人民，同时，受教育者本身也获得了全面发展。这就要求我们在办学过程中遵循教育规律，以人为本，从办学理念到课程设置，从培养目标到教学模式，都要体现技能与素养的融合与协调，在培养学生的技能以适应社会经济发展的同时，提升学生的人格、品行和情操，使之获得全面发展。职业教育不能仅以促进社会经济发展为唯一目标，更应把促进人的全面发展结合起来，职业教育不但是塑造高素质全面发展的应用型人才的教育，更是能够促进社会繁荣发展的教育。

三、创业永远在路上

我国作为最大的发展中国家，面临着严峻的就业形势，从劳动力供给角度看，我国已经度过了劳动力供给最丰富的时期，人才供给量逐渐减少。从劳动力需求角度看，随着经济增长方式的转变，产业结构的优化升级，经济增长对就业的拉动能力正在下降，具体表现在就业弹性的不断降低。劳动力供给结构性过剩

---

① 教育部. 国家中长期教育改革和发展规划纲要（2010—2020 年）[EB/OL]. 中国教育部网站，http://www.moe.edu.cn/publicfiles/business/htmlfiles/moe/moe_838/201008/93704.html[2016-07-29].
② 国务院. 关于加快发展现代职业教育的决定[EB/OL]，国发〔2014〕19 号. 中国教育部网站，http://www.moe.edu.cn/publicfiles/business/htmlfiles/moe/moe_1778/201406/170691.html[2016-08-12].

和就业需求不足,使得我国的就业问题日益突出。

面对严峻的就业形势,中央和地方相继制定了一系列相关政策文件,鼓励大学生自谋职业和自主创业,这是解决大学生就业难题的有效途径,是事关广大人民群众切身利益的大事。如2002年2月8日,《国务院办公厅转发教育部等部门关于进一步深化普通高等学校毕业生就业制度改革有关问题意见的通知》(国办发〔2002〕19号)明确指出:培养与社会主义市场经济要求相适应的大量劳动者和各方面专门人才,不断提高劳动者的素质,关系21世纪我国社会主义事业的全局。普通高等学校毕业生是宝贵的人才资源,合理使用高校毕业生人才资源是落实科教兴国战略的重要措施之一;从总体来说,目前高校毕业生数量与各行各业的需求量相比还远远不足,高校毕业生在地区和结构上的分布也不平衡,就业困难只是结构性的,解决这一问题,需要进一步解放思想、转变观念,深化高校毕业生就业制度和社会用人制度等方面的改革;鼓励和支持高校毕业生自主创业,工商和税收部门要简化审批手续,积极给予支持。①

2003年5月29日,国务院办公厅《关于做好2003年普通高等学校毕业生就业工作的通知》(国发办〔2003〕49号)指出②:坚持"市场导向、政府调控、学校推荐、学生与用人单位双向选择"的改革方向,动员组织社会各方面力量共同做好高校毕业生就业工作;鼓励高校毕业生自主创业和灵活就业,凡高校毕业生从事个体经营的,除国家限制的行业外,自工商部门批准其经营之日起1年内免交登记类和管理类各项行政事业性收费,有条件的地区由地方政府确定,在现有渠道中为高校毕业生提供创业小额贷款和担保;各级政府和高等学校要采取有效形式对高校毕业生进行就业形势教育,开展树立正确择业观和创业观教育,并贯穿于学校教育的全过程。要大力宣传优秀毕业生艰苦奋斗、自主创业、扎根基层的成才之路和成功经验,激发高校毕业生到基层干事业的热情,引导高校毕业生确定切合实际的就业期望值,在全社会营造有利于高校毕业生就业特别是到基层和艰苦地区就业的良好社会氛围。

2005年11月4日,国务院发布《关于进一步加强就业再就业工作的通知》

---

① 教育部,公安部,人事部,劳动保障部. 国务院办公厅转发教育部等部门关于进一步深化普通高等学校毕业生就业制度改革有关问题意见的通知,国办发〔2002〕19号. 中国教育部网站,http://www.moe.edu.cn/publicfiles/business/htmlfiles/moe/moe_24/200501/5531.html[2016-12-01].

② 国务院办公厅. 关于做好2003年普通高等学校毕业生就业工作的通知[EB/OL],国办发〔2003〕49号. 中国就业网,http://www.chinajob.gov.cn/EmploymentServices/content/2003-07/08/content_217556.htm[2015-03-08].

（国发〔2005〕36 号）指出[①]：坚持在发展中解决就业问题，努力实现促进经济增长与扩大就业的良性互动。把深化改革、促进发展、调整结构与扩大就业有机结合起来，在制定涉及全局的经济社会政策和确定重大建设项目时，要把扩大就业作为重要因素考虑，在注重提高竞争力的同时，确立有利于扩大就业的经济结构和增长模式，及时分析国内外经济形势变化对就业的影响，积极采取相应对策；鼓励劳动者通过多种形式实现就业，加快完善和实施与灵活就业相适应的劳动关系、工资支付和社会保险等政策，为灵活就业人员提供帮助和服务；鼓励自谋职业和自主创业，对持《再就业优惠证》人员从事个体经营的（国家限制的行业除外），在规定限额内依次减免营业税、城市维护建设税、教育费附加和个人所得税；并免收属于管理类、登记类和证照类的各项行政事业性收费，期限最长不超过 3 年。

2008 年 2 月 3 日，国务院发布《国务院关于做好促进就业工作的通知》（国发〔2008〕5 号）指出：改善创业环境，促进创业带动就业，完善支持自主创业、自谋职业政策体系，建立健全政策扶持、创业服务、创业培训三位一体的工作机制，简化程序，规范操作，提高效率，增加融资渠道，放宽市场准入限制，加强信息服务，加强创业意识教育，转变就业观念，营造鼓励自主创业的社会环境，使更多的劳动者成为创业者；积极做好高校毕业生就业工作，把高校毕业生就业纳入就业工作总体部署，明确目标，落实责任，健全工作机制，进一步加强对高校毕业生的公共就业服务，广泛开展技能培训和就业见习，提高高校毕业生实践能力和就业能力，引导高校毕业生面向基层就业和创业。[②]

事实上，进入 20 世纪 80 年代，创业对社会经济增长、科技进步及就业的贡献日益凸显，创业的作用和巨大潜力已经开始被学术界和社会所认识，创业研究逐渐成为教育和经济、管理科学领域的研究热点。在我国，虽然有关大学生创业的研究还处于起步阶段，但是大学生创业已经成为社会热点。国际上对于大学生创业的重视开始于 1983 年美国德州大学奥斯丁分校举办的首届商业计划竞赛，在我国，大学生创业兴起较晚，1998 年首届"清华大学创业计划大赛"拉开了

---

① 党中央、国务院.国务院关于进一步加强就业再就业工作的通知[EB/OL]，国发〔2005〕36 号. 中国教育部网站，http://www.moe.edu.cn/publicfiles/business/htmlfiles/moe/moe_1134/200603/14135.html[2016-11-15].

② 国务院. 国务院关于做好促进就业工作的通知，国发〔2008〕5 号. 中央政府门户网站，http://www.gov.cn/zwgk/2008-02/19/content_893083.htm[2016-11-15]

我国大学生创业的序幕，从此，大学生创业对于经济发展和大学生个人成长的重要意义，逐渐为人们所认识。

同时，随着高校扩招和经济发展，我国的就业结构和就业方式也发生了巨大的变化，如何提高大学生的就业竞争力越来越成为大家关注的问题，由联合国、世界银行和国际劳工组织共同发起的青年就业网提出了解决青年就业的 4 大途径：创业精神、创造就业、提高就业力、机会均等。事实上，自主创业、自谋职业、灵活就业等已成为大学生，特别是职业教育毕业生就业的重要方式，在逐渐壮大的创业队伍中，大学生群体已成为一支不可忽视的力量。但我国大学生创业由于受传统观念、社会经济体制的影响，起步较晚，且发展缓慢，目前大学毕业生真正自主创业的寥寥无几，这和社会对大学生创业的期望不符，未来的应用型人才培养应着重于对大学生的职业素养和创业创新能力的培养。

第二节　应用型人才培养理念

一、高等教育大众化理论

美国著名教育社会学家马丁·特罗（Martin Trow）教授多年考察主要发达国家，特别是美国和欧洲高等教育，分别发表《从大众向普及高等教育的转变》[①]和《高等教育的扩展和转化》[②]，明确提出了高等教育大众化的概念和理论体系。他以高等教育的毛入学率为标准来衡量，将 15%作为精英教育和大众化教育的分界线，将 50%作为大众化教育和普及化阶段的分界线。这一理论得到世界范围的认可，目前已经成为衡量各国高等教育发展阶段的主要标准。

自 20 世纪 50 年代美国成为世界上第一个进入高等教育大众化阶段的国家以来，英国、德国、日本等国的高等教育紧随其后，大致在 60 年代后期进入高等

---

① Trow M. Problems in the Transition from Elite to Mass Higher Education[J]. Educational Problems，1973：57.

② Trow M.The expansion and transformation of higher education[J]. International Review of Education，1972，18(18)：61-84.

教育大众化阶段，高等教育质量得到了较大程度的提升，培养的人才更加适应经济社会的需要，实现从量的变化到质的变化。高等教育的大众化进程，实际上是和各国的经济发展程度相关联的。我国从 1999 年作出高等教育扩招的重大决定，到 2005 年我国的高等教育毛入学率就达到了 17%，短短数年间已经实现了跨越式发展，完成了高等教育大众化的进程。

马丁·特罗教授指出，随着经济社会的发展，高等教育大众化进程的加快，高等教育与经济社会的联系也越来越紧密，高等教育培养的人才要能满足经济社会发展的需要，高等教育培养的学生不仅要具备系统的知识体系，还要掌握一定的职业技能，这就要求高等教育走出象牙塔，融入经济社会发展，高等学校应该成为社会的一个重要构成，满足国民多样化的教育需求①。放眼全球，应用型人才培养是许多国家人才培养的重要组成部分。以德国为例，应用科学大学是其高等教育体系的重要组成，其所培养的应用型人才在国民经济建设中发挥了重要作用。我国应用型人才培养正是高等教育大众化的必然结果，对应用型人才培养模式的探索正是为了满足经济社会发展的需要，也是为了满足每个学生的生存和职业发展的需要。

二、教育与生产劳动相结合的理论

19 世纪中叶，马克思从人的全面发展的角度出发，提出了教育与生产劳动相结合的理论，这一原理包括三个方面的含义：①在教育中要注重理论与实践结合；②在生产劳动中实现人的全面发展；③通过生产劳动，接触和掌握现代科学技术。马克思关于教育与社会劳动相结合的理论，为我们培养应用型人才提供了启示，应用型人才培养必须坚持"教育与实践活动相结合"的思想，充分重视实践教学在人才培养中的作用和地位。②事实上，我国高职教育在发展历程中，已经意识到要使理论联系实际，很多院校也都非常重视教学与生产实践的紧密结合，纷纷开展形式多样的校企合作，通过实践来培养学生解决实际问题与动手操作的能力。

20 世纪 60 年代，美国的帕森斯认为，教育的功能之一就是使个体社会化，使社会的共同价值内化为学生的个体，使学生具备社会责任心、义务感及相应的

---

① Trow M. Problems in the Transition from Elite to Mass Higher Education[J]. Educational Problems，1973：57
② 杨丽. 新建地方本科院校应用型人才培养模式的案例研究[D]. 南宁：广西大学，2014.

能力①。我国高等教育规模在稳步上升的同时，大学生的就业率却逐年下降，另外，很多企业却出现用工荒，企业的岗位招不到相应合适的人员。这说明我国高等教育培养的人才的知识和能力结构不能满足社会经济发展的需求。随着智能制造、绿色能源和数字服务成为经济发展的新目标，提升高端制造业产业发展需求、具有国际视野和竞争力的高层次应用技术人才必将成为急需。我国的高等教育对人才的培养不但落后于经济的发展，不能适应市场经济的要求，而且缺乏参与国际竞争的能力。这就对我国应用型人才培养提出了新的要求，人才培养要满足社会发展的需要和学生就业的需要，进而推进我国经济的发展。从学校内涵发展来说，人才培养特色难以凸显，学校发展难免会遇到制度机制、教育教学等多方面的困惑，面对这一现状我们必须做好社会调研，了解社会各行各业人才的知识能力结构，预测社会对各类人才的需求状况，相应地改革应用型人才的培养模式。

约翰·杜威（John Dewey，1859—1952）是现代教育的集大成者，他的实用主义课程观得到了广泛的认可，也是本书进行应用型人才培养模式研究的理论支撑。在杜威看来，经验是主体和对象、有机体和环境之间的相互作用，教育是经验的系统运用。他在《我的教育信条》一文中指出②，教育过程有两个方面，一个是心理学的，另一个是社会学的，它们互不隶属，也不能偏废。技术和劳动本身也被列为教育的重要一环，这样就催生了教学与生产劳动相结合的课程思想。事实上，职业教育和劳动力市场的互动关系正是这一理论在经济社会的体现，是马克思主义理论与实践相结合的基本原则，也是应用型人才培养的理论依据。

三、人的全面发展学说

马克思关于人的全面发展学说的基本思想是③：人的发展与社会的发展是一致的，在旧的劳动分工形式下，人的发展是片面的，社会大工业机器时代的到来要求人"自由而全面的发展"，在这样的社会条件下，人的全面发展也具有了一

① 佟庆才. 帕森斯及其社会行动理论[J].国外社会科学，1980（10）：62-64.
② 约翰·杜威.我的教育信条. 教育论著选[M]. 彭正梅译. 上海：上海人民出版社，2013.
③ 中共中央党校马克思主义理论教研部，中国马克思主义研究基金会. 马克思主义关于人的学说[M]. 北京：人民出版社，2011：294-330.

定的物质基础。而作为培养人的社会活动的教育在人的全面发展中担负着重要职责，单一的学校教育已不能完成这项任务，必须与生产劳动结合起来共同促进人的全面发展。

美国的经济学家舒尔茨的人力资本理论指出：教育作为经济发展的源泉，其作用远超过被看作实际价值的建筑物、设施、库存物质等物力资本；有技能的人力资源是一切资源中最为重要的资源，人力资本的收益大于物力资本的收益[①]。

事实上，普通教育注重传授学术性知识体系，职业教育注重从事某一职业所需的技能，如果简单地这样区分，培养的人才是缺乏可持续发展的。现在社会科技发展迅速，知识更新较快，应用型人才培养必须把人才培养与社会发展结合起来，密切关注社会经济发展对人才的需求，紧密结合区域产业结构和行业发展特点，注重培养学生在实际工作岗位中所用的基本理论与基本技能，强调人才培养的多面性和行业性的特点，充分展现集知识与技能为一体的应用型人才的培养特色。

四、中国学生发展核心素养

为把党的十八大和十八届三中全会提出的关于立德树人的要求落到实处，2014年，教育部研制印发《教育部关于全面深化课程改革落实立德树人根本任务的意见》，提出"教育部将组织研究提出各学段学生发展核心素养体系，明确学生应具备的适应终身发展和社会发展需要的必备品格和关键能力"[②]。

教育部研究中国学生发展核心素养，主要有三个背景：①全面贯彻党的教育方针，落实立德树人根本任务的迫切需要。党的教育方针从宏观层面规定了教育的培养目标，对于我国的人才培养具有全局性的指导意义。把党的教育方针具体化、细化，转化为学生应该具备的核心素养，更有利于其在具体的教育教学过程中贯彻落实。②适应世界教育改革发展趋势，提升我国教育国际竞争力的迫切需要。随着世界多极化、经济全球化、文化多样化、社会信息化的深入发展，各国都在思考21世纪的学生应具备哪些核心素养才能成功适应未来社会这一前瞻性战略问题，核心素养研究浪潮席卷全球。面对日趋激烈的国际竞争，我国要深入

---

① 舒尔茨. 论人力资本投资[M]. 北京：北京经济学院出版社，1990.
② 中国教育部. 教育部关于全面深化课程改革落实立德树人根本任务的意见，教基二〔2014〕4号. 中国教育部网站，http://www.moe.edu.cn/publicfiles/business/htmlfiles/moe/s7054/201404/xxgk_167226.html[2016-11-15]

实施人才强国战略，提升教育国际竞争力，也必须解决这一关键问题。③全面推进素质教育，深化教育领域综合改革的迫切需要。近年来，素质教育取得显著成效，但也存在课程教材的系统性、适宜性不强，高校、中小学课程目标有机衔接不够，部分学科内容交叉重复，学生的社会责任感、创新精神和实践能力较为薄弱等具体问题。要解决这些问题，关键是进一步丰富素质教育的内涵，建立以"学生核心素养"为统领的课程体系和评价标准，树立科学的教育质量观。

在价值定位方面，核心素养是党的教育方针的具体化，是连接宏观教育理念、培养目标与具体教育教学实践的中间环节。通过核心素养这一桥梁，党的教育方针可以转化为教育教学实践可用的、教育工作者易于理解的具体要求，明确学生应具备的必备品格和关键能力，从中观层面深入回答"立什么德、树什么人"的根本问题，引领课程改革和育人模式变革。①

五、人才培养模式概念

在我国，"人才培养模式"一词于 20 世纪 80 年代后期才开始出现，到 90 年代中期得到发展，是我国高等教育教学改革的产物。对于"人才培养模式"的概念，很多从事高等教育理论研究和实践研究的学者从不同角度给出了不同的表述。1998 年 3 月，在武汉举行的"第一次全国普通高等学校教学工作会议"上，时任教育部副部长周远清对人才培养模式做了一个表述："所谓人才培养模式，实际上是人才的培养目标、培养规格和基本培养方式，它决定着高等学校所培养人才的根本特征，集中体现了高等教育的教育思想和教育观念"②。至此，高等教育界人士对人才培养模式才有了一个基本的认识。

从广义上而言，"人才培养模式"涉及教育的各个方面，需要所有方面相互配合和各个要素的合理组合，如有学者认为，"人才培养模式涉及人才培养活动的所有方面和整个过程，是对人才培养活动结构和过程及其相互关系的模式化，决定了组成要素、要素之间的相互关系及运行特点"③。曾冬梅、黄国勋则强调

① 汪瑞林，杜悦. 凝练学生发展核心素养，培养全面发展的人[N]. 中国教育报，2016-09-14.
② 申伟，李颖楠. 论高校本科复合型人才培养模式的构建[J]. 沈阳师范大学学报(社会科学版)，2008，32（3）：89-91.
③ 林玲. 高等院校"人才培养模式"研究述论[J]. 四川师范大学学报社会科学版，2008，35（4）：110-117.

人才培养模式是一个整体，并进一步指出人才培养模式改革有三个层次：全校性的、专业性的和培养途径的改革①。

从狭义上而言，以培养应用型人才的最终目的为出发点，教育在一定程度上可以归纳为"培养什么样的人""用什么培养人"和"怎样培养人"这三个方面的问题，即"2W1H"。人才培养模式就是这三个方面的结合，如龚怡祖在《略论大学培养模式》中指出："'人才培养模式'是指在一定的教育思想和教育理论指导下，为实现培养目标（含培养规格）而采取的培养过程的某种标准构造样式和运行方式。"②蔡炎斌认为，"是指在一定的教育思想和教育理论的指导下，学校根据人才培养目标，对培养对象采取的某种特定的人才培养的结构、策略、体系及教育教学活动的组织样式和运行方式的总称"③。

六、应用型人才概念界定

从现有的相关文献看，人们在界定应用型人才概念时，是从与学术型人才相对应的角度来分析的。所谓学术型人才，主要是指从事构建某个学科或领域的概念、定律和学说等基础理论或基础应用理论研究，以及与此相关研究的科学工作者；那么应用型人才就应该是具有一定技能，将理论应用于实践的人才，是根据社会需要，将抽象的理论符号转换成具体的构思或产品构型，将理论知识应用于实践，为社会谋取直接利益的人才。

传统意义上的大学教育主要是指我国精英高等教育阶段开展的"精、尖、深"科学教育，而应用型人才培养是我国高等教育大众化进程中的新生类型，其内涵与传统科学教育存在区别。具体来说，学术型人才揭示事物发展的客观规律，应用型人才把科学原理应用于实践并转换成产品。从知识构成上来看，学术型人才的知识结构主要是由基础科学的知识体系构成，应用型人才的知识结构主要是由应用科学的知识体系构成；从活动目的来看，学术型人才主要是为了探求事物的本质和规律，与具体的社会实践关系不是很密切，应用型人才工作的目的主要不是探求事物的本质和规律，而是利用已发现的科学原理服务于社会实践，

① 曾冬梅，黄国勋. 人才培养模式改革的动因、层次与涵义[J]. 高等工程教育研究，2003，（1）：21-24.
② 龚怡祖. 略论大学培养模式[J]. 高等教育研究，1998，（1）：86-87.
③ 蔡炎斌. 高校创新人才培养模式之探索[J]. 湖南师范大学教育科学学报，2006，5（2）：79-81.

从事与社会实践密切相关的工作，直接为社会创造经济利益和物质财富。总体而言，应用型人才培养的应时而生是对传统科学教育的有益补充。

学术型人才和应用型人才是社会上两种领域的人才，他们有着内在的联系和区别。学术型人才的知识结构，一般是以学科为中心的知识配伍，应用型人才的知识结构，多是以能力为中心的知识配伍。应用型人才具有较强的分析问题和解决问题的能力，具有一定的操作实践能力和较强的创新能力。学术型人才发挥着发现和研究客观规律的作用，而应用型人才的主要作用在于利用客观规律为社会谋取福利。

本书认为，"应用型人才培养"主要是指高层次职业教育领域，是"高等教育"与"职业教育"两个概念的复合。对于应用型人才，按层次不同主要可以分为技术（技能）应用型人才、知识应用型人才和创造应用型人才3类。技术（技能）应用型人才为应用型人才的基础层次，具有扎实的技术和技能岗位操作能力，主要由高职高专教育培养；知识应用型人才为应用型人才的中级层次，不仅具有比较宽厚的学科专业基础知识，也具有较强的技术技能操作能力，具备一定的科研开发能力，主要由应用性本科院校培养；创造应用型人才为应用型人才的高级层次，与知识应用型人才相比，更加注重创新和创造能力的培养，主要由专业学位研究生教育培养[①]。据此，本书认为，"应用型人才培养"所指的高等职业教育应该和普通高等教育一样，包含各个层次的学历教育，既包括高等职业教育、职业培训等，还包括应用型本科、专业学位硕士直至博士职业教育。

第三节　应用型人才培养导向

应用型人才培养和就业、创业紧密相关，这是由劳动力市场的特性所决定的。教育可以通过提高劳动者知识和技能的方式提高人力资本和劳动生产率，并进一步促进经济增长。但实际上，高等教育发展并非一定会促进经济增长。高等教育只有适应经济增长的需要，才能促进经济增长，否则就会阻碍经济增长。

---

① 谭璐星. 应用型本科人才培养模式研究[D]. 武汉：湖北大学，2011.

改革开放以来，我国高等教育经历了恢复、调整、快速发展的过程，并迅速过渡到大众化阶段。目前，我国高等教育规模虽然从总量上已经跃居世界第一，但在相对比例方面，与发达国家相比，还有很大差距，并且"就业难"与"招聘难"的结构性矛盾等初现端倪。在高等教育规模不断扩大的同时，高等教育结构也一直不断地调整。事实上，应用型人才培养是伴随高等教育大众化的发展而发展的，其实践历时不长，仍处于发展探索阶段。

本书的主体分为三个部分，上篇是应用型人才培养的市场效应，中篇是应用型人才培养的创业导向，下篇是应用型人才培养的模式改革。

1. 上篇：应用型人才培养的市场效应

上篇为应用型人才培养的市场效应，首先分析了国外应用型人才培养与劳动力市场的互动关系，分别研究了美国应用型人才培养的社区学院模式、日本应用型人才培养的职业培训模式、德国应用型人才培养的双元制模式，以及英国应用型人才培养的职业证书模式，并从中外比较的角度探讨了我国应用型人才培养与劳动力市场的互动发展情况。我国职业教育发展面临新的机遇，要从经济社会发展的全局出发，进一步采取有效措施，努力提升应用型人才培养质量，为我国的经济结构调整提供匹配的人力资源支撑，进而对我国应用型人才培养实践探索提出改革方向。职业教育要以社会需求为导向，以培养学生的应用能力为根本，采取多种多样的培养方式方法，注重有实践经验的教师队伍建设，并明确提出我国应用型人才培养与劳动力市场结合的最佳模式就是校企合作。深化校企合作，要突出企业的实践作业，鼓励多方共建应用技术协同创新中心，开展"现代学徒制"培养试点，发挥企业重要办学主体作用，深化产教融合，组建职教集团，培养学生更好地适应社会的能力。

上篇接着分析了我国应用型人才培养与劳动力市场错位。我国应用型人才培养长期局限于专科层面，层次不高，尽管高等教育扩招使得高职专科教育已经占据半壁江山的地位，但实践教育质量仍然有待提升。相当多的高职院校，办学理念模糊，甚至把职业教育和普通高等教育混为一谈，强调学科建设，弱化专业建设；在办学功能、人才培养、质量标准等方面没有科学定位，职业教育普通化的趋向比较普遍和严重。

在本科高等教育层面，高校最初以培养研究型人才为主，随着我国经济结构的调整，生产从粗放型向集约型转变，相当多的职业岗位，尤其是高科技生产部门和第三产业，越来越需要受过高等职业教育的专门人才来胜任，劳动力市场需要量更大的是应用型人才，这就给我国高等教育尤其是本科层面的职业教育提出了迫切要求。很多应用型本科教育还未对强化实践教学形成一致普遍的理念，部分师生对应用型人才培养模式的认识和对强化实践教学重要性的认识，一定程度上还停留在表面，缺乏深层次的认识，应用型本科教育转型之路仍然任重而道远。

专业学位研究生教育应该包含硕士和博士两个层次，但目前主要以发展专业硕士为主。2009 年起，全国招收攻读硕士学位研究生增加了"全日制专业学位"类型，从以培养学术型人才为主向以培养应用型人才为主转变，实现研究生教育结构的历史性转型和战略性调整。但从实际情况来看，由于发展时间短及教师转型的局限性，传统的教学模式仍难以改变，专业学位硕士研究生教育和普通研究生教育往往相差不大，教学模式基本相同，使得专业学位硕士培养很难达到预期的培养应用型人才的目标，专业硕士学位处于很尴尬的位置。这些因素导致了应用型人才培养的生源困境，加之传统观念的影响，职业教育在社会上的地位和认可度不高，其直接后果就体现在招生方面，职业教育往往成为次要选择，这和国外职业教育发达国家的学生主动选择职业教育有着很大的差别。

诸多因素导致应用型人才培养的目标出现偏差，最关键的应对方式还是职业教育质量提升。职业教育要改变传统陈旧的学习内容和狭隘的学习目标，在培养目标、学习时间、课程编排、专业设置、教学方法等方面要紧密联系现实社会，重视对学生动手能力的培养。从职业教育培养应用型人才的目标出发，职业教育应当将受训者放在真实的工作环境中去训练其业务技能，这就要求职业教育必须高度重视实践教学，只有这样，学生才能够获取从事某项职业的从业资格，以便将来更好地融入到现实社会中。

上篇最后研究了我国应用型人才培养与劳动力市场的互动情况。改革是建设中国特色社会主义教育的必由之路，新型工业化、信息化、城镇化、农业现代化同步发展，战略性新兴产业和服务业的支撑作用逐步增强，传统产业向中高端迈进，大众创业、大众创新已经兴起热潮，职业教育面临着发展的新机遇，要着力推进素质教育，强化实践教学，培养学生的创新能力和实践能力，注重提升人才培养的复合性，从培养应用型人才的角度积极助力经济发展，发现并培育新的经济增长点。随着高等教育从数量扩张向内涵建设转型，要侧重培养较高层次的应用型人才，这是高等教育大众化的需要。同时，完善职业教育体系，有着极大的现实意义。与此同时，我们要构建科学合理的职教层级规模，保持各层次职业教育合理的比例，避免应用型人才培养出现"结构性过剩"，切实提升应用型人才培养质量，实现人才培养模式的转型发展，这有利于职业教育的长远发展。应用型人才培养与劳动力市场协调的关键在于就业，我们应把促进就业放在经济社会发展的优先位置，把应用型人才培养放在高等教育发展的优先位置，两者协调配合，互为促进，进而保障我国经济健康快速地发展。

2. 中篇：应用型人才培养的创业导向

中篇探讨的是应用型人才培养的创业导向。推进大众创业、万众创新，是社会发展的动力之源，是培育和催生经济社会发展新动力的必然选择。该篇分析了职业教育大学生的创业特点，首先为创业规模较小，这和创业资金有着直接的关系；其次创业多为技术含量较低的行业，这和创业学生的技能水平有直接关系；最后创业社会文化基础薄弱，这和我国传统观念有直接关系。尽管如此，面临严峻就业形势，大学生仍然勇于投入创业。根据国家统计局相关数据估算，2015届大学生中有20多万人选择了创业。同时，我国职业教育大学生创业也存在很多缺陷和不足，例如，我国职业教育大学生的创业激情和创业人数并不匹配，这和大学生的创业精神缺失有关，有的盲目清高、好高骛远，更多的是缺乏坚持不懈的奋斗精神。这也说明，加强创业教育是很有必要的。政府层面加大针对大学生创业的优惠政策，简化行政手续，将有助于职业教育大学生的就业和创业发展。从国外来看，美国国民价值观强调实现个人价值，崇尚个人奋斗，同时，美国的教育体制采用开放式教学，重视能力的培养，大学生很容易走向创业的道路；韩国大学生创业起步较晚，是经济危机的冲击，才迫使韩国人转变观念，加之政府的资金和政策支持，韩国大学生开始注重创业。这些都为我国职业教育大学生创业提供了有益的借鉴。应对职业教育大学生创业难题，需要多方共同努力。在社会层面，要着力于营造良好的创业氛围和公平的市场环境，要完善社会保障制度，减少大学生创业的后顾之忧。更关键的是，大学生不能因为创业而影响学业，应尽量选择毕业后创业的模式，在校期间应将重点放在创业意识和创业素质的培养上，厚积薄发，为未来的成功创业积攒力量。

最后中篇从四个要素研究了助力职业教育大学生实现创业梦想的策略。具体如下：强化社会责任，为大学生创业提供支持和服务，支持有条件的地方政府设立创业基金，给予优惠政策，减轻创业者的负担；进一步推进政府职能转变，充分发挥市场机制的作用，促进职业教育与社会需求紧密对接，为创业大学生提供全面的管理咨询和指导；形成有利于创业创新的良好氛围，使大学生创业者能够平等地参与市场竞争和经济活动；将鼓励创业作为我国重要的政策取向。另外，要改变家庭观念，父母是子女最好的老师，父母要有高瞻远瞩的眼光，为孩子提供帮助和建议，鼓励大学生尝试以创业代替就业，并给予适当的资金支持，协助大学生迈出成功的创业步伐，成为大学生自主创业的坚强后盾。职业院校要提升教育质量，重视创业素质教育，将高校三大核心职能，即价值引领、思维启迪、品格塑造真正落到实处；通过对教学过程的系列研究，突出职业院校办学特色，培养学生的创新思想和敬业精神；注重完善创业教育，加强创业师资队伍建设，构建创业课程模块，提升职业生涯规划教育质量，为创业教育搭建实践平台。大学生自身则必须认真学习技能，加强社会实践，珍惜一切机会锻炼自己，释放出创业激情。

3. 下篇：应用型人才培养的模式改革

我国职业教育起步较晚，随着我国产业结构调整的加快，需要培养更多的应用型人才，这是我国从人力资源大国向人力资源强国转变的必然；进一步提升应用型人才培养质量，就需要改革现有的人才培养模式。从应用型人才的特征来看，应用型人才要有合理的知识结构，不仅有专业技能，能够很快适应和满足职业岗位的需要，还要具备较高的综合素养，在工作岗位上展现一定的敬业精神。但现实中，应用型人才培养并没有得到足够的重视，加之双师型师资队伍建设存在诸多困难，部分职业院校人才培养定位不够清晰，实践课程体系不够完善，校企合作流于形式，传统观念短期内难以消除，这些都影响到了应用型人才的培养质量。另外，职业院校要从战略规划的角度，准确定位。党的十八大以来，中央高度重视培育和践行社会主义核心价值观，所以职业教育要努力探索核心价值观的引领作用，将其体现在应用型人才培养实践中。师资队伍是提升教育质量的关键，在培养和引进双师型人才的同时，构建实践技能丰富的兼职教师资源库不失为一条捷径。在高等教育师生比普遍偏低的情况下，要通过教师的指导，发挥学生社团的职能，尽可能多地影响和改善学生的日常素养。同时，要重视职业教育和普通教育的分类指导，将应用型人才培养目标和原则落在实处，完善职业教育体制，构建"卓越职业素养"的素质教育体系，从不同角度加强和改善应用型人才培养质量。

下篇还对培养应用型人才的职业教育分层级进行了研究。在高职专科教育层面，要树立现代职教理念，加强实践教学，着眼于学生"学会做人、学会做事、学会思考、学会生活"，使学生获得更长远的发展潜力；要加大经费投入，重视实践教学，增强职业院校办学活力，提高高职专科院校对市场的适应能力和自主发展能力。在应用型本科教育层面，要加快地方应用型本科的转型质量，服务区域经济和产业发展需求，根据区域发展规划和产业转型升级需要优化院校布局和专业结构，加强对现代服务业急需人才的培养，加快满足社会建设和社会管理人才需求。确立以人为本的教育宗旨，重视学生人文素质的培养，使学生的个性品质得到充分发展，思维能力得到拓展，创造能力得到激发。建立教育质量保障机制，优化课程结构，提升产学研结合的广度和深度，形成优势互补，资源优化配置，使得应用型本科院校和地方企业携手走上一条良好持久的共赢之路。在专业硕士教育层面，要重视专业学位的职业属性，促进文化传承与实践创新，加强文化素质教育，坚持知识学习、技能培养与品德修养相统一，重视人文底蕴和科学精神的养成，培育学生诚实守信、崇尚科学、追求真理的思想观念，提升人才培养质量，进而不断增强专业学位教育的吸引力。

上 篇
应用型人才培养的市场效应

第二章　应用型人才培养与劳动力市场

第一节　应用型人才培养的国际经验

从世界各国国内生产总值排名（2014 年底数据，见表 2-1）来看，前 5 名依次为美国（174 190 亿美元）、中国（103 601 亿美元）、日本（46 015 亿美元）、德国（38 526 亿美元）、英国（29 419 亿美元），下面以美国、日本、德国和英国这 4 个发达国家为例，探讨其应用型人才培养的模式和特点，以期为我国的职业教育发展提供借鉴。

表 2-1　世界各国家或地区国（地区）内生产总值及增长率

国家或地区	2014 年国（地区）内生产总值（亿美元）	增长率（%）				
		2005 年	2010 年	2012 年	2013 年	2014 年
世界	778 688	3.6	4.1	2.2	2.4	2.5
美国	174 190	3.4	2.5	2.3	2.2	2.4
中国	103 601	11.4	10.6	7.8	7.7	7.4
日本	46 015	1.3	4.7	1.8	1.6	−0.1
德国	38 526	0.7	4.1	0.4	0.1	1.6
英国	29 419	2.8	1.9	0.7	1.7	2.6
法国	28 292	1.6	2.0	0.2	0.7	0.2
巴西	23 461	3.2	7.6	1.8	2.7	0.1
意大利	21 443	1.0	1.7	−2.8	−1.7	−0.4
印度	20 669	9.3	10.3	5.1	6.9	7.4
俄罗斯	18 606	6.4	4.5	3.4	1.3	0.6
加拿大	17 867	3.2	3.4	1.9	2.0	2.5
澳大利亚	14 538	3.2	2.0	3.7	2.5	2.5
韩国	14 104	3.9	6.5	2.3	2.9	3.3
西班牙	14 043	3.7	0.0	−2.1	−1.2	1.4
墨西哥	12 827	3.0	5.1	4.0	1.4	2.1

续表

国家或地区	2014年国（地区）内生产总值（亿美元）	增长率（%）				
		2005年	2010年	2012年	2013年	2014年
印度尼西亚	8 885	5.7	6.2	6.0	5.6	5.0
荷兰	8 695	2.3	1.1	−1.6	−0.7	0.9
土耳其	7 995	8.4	9.2	2.1	4.2	2.9
尼日利亚	5 685	3.5	7.8	4.3	5.4	6.3
波兰	5 480	3.6	3.7	1.8	1.7	3.4
阿根廷	5 402	9.2	9.5	0.8	2.9	0.5
委内瑞拉	5 100	10.3	−1.5	5.6	1.3	−4.0
伊朗	4 153	4.6	6.6	−6.6	−1.9	1.5
泰国	3 738	4.6	7.8	6.5	2.9	0.7
南非	3 498	5.3	3.0	2.2	2.2	1.5
马来西亚	3 269	5.3	7.4	5.7	4.7	6.0
新加坡	3 079	7.5	15.2	3.4	4.4	2.9
以色列	3 042	4.3	5.8	3.0	3.3	2.8
中国香港	2 909	7.4	6.8	1.7	3.1	2.5
埃及	2 865	4.5	5.1	2.2	2.1	2.2
菲律宾	2 846	4.8	7.6	6.8	7.2	6.1
巴基斯坦	2 469	7.7	1.6	3.5	4.4	5.4
哈萨克斯坦	2 122	9.7	7.3	5.0	6.0	4.3
捷克	2 055	6.4	2.3	−0.8	−0.7	2.0
越南	1 862	7.6	6.4	5.3	5.4	6.0
孟加拉国	1 738	6.5	5.6	6.5	6.0	6.1
乌克兰	1 318	2.7	4.2	0.2	1.9	−6.8
斯里兰卡	749	6.2	8.0	6.3	7.3	7.4
文莱	173	0.4	2.6	1.0	−1.8	5.3
柬埔寨	167	13.3	6.0	7.3	7.4	7.0
蒙古	120	7.3	6.4	12.3	11.7	7.8
老挝	118	7.1	8.5	8.0	8.5	7.5
新西兰		3.4	1.4	2.2	2.5	

资料来源：中国统计年鉴-2015[①]

---

① 国家统计局. 中国统计年鉴-2015. 北京：中国统计出版社，2015.

一、美国的社区学院模式

美国是世界上高等教育最为发达的国家，既有许多世界一流大学，又有大量各具特色的职业院校。美国的社区学院是实施职业教育的主体机构，通常一个城市就有一个社区学院，社区学院是培养各种各样的应用型人才的主要力量。美国自 20 世纪 60 年代颁布《职业教育法案》以来，职业教育如何有效地为区域经济发展服务成了很现实的问题。美国的社区学院特色鲜明，培养的应用型人才正是为了满足区域经济发展的需求，这种办学模式极大地促进了美国的经济发展。美国高校应用型人才培养的特点是大学相互合作培养人才，美国两年制社区学院和四年制大学实行"2+2"转学制度，即前两年在社区学院学习，后两年去协议高校完成后续学业。美国社区学院的主要特色是它的地区性，而它的办学总原则是办在社区、依靠社区和服务社区，对于专业课程设置基本上是由工商企业界制定。美国社区学院的专业具有实用与多样性，它替代了原本学科研讨式的规划，根据社会经济发展的要求而设置。[①]同时，美国的职业教育非常重视校企合作，学校根据所设专业需要与企业取得联系，双方通过签订合同明确彼此的权利与义务，学校指派教师到企业工作、指导学生，沟通学校和企业双方的需求，企业提供劳动岗位和劳动报酬，指派管理人员帮助学生适应职业岗位，与学校教师共同评定学生成绩。实践证明，这种校企合作模式极大地优化了教育资源，符合经济社会发展的需要，促进了区域经济的发展。

1894 年，美国工业生产跃居世界首位，成为世界强国，但经济危机也给就业带来了突出问题，很多毕业生找不到合适的工作，失业人口增加。20 世纪初，美国长期以来的以理论和通识教育为主的教育模式已经不能满足社会的需求和毕业生就业的需要，很多人便学习专门的技能。20 世纪末期，科学技术迅速发展，工业化水平不断提高，社会越来越重视劳动者的劳动技能，使得职业教育得到快速发展，但美国实行的是单轨制教育体制，在高等教育之前，职业教育没有专门的实施机构，但相关课程在一般的中小学都有体现，高职教育的实施主体是社区学院和技术学院。值得注意的是，美国大学四年制本科教育和研究生教育主要是技术应用性的教育，只有小部分是学术性教育，因此它们可以与专科的高

① 李蓓蓓. 产学研办学模式下地方本科院校培养应用型人才的途径[D]. 武汉：中南民族大学，2012.

职教育衔接，相应地获得本科、硕士和博士的专业学位。

美国的职业教育主要有中等职业教育、大学和学院职业教育、企业职业教育三个部分。与英国类似，综合中学是美国中等职业教育的基本形式，学习课程既要为学生直接就业提供帮助，也要为其升入大学深造提供学术性教育。其次是职业技术中学，以培养熟练工人、中初级专业技术人才为目标，学制一般为 4 年，学校重视实践技能训练，强调生产实习。[①]最后就是地区职业教育中心，是一种集中式的服务，接纳本地区若干学校的学生，主要培养职业技能，学生所在的学校负责一般课程的教学。在大学和学院职业教育方面，主要是培养更高层次的技术人员，为学生就业做好准备，同时，承担社会职业教育职能，强调教育的实用性，强调高等教育要为学生就业服务。在企业职业教育方面，主要是政府积极参与，从 20 世纪 50 年代开始，美国多次以立法手段推进企业职业教育，同时，企业本身也积极进行职业教育，主要包括入职培训、升级培训、业务进修等，企业职业教育的形式有企业办学、企业和学校联合办学、高等学校参与企业的职业教育等。自 20 世纪 80 年代末以来，社区学院开始提供学士学位教育，通过设置大学转学课程来帮助学生实现升入本科院校深造的心愿。修读完大学转学课程的学生可以在大三、大四年级选修学士学位课程。这些科目包括人文学、数学、科学与社会科学，大多数都与应用学科相关，为社区和国家输出了大量专业应用型人才。

美国的职业教育具有五个特点：①职业教育的法律法规比较健全。政府每当出台有关职业教育的法规时，都会明确规定专项配套经费的数额及其分配办法，使得职业教育发展有可靠的物质保障。②产学研合作教育。学校教育与企业分工合作，学校以理论教学为主，企业主要负责技能培训和实践教学。在政府的大力支持下，美国企业对职业教育表现出很大的积极性，随着美国经济的全球化，这种热情越来越高，企业参与职业教育，保障了学生的实践动手能力，为以后的就业打下了基础。③社区学院已经成为美国职业教育的最大特色。社区学院遍及美国，以社区为依托，大量聘用兼职教师，课程设置也以实用为特征，以确保职业教育的教学过程更加实际，有利于培养高素质学员的实际技能，为毕业生的高就业率奠定坚实的基础。④多种职业教育模式互通。美国重视普通教育和职业教育

---

① 赵金昭. 我国高等职业教育体系与培养模式研究[D]. 天津：天津大学，2006.

的相互融合，中等教育与高等教育相互沟通，体现了美国职业教育体系的科学性和先进性。⑤教学方式灵活多样。美国的职业教育教学以学生为中心，在教育教学中注重对学生各种能力的培养，而不是对学生进行大量知识的灌输。美国的教学方式非常灵活，采用多种多样的教学方法，以培养学生的各种能力。①

美国的职业教育重视终身学习，将职业培训和生产经营相结合，这已经成为美国的文化。公民参加职业培训，目的不是为了获得一纸文凭，而是为了更好地提升自身素质和技能，培养独立思考、分析、解决问题的能力及团队合作的精神，能够很好地把所学的理论知识与实践结合起来，进而达到更好的工作和生活状态。美国的职业教育体制完善而高效，应用型人才培养在强调专业知识和实践知识的同时都强调对通用技能的培养，包括沟通能力、演讲能力、合作能力和独立学习能力等，这些保障了人力资源开发的高效率，保证了美国的科技和经济在世界处于领先地位。美国的社区学院模式及终身学习的职业教育模式，对我国有着较强的借鉴意义。

二、日本的职业培训模式

日本的职业教育是在第二次世界大战以后，随着经济的恢复而快速发展起来的，其目的是通过发展实业教育，掌握欧美国家先进的科学技术。日本职业教育体系由学校职业教育和企业职业教育组成，其中，学校职业教育包括中学职业教育、职业技术学校职业教育、高等专门学校职业教育和大学职业教育四个部分。职业高中按照行业分类，普通高中和综合高中的普通科主要是为青年升学做准备的，但也开设职业课程，为就业做必要的准备；职业技术学校90%以上都是私立的，学校规模都比较小，教授学生在短期内掌握一技之长；高等专门学校职业教育的目的是教授高深的专门知识和技能，培养中级技术人员，招生对象是初中毕业生，学制为5年；大学的职业教育，培养对象主要是公务员、专门人才、特殊人才及少量外国人才。在企业职业教育方面，企业对职工进行从录用到退休为止的长期的职业训练，日本企业的新工人一般都要参加半年左右的教育和训练，到工作现场以后还要固定一名老工人继续培训一年。对于管理人员的培养，主要是

---

① 霍振霞. 我国应用型本科人才培养模式研究[D]. 开封：河南大学，2012.

在企业内部的培训中心进行，同时还在工作中对管理人员进行各种制度的培训。日本的职业教育主要有两个特点：一是注重立法保障，日本于 1951 年公布了《产业教育振兴法》，1958 年颁布了《职业训练法》，随后又进行了两次修订，日益完善；二是企业内的职业教育特点鲜明，是密切联系生产实际、在生产过程中直接开展的目的明确的教育。每个职工在终身职业生涯中，不断地接受训练，涵盖了各个岗位，既有理论性内容，又有实践性知识，且培训形式多样。

日本的教育体系是庞大的、开放的，其高等职业教育与四年制大学有明显区别，日本高等职业教育主要满足专门职业的需要，培养实践性技术人才。从学校类型上看，短期大学、高等专门学校、专修学校等教育机构各具特色，形成了优势互补的关系，这三类学校的毕业生可以直接就业，也可升入大学，主要是应用学科，然后可以修习成为学士、修士（相当于我国的硕士）和博士。

日本的职业教育可以称为职业培训模式，以培养实践型技术人才为根本目标，是企业内部进行职业培训所形成的一种教育模式，课程设置的基本理念是突出实践能力的培养，重视学生的人格培养和文化教育，适应时代发展的要求。日本企业的所有员工都是职业培训的对象，只不过员工所处的岗位不同受到的职业培训内容和要求不一样，同时，日本企业习惯于终身雇佣制，一名员工从进入企业到退休，不同阶段都要接受职业培训。日本企业的职业培训经验证明：适应企业经营环境的变化，把握人才需求的教育训练的全员化、终身化是现代企业发展和进步的首要策略。[①]

三、德国的双元制模式

德国的高等教育举世闻名，特别是职业教育，在世界高等教育中享有很高的声誉。在第二次世界大战以前，德国的高等教育也是以传统的学术型教育为主，培养的是少数的学术精英；第二次世界大战结束以后，随着德国工业化进程的加快，社会科技进步，德国高等教育肩负着培养具有独立思考能力的全方位发展的多功能人才的使命。产业升级和技术创新对生产者素质提出了更高的要求，社会需要大量具有较强实践能力，并将理论转化为现实产品的应用型人才。相应地，

---

① 杜利. 我国职业教育发展的理论与实证研究[D]. 武汉：武汉理工大学，2008.

德国高等教育结构也有所改善，形成了从低到高不同层次的各类大学。其中，综合性大学是培养大量满足社会对经济、管理和服务的高级人才；高等技术院校是提供职业性的应用型高等教育的学校，让学生在掌握基本理论的同时，又学习专门的应用技术，并进行更多的实战训练，学生毕业后能够胜任某项专业的工作并且独立开展技术活动，成为大中型企业的技术骨干。高等技术学院在设置课程内容时，最明显的特点就是应用性较强，课程整体范围广而研究程度不深，着重安排理论实际应用操作，将其与社会生产紧密相连。德国的职业教育素以规定严格著称，对实践能力的强调一直是德国的传统，德国的工人被全世界公认为达到了一流水平，德国的职教证书在整个欧洲都得到了承认。①

德国的工业高度发达，这与其职业教育质量是分不开的，它在培养应用型人才方面的成功经验举世瞩目，已有百年历史。19世纪初，德国的职业教育体系已经比较完备，德国职业教育最基本的形式和职业教育体系的核心是双重职业训练体系，是指以职业学校和企业为并列培训主体，即闻名于世的"双元制"模式，主要分为学校职业教育和校外职业教育两部分。德国"双元制"模式，来源于徒工培训，其核心在于学校与企业共同培养学生，是学生在企业接受实践技能培训和在学校接受理论培养相结合的职业教育形式。1938年7月6日，德国颁布《帝国学校义务教育法》，强调职业学校的教育要作为企业培训的必修课，从法律上规定了企业与学校合作的"双元制"培训的根基。德国应用科学大学在建设和发展中与企业建立了良好的合作关系，这也是它办学如此成功的重要保障。企业是"双元制"专业的重要合作伙伴，企业参与师资队伍的建设；企业参与实验室的建设，教学内容的制定。学生要进入应用科技大学，需首先寻求接收企业并与之签订合同，被录用为企业预备员工，然后由企业或个人为其寻找学校就读，学校执行文化部教学大纲，以理论教学为主，课程涉及所学职业知识和普通文化知识，企业执行职业培训大纲规定的职业教育课程，以技能培训为主。二者以企业培训为主导，实训课一般占课时总量的60%～70%，每周学生一般在企业工作3.5天，在学校学习1.5天。在"双元制"模式下，德国学生在学校所学的专业理论知识可以在企业培训中获得实训，并可以得到企业的生产和技术人员的现场指导，真正做到了"理论联系实际"，符合应用型人才的培养规律。②

① 赵金昭. 我国高等职业教育体系与培养模式研究[D]. 天津：天津大学，2006.
② 邵波. 我国高等教育大众化进程中的应用型本科教育研究[D]. 南京：南京师范大学，2009.

德国企业很重视人才培养和储备，高校也有很明确地为企业服务的意识，德国法律同时赋予职业教育证书与普通学历证书同等的地位。德国学生初中毕业后，只有约 25% 的学生进入普通教育，约 75% 以上都直接进入企业和职业学校接受"双元制"教育培训，学生毕业后既可以留厂就业，也可以去其他企业就业或继续深造。在学校职业教育方面，分为三种：职业学校、职业专科学校和专科学校。职业学校是法定的义务教育场所，培养对象是正在企业接受初始职业训练，或在业的，以及少数失学、失业的青少年，学制一般为 3 年；职业专科学校是修业期不少于 1 年的全日制学校，主要是提供职业教育和加深普通教育；专科学校通常被看作一种职业继续教育机构，教育形式分为全日制、业余制和夜课程等，学习年限则依次延长。校外职业教育方面，主要指学徒训练，20 世纪 20 年代以来，学徒制得到快速发展并逐步完善。

德国职业教育的特点主要有：①独特的国家职业教育制度。德国的职业学校大多是公立的，通常推进半日制教学，主管权在属地州政府。②"双元制"是职业教育的主体和核心。以学徒制为主，以企业和学校双重职业训练模式进行。③重视职业教育的终身性。由低级到高级、由一般到专门、由广博到精深逐步深入，同时，对转业和扩大职业技能的训练等继续教育，已成为德国职业教育体系的重要组成部分。

德国应用科技大学非常重视对学生实践能力的培养，本着"宽进严出"的政策，采用严格的教学条例和考试条例进行教学管理。在课程设置中加大实践教学的比例，实践教学环节占到总学时的 45% 左右，理论教学环节占 55% 左右，主要包括项目教学、实验教学、技术实习及毕业设计等。除了在校内实习和实验外，学校还专门安排两个学期的校外实习，让学生到企业和公共行政部门接受实地训练与指导。一般是上完两个学习的课程以后，学校会安排第一个实习学期，让学生到生产一线实习，亲身感受社会生产活动，加深对理论知识的理解，锻炼自己的实际操作能力，获得一定的职业尝试。第二次实习被安排在最后一个学期，此时学生在学校的课程已经基本完成，主要任务就是进行毕业设计。这次实习要求学生到企业从事本专业工程技术人员的工作，然后由教师及企业指导人员共同指导学生完成毕业论文，企业为学生提供实习岗位[①]；60%～70% 的毕业论

---

① 杨丽. 新建地方本科院校应用型人才培养模式的案例研究[D]. 南宁：广西大学，2014.

文设计题目来自企业，并且在企业中完成。德国"双元制"教育模式，为企业培养了大批高素质技术工人，为德国经济腾飞作出了巨大贡献。

四、英国的职业证书模式

英国高等教育历史悠久，已经有 800 多年的历史，英国的科技成果仅次于美国，英国传统的大学教育是学术性的教育，传授社会发展中积累到的知识和各种态度观念，与此同时，也在积极探索真理，发现事物的奥妙所在，揭示其自然规律，并且创造很多新型知识。英国在取得卓越学术成就的同时，各层次的应用型教育也有力地推动了英国经济的发展。第二次世界大战结束后，英国经济和科技发展迅速，工商业界急需大量的应用型工程技术人才、经营性人才和管理人才。英国传统高等教育培养的人才重视人文教育，轻视技术教育，偏重学术型人才的培养，忽视应用型人才的培养，远远不能满足社会经济复苏后对人才的需求。高等教育要适应满足社会发展的新需求，必须对传统的高等教学进行改革，探索新的渠道，使高等教育能够传播实用性的知识和技术，培养更多能够适应社会需求的各类型人才。这些不同于传统高等教育的学校主要是多科性的技术学院，其目标就是培养更多的技术型人才和管理型人才，在最大程度上促进社会的工业生产快速发展。

英国的职业教育自 18 世纪工业革命后逐步发展起来，已经形成了比较完善的职业教育体系，主要由中等职业教育和高等职业教育两部分组成。在中等职业教育方面，主要有三类中学：①综合中学，是目前英国中等职业教育的主要形式，在校生占全部中学生总数的 85% 以上，其课程设置分为两个阶段，前 3 年学习基础课，之后一部分学生可以通过考试进入各类大学学习，另一部分继续学习两年的实用型的选修课后走向社会就业。②现代中学，完全以就业为导向，注重实用技能培训，课程设置贴近社会需求，但目前现代中学所占比例不高。③技术中学，是技术学院的附属学校，其数量更少，在英国的职业教育地位已经无足轻重了。①英国在高等职业教育方面，主要是继续教育学院，针对不同的工作岗位需要开设相应的职业教育课程，学生通过培训学习，取得国家职业资格证书，进入劳动

---

① 刘晓，黄东显，杨宁. 国外职业教育与劳动力市场互动关系对我国的启示[J]. 管理观察，2016，（13）：108-110.

力市场，其发展规模很大，目前大约有 500 所，学生数是大学生的 2 倍以上。

从高等教育体制变迁的角度观察，英国高等教育体制是从一元到二元、从二元到一元的循环过程，是一个自然而然的演变过程。在英国高等教育大众化和体制变迁的过程中，英国建立起的职业导向，以培养适应社会需要和科技要求的应用型人才的多科技术学院在其中发挥了重要作用，其办学的指导思想是侧重应用科学方面的发展，强调理论联系实际，重视学生的培养与劳动就业的关系；关注社会的发展的需要，增设新的学科和专业，教材中也经常会补充新兴科学技术应用的内容。其体现了市场经济的最新思想和发展趋势，适应学生就业的需要；重视学生的实践能力，实习与实验课占学生总课时的 1/3 以上；课程设置灵活，内容精练适用，结合各地区工商服务行业发展和科技发展的最新动态不断调整和修订，让学生掌握最新知识内容，强调人文科学与社会科学并重，注重管理能力、表达能力和公关能力的培养；很多科系和专业是传统大学不开办的，学生选课的自主性强；课程开设形式多样，有全日制课程、工读交替制课程，以及脱产短训、夜校和部分时间制课程等。

20 世纪六七十年代，英国为了促进经济的发展，将产业界与学校联系起来，这是科学技术与工业界结合起来的有效途径。大学与产业界建立广泛联系的同时，更加关注社会的需求，研究社会发展对人才的需求，提高教育的"社会相关性"，培养适应社会发展需要的人才。学校对学生的要求非常严格，强调打好基础和实际技能的训练，为学生的就业创造条件。英国职业教育实行的是中央、地区和地方三级管理，是一个中央控制、地区协调、地方实施、各方参与、纵向通达、横向联系的管理体制。

英国职业教育的特点如下：①具备健全的职业教育法律法规体系。从《1918年教育法》到《1992 年继续教育和高等教育法》，其从不同侧面对各级各类职业教育作了明确的规定。比如，1973 年，英国政府就专门颁布实施《就业与培训法案》，规范各类职业资格标准，整顿职业资格证书发放。②政府对职业教育大力支持。1987 年，高等教育白皮书《高等教育——迎接挑战》指出，高等教育必须更为有效地为经济发展服务。政府提供充足的职业教育经费，比如，英国学生 19 岁以前全部接受国家免费教育，鼓励全民终身学习，并针对青少年的职业提供咨询服务，对失业者进行技能培训，帮助其再次就业。③职业教育与企业紧密合作。学校普遍根据企事业单位的需要和劳动市场的人才预测来确定招生人数。有的专业每年招生，有的专业隔年甚至两年招生一次。学生来源多样化，如职高、普高和其他社会成员。采用多学制、多层次的做法，学制长短不一，毕业生可以获得相应的学位和资格证书。这种合作既可以满足经济社会发展的需要，又可以满足不同学习者对于教育的不同需求。①④建立了科学规范的职业资格证书制度。英国职业教育发展模式可以称为职业证书模式，1986年英国政府在全国建立了基本的职业资格证书制度，设立了有关机构专门负责实施国家职业资格证书标准和国家通用职业证书标准的推广，这是英国长期进行职业教育及实施职业资格认证逐步探索建立起来的一种成熟的职业教育模式，其核心是对学习者职业能力的全面培养和职业资格的规范考试认证，就业人员必须持有相应的职业资格才能上岗。目前，约占全国96%的英国人获得了各种职业资格证书，这些人占据了90%以上的工作岗位。⑤教学模式与传统大学明显不同。职业教育重视和经济社会的紧密联系，培养各种应用型人才，而不是像传统大学那样培养学术人才和政府官员。在人才培养方面重视实践教学，一般采用"工读交替"的教学模式；非常重视学生在社会中和企业里进行锻炼，能够使学生学到的理论知识与实践紧密地结合在一起，有利于学生对理论知识的掌握和实践能力的提高。⑥课程设置灵活。每个学校在课程设置上都有自己的特色，都提供一系列的专业课程，很多课程都能为学生提供一年带薪的工作实习，加强了课程的实践和职业倾向。在教学过程上，体现为学生是教学活动的主体，教师起引导的作用，注重对学生职业能力的培养。专业与课程设置和商业界、工业界联系紧密，也为毕业生就业提供了方便。在这种职业教育模式的引导下，应用型人才培养以职业能力为本位的考核思想，抛弃了以文化考试为主的传统考试方式，打破了以学科型知识为本位的教育模式，让学生在解决实际问题中成长，充分调动学生学习的积极性，为应用型人才的培养开辟了新途径。

---

① 霍振霞. 我国应用型本科人才培养模式研究[D]. 开封：河南大学，2012.

第二节 应用型人才培养的本土思考

一、我国职业教育和劳动力市场的互动关系

职业教育是指使受教育者获得某种职业或生产劳动所需要的职业知识、技能和职业道德的教育。职业教育是对受教育者施以从事某种职业所必需的知识、技能的训练，因此职业教育亦称职业技术教育或实业教育。根据《中华人民共和国职业教育法》（以下简称《职业教育法》），国家根据不同地区的经济发展水平和教育普及程度，实施以初中后为重点的不同阶段的教育分流，建立、健全职业学校教育与职业培训并举，并与其他教育相互沟通、协调发展的职业教育体系。

我国的职业教育可以分为两大类，即学历教育和职业培训，这两大类又各包含若干小类，共同构成了我国职业教育的分布体系。其中，学历职业教育主要指学生在各级各类职业院校所受到的专门、系统、全日制的职业技能、专业理论、职业道德等全面教育。目前，我国的职业学校教育分为初等职业学校、中等职业学校、高等职业学校教育。初等职业学校、中等职业学校教育分别由初等职业学校、中等职业学校实施；高等职业学校教育根据需要和条件由高等职业学校实施，或者由普通高等学校实施。其他学校按照教育行政部门的统筹规划，可以实施同层次的职业学校教育。[①]

相比较而言，职业培训就是一种短期的职业教育，主要是为在城镇或者农村中需要顺利实现就业、转岗或提高岗位技能的人员进行的教育活动。一方面，我国每年有相当数量的初高中毕业生不能升入高一级学校学习，他们迫切需要掌握一份职业技能，另一方面，我国城镇在职职工、下岗职工、农村转移劳动力都需要有组织、有计划的培训，以不断满足现代工艺、设备日益高端对工人职业技能

---

① 国务院. 中华人民共和国职业教育法[EB/OL]. 中国教育部网站，http://www.moe.edu.cn/publicfiles/business/ htmlfiles/moe/moe_619/200407/1312.html[2006-06-07].

的更高要求，再者在我国广大农村，新型农民要建设社会主义新农村，发展科技农业，都需要参加必要的技能培训。

从教育对象来看，学历职业教育主要是针对青年学生进行的，而职业培训往往是针对成年人进行的；从学制区别来看，学历职业教育是国家统一全日制学制，而职业培训往往是短期学习；从管理部门来看，学历职业教育是由教育部门统一组织的，而职业培训的管理比较多样化，劳动部门、行业、企业、社区等都可以举办职业培训。这些区别决定了学历职业教育目前在我国职业教育中处于主要地位，职业培训尽管处于次要地位，但其重要作用仍不可小觑。

我国人口多，经济不够发达，高等职业教育起步较晚，经历十多年的跨越式发展，取得了一定的成绩；随着产业结构调整的优化、城镇化进程加速，经济社会对应用型人才的培养质量提出了新的要求，职业教育面临着新的发展机遇；我国正在从人力资源大国向人力资源强国转变，职业教育新阶段的特征越发凸显，一系列新情况、新问题亟待分析与破解。要实现人人安居乐业，实现从业人员技能提升和农民工转移培训，职业教育要瞄准区域经济特点，着重开展应用性研究，培养应用型人才，服务行业和地方经济发展。面对新的发展时机，职业教育必须从经济社会发展的全局出发，进一步增强紧迫感和使命感，采取有力措施，大力提升职业教育质量，加快对技能型人才和高素质劳动者的培养。

从近年来我国就业人员的基本情况来看，第一产业的就业人员从 2010 年的 27 931 万人到 2014 年的 22 790 万人，有所减少；第二产业的就业人员从 2010 年的 21 842 万人到 2014 年的 23 099 万人，有所增加；第三产业的就业人员从 2010 年的 26 332 万人到 2014 年的 31 364 万人，增长较快。从就业人员构成来看，第一产业就业人员比例从 36.7%降低到 2014 年的 29.5%，下降了 7.2%；第二产业就业人员比例从 2010 年的 28.7%增加到 2014 年的 29.9%，变化不大；第三产业就业人员比例从 2010 年的 34.6%增加到 2014 年的 40.6%，增加了 6%；第一产业就业人数的减少和第三产业就业人数的增加，正是我国产业结构调整的必然结果，而在这种变化的背后，正是职业教育发展促进就业，进而对劳动力市场形成互动关系的体现，如表 2-2 所示。

表 2-2 我国近年来就业人员基本情况表

项目		2010 年	2011 年	2012 年	2013 年	2014 年
经济活动人口（万人）		78 388	78 579	78 894	79 300	79 690
就业人员合计（万人）		76 105	76 420	76 704	76 977	77 253
第一产业（万人）		27 931	26 594	25 773	24 171	22 790
第二产业（万人）		21 842	22 544	23 241	23 170	23 099
第三产业（万人）		26 332	27 282	27 690	29 636	31 364
就业人员构成比例	第一产业（%）	36.7	34.8	33.6	31.4	29.5
	第二产业（%）	28.7	29.5	30.3	30.1	29.9
	第三产业（%）	34.6	35.7	36.1	38.5	40.6

资料来源：中国统计年鉴-2015

近年来我国不断完善职业教育体系，加强专兼职师资队伍建设，建成了一批有影响力的职业院校和骨干专业，基本上形成了覆盖城乡的职业教育网络。但是朱德全、徐小容的研究指出，经过多年的发展，我国职业教育与地方经济仍存在"脱节、失措和失轨"现象。为此，未来高等职业教育应进一步促进地方经济发展，地方政府应为学校与行业企业的交流提供平台，为职业教育提供相应的支持政策，以保证应用型人才的培养质量。[①]

二、中外职业教育发展比较

相对来说我国对应用型人才的研究时间比较短，无论是在理论上还是在实践上都没有形成一定的体系，还有很长的路需要我们去探索。西方发达国家，如美国、德国、英国等已经在应用型人才培养方面发展得比较完善，他们的办学模式、专业设置、课程体系、人才培养模式等很多方面都有可供我们借鉴的地方。德国和日本都是第二次世界大战的战败国，遭受了巨大的损失，但他们大力发展职业教育，积极服务经济社会需求，经历短暂调整便相继成为世界经济强国；其职业教育为经济发展提供源源不断的应用型人才，支撑其工业强国的地位。国家的经济发展不能仅依靠高端学术型人才，更需要大量的能将理论应用于实践的一线技能型人才。

为了更清晰地分析我国职业教育发展与西方先进国家的差距所在，我们对中

---

① 朱德全，徐小容.职业教育与区域经济的联动逻辑和立体路径[J]. 教育研究，2014（7）：45-53.

外职业教育做了比较：①从发展历史来看，我国职业教育历经几千年，但过程曲折，其间甚至停滞不前，而外国职业教育虽然只有几百年的历史，但过程顺利，得到了健康持续的发展。②从职业教育的地位来看，我国封建传统"官本位"的影响，导致职业教育长期处于"二流教育"的地位，不被社会重视，也没有足够的经费发展，而外国职业教育属于"主流教育"，社会地位高，得到了政府强大的财力支持。③从制度层面来看，发达国家都建立了一套适合本国国情的、完善的职业教育法律体系，依靠法律制度来推动职业教育健康有序发展，进而推动经济发展。尽管我国经过几十年的努力，也颁布了一些职业教育方面的法律法规，但没有达到系统化，实践中也缺乏很强的可操作性，且没有建立起科学规范的职业资格证书认证制度。要推动应用型本科等更高层面职业教育的发展，我国必须在法律层面上加以完善和发展，另外，我国必须从法律层面上统一我国的职业资格认证制度和持证上岗制度，以此来约束劳动者全面、不断地接受职业教育或职业培训。④从职业教育体系来看，虽然我国日益增加对职业培训的重视，但没有从根本上改变学校职业教育的单一性，且职业教育各层次发展不均衡，与普通教育衔接不通畅，而发达国家往往有着健全的职业教育体系，应用型人才培养和学术型人才培养的比例较为合理。⑤从职业教育办学实际来看，我国职业教育仍以传授理论知识为主，搞封闭式办学，与社会关联度较低，而发达国家的职业院校与企业紧密结合办学，共同提升应用型人才培养质量。

德国的"双元制"职业教育模式获得了巨大成功，德国人所具有的文化素质和发达的职业教育是促进德国成为世界经济强国的关键。在德国的教育体制中，实施的是二次分流教育，第一次是小学后，每年约有1/4的学生进入职业中学，接受职业化的教育，为将来进入技术学院或直接就业做准备；第二次是12年义务教育的第10年（相当于我们国家的初中后）分流，在此阶段，德国会有70%左右的学生选择接受中等职业教育①，而我们国家正好相反。日本的教育模式是从初中结束时开始分流，同样约有2/3以上的学生会选择职业学校，少部分选择进入高中再读大学，比例基本和德国差不多。日本人认为，日本对职业教育的重视与发展，推动了日本现代化的发展。法国学生在15岁之前就分流进了实践性和学术性的学校，每年约有1/3的学生选择职业学校，在三年制的技术教育学院中学习，准备从事传统

---

① 翟海魂. 世界职业教育发展规律初探——一个历史的视角[J]. 河北师范大学学报（教育科学版），2006，（2）：102-109.

的手工行业,经过4年左右的技术学院学习,学生可以成为高水平的技术学士。

当然,国外发达国家职业教育的发展,还与其就业结构有关。职业教育促进就业,反观之,从就业结构也可以了解职业教育的发展方向。纵观世界各国三次产业就业人员构成情况来看,美国第三产业就业比例在2005年就已经达到了77.8%,远超其第二产业(20.6%)和第一产业(1.6%);日本第三产业就业比例在2005年也达到了66.4%,远超第二产业(27.9%)和第一产业(4.4%);相比之下,英国在2012年第三产业就业比例就达到了78.9%,德国也有70.2%;我国在2005年第三产业就业比例仅为31.4%,即便到了2013年第三产业就业比例也只有38.5%,第二产业就业比例为30.1%和第一产业就业比例为31.4%。我国第三产业就业比例较低,说明职业教育在我国还有很大的发展空间,如表2-3所示。

表2-3 按三次产业分就业人员构成情况表 （单位：%）

国家或地区	第一产业		第二产业		第三产业	
	2005年	2013年	2005年	2013年	2005年	2013年
中国香港	0.3	0.7[②]	15.1	11.6[②]	84.7	87.7[②]
美国	1.6		20.6		77.8	
新加坡	1.1		21.7		77.3	
英国	1.3	1.2[②]	22.2	18.9[②]	76.3	78.9[②]
以色列	2		21.4		75.7	
加拿大	2.7		22.0		75.3	
阿根廷	1.1	0.6[②]	23.5	23.4[②]	75.1	75.3[②]
澳大利亚	3.6		21.3		75.1	
中国澳门	0.1		25.0		74.7	
荷兰	3.2	2.5[①]	19.6	15.3[①]	72.4	71.5[①]
法国	3.6	2.9[②]	23.7	21.7[②]	72.3	74.9[②]
新西兰	7.1		22.0		70.7	
委内瑞拉	9.7	7.7[②]	20.8	21.2[②]	68.7	70.7[②]
德国	2.4	1.5[②]	29.8	28.2[②]	67.8	70.2[②]
南非	7.5	4.6[①]	25.6	24.3[①]	66.6	62.7[①]
日本	4.4		27.9		66.4	
韩国	7.9		26.8		65.2	
意大利	4.2	3.7[②]	30.8	27.8[②]	65.0	68.5[②]
西班牙	5.3	4.4[②]	29.7	20.7[②]	65.0	74.9[②]
俄罗斯	10.2		29.8		60.0	

国家或地区	第一产业		第二产业		第三产业	
	2005 年	2013 年	2005 年	2013 年	2005 年	2013 年
墨西哥	14.9	13.4[①]	25.5	24.1[①]	59.0	61.9[①]
巴西	20.5	15.3[①]	21.4	21.9[①]	57.9	62.7[①]
捷克	4	3.1[②]	39.5	38.1[②]	56.5	58.8[②]
乌克兰	19.4	17.2[②]	24.2	20.7[②]	56.4	62.1[②]
马来西亚	14.6	12.6[②]	29.7	28.4[②]	55.6	59.0[②]
波兰	17.4	12.6[②]	29.2	30.4[②]	53.4	57.0[②]
哈萨克斯坦	32.4	25.5[②]	18.0	19.4[②]	49.6	55.1[②]
菲律宾	36	32.2[②]	15.6	15.4[②]	48.5	52.5[②]
埃及	30.9	29.2[①]	21.5	23.5[①]	47.5	47.1[①]
土耳其	29.5	23.6[②]	24.8	26.0[②]	45.8	50.4[②]
伊朗	24.7		30.3		44.8	
蒙古	39.9	32.6[②]	16.8	17.3[①]	43.3	49.6[①]
斯里兰卡	30.7	39.4[②]	25.6	17.7[②]	38.4	41.5[②]
孟加拉国	48.1		14.5		37.4	
印度尼西亚	44	35.1[②]	18.7	21.7[②]	37.2	43.2[②]
泰国	42.6	39.6[②]	20.2	20.9[②]	37.1	39.4[②]
巴基斯坦	43	43.7	20.3	21.5	36.6	33.2
中国	44.8	31.4	23.8	30.1	31.4	38.5
印度	55.8	47.2[②]	19.0	24.7[②]	25.2	28.1[②]
柬埔寨		51.0		18.6		30.4
越南		47.4		21.1		31.5

注：①为 2011 年数据；②为 2012 年数据
资料来源：中国统计年鉴-2015

德国的特色是学生在教授和企业的共同指导下完成实践教学学期，美国主要是开展实践机会项目，包括面试、经验学习和企业实习等环节，英国的特点是采取工读交替式。德国的"双元制"强调企业和职业学校两大系统的密切合作，学生要先向有资格招收学徒的企业报考，录取后与企业签订合同，在企业当学徒工，同时又在职业学校学习。美国的职业教育也重视"合作教育"，办学以学校一方为主，学校根据所开设专业的需要与有关企业取得联系，双方签订合作合同，企业一方提供劳动岗位，给予一定的劳动报酬，指导学生进行岗位操作，校方教师和企业师傅一起评定学生成绩、劳动态度、工作质量等。英国职业教育合作形式为"工读交替",就是人们常说的"三明治"教学计划,即学生先在企业实践,接着在学校学习,最后再到企业实践。日本的"产学合作",主要是指产业界向大学投资、人事上交流及科研上委托等三种合作方式。①

尽管我国职业教育已经明确了校企合作的办学方向,但我国职业学校同企业,一般还停留在租借的关系上,没有达到共同办学的水平。从理论上来讲,校企合作是培养应用型人才的重要途径,通过产学研结合培养学生的实践动手能力。然而,在市场经济时代,企业和高校的利益取向有差异,企业参与产学合作的热情不高,产学合作往往出现"剃头担子一头热"的状况,虽然在数据上各高校有很多的企业实践基地,但真正有教学效果的并不多,应用型人才培养过程中普遍存在产学合作教育困难现象。从实习内容看,学生多以参观为主,简化为认知实习,很难取得教学成效,也很难进入企业的岗位本质,并得到专业技能的训练。当然,企业出于成本利润等因素的考量也是正常的,如果一味要求企业参与校企合作,就等于要求企业做公益一样,收益小而风险大,在这方面,可以借鉴德国的一些经验和做法,比如,给予校企合作企业一定的税收优惠等激励手段等。

三、我国应用型人才培养改革实践与探索

历史和现实证明,高等教育与经济社会发展是相互制约、相互影响的。经济发展会为高等教育提供物质基础,一个国家经济发展水平与该国同龄人口的高等教育在学率也有着直接的关系,经济发展对高等教育发展的规模和速度有重要影响。另外,高等教育为经济发展提供高级专门人才,经济体制、结构变化也将直接影响高等教育体制的变革和结构的变化,高等教育职能的发挥对经济的增长、经济结构的调整和完善、受教育者经济收入的提高都有促进作用。

世界高等教育分为两大体系三种教育传统。两大体系分别为罗马体系和盎格鲁-撒克逊体系。罗马体系提出了职业教育、专业教育、学术教育和产学研结合的理念;盎格鲁-撒克逊体系提出了自由教育、通识教育、学术教育和服务社会教育的理念。上述理念可以归结为人文教育、专业教育和学术教育,也就是说,

---

① 屠春飞,马山水. 商科人才培养与企业资源开发探究[J]. 宁波大学学报(教育科学版),2011,33(3):119-122.

高等教育的目标应包括专业训练、普通教育和生产新知识。究竟应该追求哪种类型的高等教育，涉及高校应该为社会输送什么样的人才的问题。对此，在不同的历史时期，不同国家的看法不尽相同。我国大力发展应用型人才培养，正是顺应经济社会发展的必然选择。

（一）以社会需求为导向

所有高校培养的人才最终都是要走向社会的，而且必须通过工作为社会服务来实现自己的人生价值。应用型人才的培养要以市场为导向，培养的应用型人才要适合社会各行各业对人才的需要。能否满足社会需求，已经成了评价应用型人才培养质量的一个重要指标，主要表现为学生在工作以后，在学校所学的知识、技能、养成的素质能不能适应工作岗位的要求。另外，要根据市场需求来设置专业，确定各个专业的招生人数和培养目标，把社会上的新理念、新技术、新知识融入到学生的课堂中去，培养急需的人才；根据经济发展情况及时调整和补充相应的专业和课程，开展新兴学科的研究，把科研的成果应用到经济产业项目中去。从国内生产总值发展结构指标来看，截止到2014年底，我国第三产业的比例达到48.1%，较之于1990年的32.4%增加了15.7%，增幅较大；第二产业的比例为42.7%，较之于1990年的40.9%增加了1.8%，变化不明显；第一产业的比例为9.2%，较之于1990年的26.7%，减少了17.5%，变化较大，如表2-4所示。

表 2-4 国内生产总值发展结构指标 （单位：%）

国内生产总值	1978 年	1990 年	2000 年	2014 年
第一产业	27.9	26.7	14.7	9.2
第二产业	47.6	40.9	45.4	42.7
第三产业	24.5	32.4	39.8	48.1

资料来源：中国统计年鉴-2015

整体而言，产业结构的调整，反映出了国民经济结构的健康发展，反映了人民生活的极大丰富，同时，也对应用型人才培养提出了相应的要求。换言之，以社会需求为导向，就要大力发展适应第三产业蓬勃发展的应用型人才。不管是美国还是德国，发达国家对应用型人才的培养都善于依据地区经济特色设置相关的专业，坚持为区域经济建设服务。我们在人才培养过程中要关注当地产业结构发展，分析所在区域的资源优势，根据这种资源优势，设置相应的专业，加强与地方企事业单位紧密联系，关注社会所需人才方向，确保培养的应用型人才要能够切实在地方经济建设和社会发展中发挥作用，促进地区经济的发展。

（二）以培养学生的应用能力为本

应用型人才的培养不同于学术型人才的培养，应用型人才学习的知识要及时运用于社会实践，加速知识的转化。他们更多关注的不是知识积累和知识自身的演绎过程，而是关注知识与实践对象的结合，应用型人才培养要重视学生用学到的科学知识解决实际问题的能力，以及在实际工作情景下的思维方式和行为方式。

《国家中长期教育改革和发展规划纲要（2010—2020年）》指出，我国高等教育中长期改革的一个主题是"坚持能力为重，优化知识结构，丰富社会实践，强化能力培养"[①]。作为新型应用型人才，他们需要掌握多种能力，如实践能力、学习能力、创新能力等。发达国家对应用型人才的培养都强调学生的实践能力，专业教育和通识教育并重，注重培养学生运用科学知识和方法解决实践问题的能力和在实际工作环境下的思维方式和行为方式，为学生综合素质的提高和个性发展创造条件，使学生具备可持续发展的能力，为地方经济和区域经济的发展输送具有专业能力的应用型人才。发达国家普遍采用校企合作教育，美国的"技术与工程教育"模式培养的技术师负责在将工程师的设计转变为实际产品过程中的关键技术问题，要求技术师具有对程序规划详细了解的能力和较强的实践操作能力。德国的"应用科学大学"模式要求学生能较熟练地掌握岗位所需的技术，毕业后就能较熟练地顶岗工作，其理念是培养一个合格的职业人才。应用型人才强调学生的实践能力和职业能力，单靠学校的资源不能满足对应用型人才培养的需要，这就需要高校与社会各界密切联系，国家政府出台法律政策支持产学合作办学，为应用型本科人才的培养提供便利条件，促进应用型人才培养的健康发展。

---

① 教育部. 国家中长期教育改革和发展规划纲要（2010—2020年）[EB/OL].中国教育部网站，http：//www.moe.edu.cn/publicfiles/business/htmlfiles/moe/moe_838/201008/93704.html[2016-07-29].

（三）培养方式和方法趋向多样化

高等教育的培养对象，绝大部分是 18 岁左右的青年，他们在生理、心理上都渐趋成熟，但普遍存在社会化过程不稳定、身心发展存在个体差异、对职业教育认知模糊，这就对应用型人才培养的方式和方法提出了更高的要求。英国的"技术工程师"模式强调学生是学习的主人，强调学生的自主学习，学生选课自主性强；课程开设形式多样，有全日制课程、工读交替制课程，脱产短训、夜校和部分时间制课程等，学生可根据自己的基础和接受能力安排学习进度，体现了应用型人才培养以学生为中心、以能力为本位、培养学生的综合职业能力的目标。在教学方法方面，德国的"应用科学大学"模式的课堂教学一般在较小的学生群体中进行，采取研讨教学、实验教学和现场教学等教学手段，充分调动学生的积极性和创造性，进一步发展他们的身心能力[①]，体现了应用型人才培养方式的多样化，采用案例教学、项目教学、现场教学、团队教学等多种教学方法，以及工读交替、产学合作、灵活的实习安排等多种培养方式，使学生获得就业的技能和本领。

（四）注重有实践经验的教师队伍建设

师资队伍是决定一所高校教学质量的关键。应用型人才的培养对师资又提出了特殊的要求，不仅需要具有扎实的理论知识、能做科学研究的教师，更需要具有实践经验、能进行实际技能操作的"双师型"教师。发达国家的职业教育在教师聘任时不仅要求有较高的专业素质，还要求教师具有丰富的实践经验和较强的动手能力，教师的能力和素质决定着学生的学习效果，有实践经验的教师能够把科技发展的最新成果传递给学生，使学生了解企业的最近发展情况。

由于我国的传统大学都比较重视学术型人才培养，重理论而轻实践，培养出来的人才也是理论型的，缺乏实践动手能力。而职业院校的人才引进，多数仍然是强调学历和职称，这就造成了师资队伍结构单一，缺乏真正的双师型教师。很多职业院校通过内部培养，鼓励选派年轻教师到企业挂职锻炼，这在理论上是可行的，但在实践中推广难度还是很大。相比之下，外聘教师不失为一条捷径，可以有效弥补实践性师资不足的问题，在实践中还需进一步完善相关制度，保障专

---

① 谭璐星. 应用型本科人才培养模式研究[D]. 武汉：湖北大学，2011.

兼职教师的结构合理。

四、职业教育与劳动力市场结合的最佳模式

比较发达国家培养应用型本科人才的实践，可以归纳出其共同点是：普遍重视实践教学，非常重视在社会中、企业里进行实际锻炼；人才培养依据专业能力的需要进行安排，强调人文科学与社会科学并重，注重对管理能力、公关能力及表达技能的培养。1906 年，美国辛辛那提大学教师施耐德提出，"把学校和产业部门进行合作，学生利用一定时间在学校学习科学技术的理论知识，用一定时间到产业部门从事与所学专业有关的生产劳动，用劳动所得支付学费，这种教育称为合作教学"，这是世界校企合作教育模式的开端①。校企合作模式是一种学校和企业联合开展人才培养的形式，在合作的过程中，学校和企业紧密联手，有目的、有组织、有计划地把学生在学校课堂的学习与在企业的实践相结合，充分发挥学校和企业两个育人主体的优势，以培养学生综合能力和就业能力为目的，把学校理论教育与企业实践教育结合起来，培养满足企业需求的高素质人才的一种教育形式。在我国，1958 年 9 月 19 日毛主席在批阅《关于教育工作的指示》时，提出了"教育和生产劳动相结合"的教育方针。但直到 20 世纪 80 年代中后期，校企合作教育在我国才真正兴起。实践证明，校企合作之路是职业教育良性发展的重要手段。目前，在我国 500 种主要工业产品中，有 281 种的生产规模居世界第一，但工业产品的附加值不高、品种不多、质量不高，工人人均劳动生产率远远落后于发达国家，仅为美国和日本的 1/23、德国的 1/18。此外，在全球最有价值的 500 个品牌中，中国只有 19 个，且都排在 100 名之外。这是因为"没有一流的技工，就没有一流的产品"。在中国制造向中国创造转变的过程中，怎样培养适应经济发展方式转变与产业结构升级的高技能人才、具备创新创业能力的应用型人才，是职业教育创新发展的中心课题。

职业教育的模式由传统的学徒制演进到现代的学校集中培养方式，体现了职业教育的进步和发展，但学校职业教育有许多难以克服的缺陷：无论教学设备如何先进，与企业的最新机器、最新生产线相比，总有差距；无论教学内容如何先

---

① 转引自徐金燕. 合作教育产生和发展的历史背景及其意义[J]. 设计艺术研究，2003，22（3）：25-27.

进，与生产、服务第一线所应用的最新技术、最新工艺相比，总有距离；无论学校的专业教师技能水平如何提高，与生产一线的技术专家、操作能手相比，总有差异。这些问题的解决，有赖于校企合作的深入开展，这就要求职业教育要紧跟市场经济，融入企业生产经营，重视对学生实践技能及敬业精神的培养，真正落实就业导向的职业教育方向。

校企合作要更加突出企业的实践作业。职业院校受设备和师资的限制，很难保证学生的实践环节教学质量，因此，职业院校必须重视和企业合作；企业要以更灵活的方式积极参与学校的职业教育。技能人才的培养不能纸上谈兵，必须到实践中去锻炼，校企合作有利于建立专业对口的实训基地，为学校的实践性教学体系提供可靠保障。教师要贴近企业，有经理味道；学生要贴近岗位，有员工味道；教学要贴近职业资格鉴定，有职业培训味道。增加职业教育的应用性，有利于实现职业教育的准确定位。企业长期参与学校教学工作，能有效促进人才培养目标的实现，学校也可以方便地从企业聘请兼职教师，确保实践性教学效果，以有效提高学生的职业能力和就业竞争力。校企合作的实训基地，还可以为校内教学提供导向，共同构建人才培养的高质量平台。校企合作，能提高办学实力，形成品牌专业。在校企合作过程中，学校能在教学、科研、技术、技能等各方面迅速提高，彻底改变教育脱离社会的误区，赢得社会、企业、家长、学生的认可和信赖；同时，根据订单式人才培养要求的企业规模、性质，培养相应的高技能人才，容易形成特色鲜明的品牌专业，使得就业渠道更顺畅。

深化校企合作，需要我们采取多种举措，比如鼓励校企以市场为导向多方共建应用技术协同创新中心，学校与技艺大师、非物质文化遗产传承人等合作建立技能大师工作室，开展技艺传承创新等活动。校企合作联合开展"现代学徒制"培养试点。校企共同制订和实施人才培养方案，试点学校主要负责理论课程教学、学生日常管理等工作，合作企业主要负责选派工程技术人员（能工巧匠）承担实践教学任务、组织实习实训；校企联合保障学生权益、保证合理报酬，按照国家有关规定落实学生责任保险和工伤保险。国家要允许符合条件的高等职业院校采用单独考试招生的办法从企业员工中招收符合本地高考报名条件的学生，使学生兼具企业员工身份。扶持涉农高等职业院校的发展和专业建设，建立公益性农民培养培训制度，提高涉农高等职业院校为"三农"服务的能力，围绕农业产业链和流通链培训适应科技进步和农业产业化需要的学生和新型职业农民，创新招生就业、人才培养、农学结合、校企合作、顶岗实习、社会服务等工作机制，推进农科教统筹、产学研合作；支持高等职业院校与涉农企业共建农业职业教育集团；构建覆盖全国、服务完善的现代职业农民教育网络。推进城乡区域合作，引导各地将项目、资金、设备、人才向涉农专科高等职业院校倾斜，动员相关行业、企业、高等学校、科研院所等参与专业建设，特别是要加大对农业、水利、林业、粮食和供销等涉农行业职业教育的支持力度。

　　深化校企合作，要健全企业参与制度，研究制定促进校企合作办学有关的法规和激励政策，深化产教融合，鼓励行业和企业举办或参与举办职业教育，发挥企业的重要办学主体作用。规模以上企业要有机构或人员组织实施职工教育培训、对接职业院校，设立学生实习和教师实践岗位。企业因接受实习生所实际发生的与取得收入有关的、合理的支出，按现行税收法律规定在计算应纳税所得额时扣除。另外，通过多种形式支持企业建设兼具生产与教学功能的公共实训基地。对举办职业院校的企业，其办学符合职业教育发展规划要求的，各地可通过政府购买服务等方式给予支持。对职业院校自办的、以服务学生实习实训为主要目的的企业或经营活动，按照国家有关规定享受税收等优惠。支持企业通过校企合作共同培养培训人才，不断提升企业价值。企业开展职业教育的情况纳入企业社会责任报告。加强行业指导、评价和服务。加强行业指导能力建设，分类制定行业指导政策。通过授权委托、购买服务等方式，把适宜行业组织承担的职责交给行业组织，给予政策支持并强化服务监管。行业组织要履行好发布行业人才需求、推进校企合作、参与指导教育教学、开展质量评价等职责，建立行业人力资源需求预测和就业状况定期发布制度。完善现代职业学校制度，扩大职业院校在专业设置和调整、人事管理、教师评聘、收入分配等方面的办学自主权。职业院校要依法制定体现职业教育特色的章程和制度，完善治理结构，提升治理能力，建立学校、行业、企业、社区等共同参与的学校理事会或董事会，制定校长任职资格标准，推进校长聘任制改革和公开选拔试点，坚持和完善公办高等职业院校党委领导下的校长负责制，建立企业经营管理和技术人员与学校领导、骨干教师相互兼职制度。完善体现职业院校办学和管理特点的绩效考核内部分配机制。鼓励多元主体组建职业教育集团。制定院校、行业、企业、科研机构、社会组织等共同组建职业教育集团的支持政策，发挥职业教育集团在促进教育链和产业链有机融合中的重要作用。鼓励中央企业和行业龙头企业牵头组建职业教育集团，探索组建覆盖全产业链的职业教育集团。健全联席会、董事会、理事会等治理结构和决策机制，开展多元投资主体依法共建职业教育集团的改革试点。强化职业教育的技术技能积累作用，制定多方参与的支持政策，推动政府、学校、行业、企业联动，促进技术技能的积累与创新。推动职业院校与行业企业共建技术工艺和产品开发中心、实验实训平台等，成为国家技术技能积累与创新的重要载体。职业院校教师和学生拥有知识产权的技术开发、产品设计等成果，可依法依规在企业作价入股。①

　　相比之下，美国产学研合作形式多种多样，但人才培养的核心都是以市场为先导，依托市场经济环境，政府进行宏观调控，学校积极进行工程教育改革的合作机制。美国的产学研合作模式的特点体现在政府的调节作用及企业提供给高校的资金保障方面，对我国校企合作有着一定的参考价值。

　　总而言之，校企合作模式既表明了学校和企业两个主体之间的联系，也表明了劳动与学习两种行为之间的关联，它是职业教育培养技能型人才的最佳模式；校企合作教育模式体现了以人为本的教育理念，把学生作为教育的主体，通过学校和企业的联合培养，使学生在学中做、做中学，有利于学生的全面协调发展。校企双方给予学生自由的发展空间，一个人只有在成为自身的主人、能自由支配自身的情况下，才有可能根据自己的兴趣、爱好、特长和社会的需要去发展自己。校企合作模式使学生能更好地满足社会，有利于全面培养学生的职业能力，增强就业竞争力，避免与社会的脱节，从学历本位转向能力本位。

---

　　① 国务院. 关于加快发展现代职业教育的决定[EB/OL]，国发〔2014〕19 号. 中国教育部网站，http://www.moe. edu. cn/publicfiles/business/htmlfiles/moe/moe_1778/201406/170691.html[2014-08-12].

第三章　应用型人才培养的市场错位

第一节　应用型人才培养的层次局限

目前我国的职业教育发展情况属于狭义的职业教育范畴，即以中职教育和高职教育等学历教育为主、职业培训等非学历教育为辅的职业教育。专业硕士学位的逐年扩招，以及地方性本科院校转型为职业教育，使我国的职业教育体系已显雏形，但仍有很多需要完善的地方。职业教育以培养应用型人才为主，应该和以"学术目的为主"的普通教育并行不悖，共同构建高等教育的"立交桥"，这是职业教育的发展趋势。

一、专科职业教育质量有待提高

高等教育扩招以来，我国职业教育得到了蓬勃发展，为经济发展提供了大量高素质技能型人才。由于受高校扩招和金融危机的影响，我国大学生就业日趋紧张，但和传统的普通高等教育相比，职业教育就业状况良好；国务院关于大力发展职业教育的决定，更是让职业教育迎来了发展的春天；职业教育促进就业，就业状况又在很大程度上影响了职业教育的规模，两者形成良性循环；特别是高职院校，融合了高等教育和职业教育的优势，发展尤为迅猛。从 2000 年仅有 442所开始，高职院校数量快速增长，2004 年即达到 1047 所，2014 年更是达到了1327 所；而截至 2014 年底，我国普通高等学校数量一共是 2529 所，也就是说，高职院校数量占比达到了 52%，成为高等教育名副其实的半壁江山[1]。

由于我国高等职业教育起步较晚，经验不足，高职教育在数量上实现跨越式发展的同时，其教育质量也引起了社会越来越多的关注。很多高职院校是从中职学校基础上发展起来的，办学条件不足，师资队伍薄弱，教学方法陈旧，没有结合本地本校实际探索具有校本特色的教育模式，理论与实际脱节，课程安排基本

---

① 国家统计局. 中国统计年鉴-2015. 北京：中国统计出版社. 2015.

上是传统本科的"压缩式"，难以摆脱学术性本科教育的模板，导致学生动手操作能力不强，培养出来的学生不能适应企业的要求，与经济社会发展和劳动力需求脱节。相当多的高职院校，办学理念模糊，甚至把职业教育和普通高等教育混为一谈，强调学术性，弱化实践性；强调学科建设，弱化专业建设；在办学功能、人才培养、质量标准等方面没有科学定位，高职教育普通化的趋向比较普遍和严重。

二、本科层面的职业教育欠缺

在本科高等教育层面，高校最初以培养研究型人才为主，即传统的精英型人才，而在高等教育大众化阶段，人才市场需要量更大的是应用型、技能型人才。随着我国经济结构的调整，生产从粗放型向集约型转变，经济与社会发展水平不断提高，相当多的职业岗位，尤其是高科技生产部门和第三产业，越来越需要受过高等职业教育的专门人才来胜任，这就给我国高等教育尤其是本科层面的职业教育提出了迫切要求。

应用型本科的出现，是本科职业教育发展的新方向。所谓应用型本科，就是以培养应用型人才为目的，和普通本科教育相对应的职业教育的本科层面。2014年5月2日，国务院出台《关于加快发展现代职业教育的决定》，提出引导一批普通本科高校向应用技术类型高校转型，重点举办本科职业教育①。2015年3月5日，李克强总理在政府工作报告中提出"引导部分地方本科高校向应用型转变"。2016年3月，新一年度的政府工作报告更进一步明确提出"推动具备条件的普通本科高校向应用型转变"。但由于对"到底为什么转""转到哪里""怎么转"等问题缺乏深入的研究和理性思考，如何回答和破解这一难题成为政府、高校和学界面临的一项紧迫任务。

地方本科高校走转型发展之路，除了是地方经济社会发展的需要，同时也是教育改革尤其是现代职业教育体系建设发展的需要，但更重要的是，还是地方本科高校自身生存和发展壮大的需要。有的地方本科高校，虽然看到应用型方向对学校长远发展有利，但由于受"重理论轻应用""重普教轻职教"等传统观念的

---

① 国务院.关于加快发展现代职业教育的决定[EB/OL]，国发〔2014〕19号.中国教育部网站，http://www.moe.edu.cn/publicfiles/business/htmlfiles/moe/moe_1778/201406/170691.html[2016-08-12].

影响，认为应用型高校比学术型高校低人一等，转型发展有"矮化"之嫌，不愿意公开承认办学的职业性，还"犹抱琵琶半遮面"，转型之路自然也就不彻底。很多应用型本科教育还未对强化实践教学形成一致的理念，部分师生对应用型人才培养模式的认识和对强化实践教学重要型的认识，在一定程度上还停留在表面，缺乏深层次的认识。即使在观念上已有认识，但常受客观条件、环境、基础等因素所限，观望、等待、敷衍等现象非常普遍。

三、专业学位研究生教育发展瓶颈

专业学位研究生应该包含硕士和博士两个层次，但我国在博士职业教育方面仅仅开设"教育博士"等极少数专业，而目前的专业学位硕士，已经有一定的发展历程。我国自1991年开始实行专业学位教育制度以来，经过20多年的努力和建设，专业学位教育发展迅速，目前广为人知的MBA、MPA都属于专业学位范畴；而且教育部决定从2009年起，在全国招收攻读硕士学位研究生增加"全日制专业学位"类型，以区别于原来单一的"全日制学术型学位"。2011年继续推行硕士研究生教育改革，从以培养学术型人才为主向以培养应用型人才为主转变，实现研究生教育结构的历史性转型和战略性调整。教育部要求逐步加大全日制专业学位研究生的招生比例，所有新增计划全部投放在专业学位上。然而现实情况却是，报考专业学位硕士研究生的考生，大部分都是在职人员，他们主要看好的是专业学位研究生应用性强，可以提高业务能力。而应届生却与此相反，大部分应届生都选择报考学术型研究生，原因如下：一是学生对专业硕士这种新生事物抱有怀疑态度，二是如果考不上学术型研究生，学生可以将专业学位研究生当作替补，等于增加了录取机会。尽管后期改革增加了全日制的专业学位研究生，但对于在职人员来说，最适合的仍然是在职攻读硕士学位。2014年在职攻读硕士学位招生仅有16.24万人，明显小于全日制硕士54.87万人的招生规模，因此，在职攻读硕士学位的发展瓶颈，是培养高层次应用型人才面临的重要问题。

专业学位教育的目的是培养高层次的专业人才，使人才具有坚实的理论基础，并适应特定行业的需要或专业的实际工作。专业学位和学术学位处于同一水平，但培养规范有不同的侧重点，在培养目标上有显著差异。学术性学位以学术研究为主，侧重于理论研究，主要培养大学教师和科研机构的研究人员；专业学位以专业实践为导向，重视实践与应用，主要培养高层次应用型人才。专业学位教育的突出特点是学术性和专业性的结合，获得专业学位的人主要从事有明显职业背景的工作，而不是从事学术研究。因此，专业学位的教学方法、教学内容、授予学位的标准和要求都不同于学术性学位。但从实际情况来看，由于发展时间短，以及教师转型的局限性，传统的教学模式仍难以改变，专业学位硕士研究生教育和普通研究生教育往往相差不大。基本相同的教学模式，使得专业学位硕士教育很难达到预期的培养应用型人才的目标[①]，由此专业硕士学位处于很尴尬的境地。

第二节　应用型人才培养的生源困境

职业教育直接为国民经济各部门培养、输送成千上万的技术人才，它的发达与否标志着一个国家和地区的经济发展水平和教育现代化水平。但由于目前我国职业教育的学历层次相对较低、职业教育水平也不高，以及传统观念的存在，导致社会、家长、学生轻视职业教育的现象，职业教育在社会上的地位和认可度不高。而且我国学历主义盛行，文凭不仅是进入职业领域的"敲门砖"，而且直接与经济收入、社会地位、升迁流动挂钩，这就引导社会成员产生了普遍愿意接受高层次教育、获取高级文凭的意向；其直接后果就体现在招生方面，职业教育往往成为次要选择——是不能进入普通高等学校的学生的无奈选择。同时，职业教育学历贬值，学生继续深造的机会较少，也是影响职业教育生源和职业教育教学质量的重要原因。其结果是造成了招生难和生源质量差的恶性循环，成为影响职业教育发展的重要因素，这与国外职业教育发达国家的学生主动选择职业教育有着很大的差别。

影响招生的另一个重要因素就是人口基数的问题，截止到 2014 年末，全国

---

① 武迪. 完善我国职业教育体系的思考[J]. 中国成人教育，2012，（10）：15-16.

总人口达到 136 782 万人，相比 2000 年（126 743 万人），平均增速仅为 0.5%；其中城镇人口是 74 916 万人，乡村人口是 61 866 万人，相比之下，城镇人口平均增速达到 3.6%，而乡村人口平均增速是-1.9%。这些基本因素影响了职业教育的生源规模，直接导致了招生难的问题，如表 3-1 所示。

表 3-1　全国总人口及平均增长速度情况表

指标（人口）	总量指标（万人）				平均增长速度（%）	
	1978 年	2000 年	2013 年	2014 年	1979—2014 年	2001—2014 年
总人口	96 259	126 743	136 072	136 782	1.0	0.5
城镇人口	17 245	45 906	73 111	74 916	4.2	3.6
乡村人口	79 014	80 837	62 961	61 866	-0.7	-1.9

资料来源：中国统计年鉴-2015

与此同时，普通本科院校的扩招也导致了职业院校生源不足，而且质量下降。学生文化基础差异较大，综合能力参差不齐，与普通院校相比，部分学生作为应试教育的失败者、选拔考试的淘汰者，大部分有自卑心理，不少学生是出于无奈才选择职业教育，他们中有的人职业理想模糊，缺乏学习动力，劳动观念淡漠，缺乏吃苦和专一精神，往往表现为以自我为中心、社会责任感不强。对于职业院校的学生来说，加强素质教育有着更为重要的意义。

第三节　应用型人才培养的目标偏差

作为德国的第二大类型高等院校，应用科技大学的人才培养模式特色鲜明、培养体系完善，该大学学制为四年，包括一年实习期而简称为"3+1"学制。它的课程体系和教学模式都以职业和实践为先导，秉承企业需要什么，学校就教什么的原则，而实践学期分别安排在第三学期和第六学期，进行技能实习与岗位实训。教学形式也以知识应用、提高应用能力来设计，并通过国际合作增强学生的实际动手能力，成为名副其实的应用型人才。

　　我国的高等职业教育自 1999 年高校扩招开始，得到了迅猛发展，短期内数量增长很快，但教育质量却没有及时跟上；教育质量是教学效果"质"与"量"的统一体，"质"是指受教育者的知识、能力、智力及情感、意志、性格等方面的发展水平达到国家教育方针及教学大纲规定的教学目标的程度；"量"是指在教育方针指导和在教学大纲所规定目标控制下学生数的比率，两者的有序结合，才能促成教育质量的提升。

　　职业教育的目的是培养应用型人才，与普通教育相比，更加侧重于对学生实践技能和职业素养的培养；教学质量的高低直接影响到了人才的培养质量。职业院校肩负育人的双重使命，一方面要为经济社会发展培养实用型人才，另一方面要为更高层次的教育培育合格新生。然而，职业教育脱离社会现实的问题，也普遍存在：从主观上看，职业院校的教师来源单一，受传统学术性教育的影响较深，本身缺乏行业企业实践经验，难以跳出以学科为中心的传统教学模式；从客观上看，职业院校受限于资金问题，缺乏足够的实训设备，新建的实训基地也不够完善，实践教学难以落实，学生的学习主动性难以调动。例如教与学脱节，将导致学生的实践技能培养就是一句空话，因此，进一步提升教育质量，是职业院校培养优秀应用型人才的重要保证。当然，仅仅有技能是不够的，素质教育是所有教育的根基。单纯重视技能培养，过于重视与岗位对接，把职业教育演变成了"打工教育"，而忽视了人的成长和发展，这也是职业教育被一些人认为是二流教育的另一个重要原因。

　　从职业教育培养应用型人才的目标出发，职业教育应当将受训者放在真实的工作环境中去练习业务技能，这就要求职业教育必须高度重视实践教学、现场训练。普通教育的教学工作以传授理论知识为主，教学的基本形式是课堂授课，而职业教育仅仅要求学生对理论知识的掌握以"必须、够用"为标准，要更加重视的是培养学生的实际操作技能，在一般的理论课程之外为学生多安排校外实践和训练，只有这样，学生才能够获取从事某项职业的从业资格，以便将来更好地融入到现实社会中。

　　目前，我国的职业教育无法满足社会转型期的人才需求，人们对职业教育的错误认识、企业对劳动力吸纳能力的下降、社会对学历的高消费等，都严重影响了职业教育的发展。传统的职业教育依照普通教育的办学思路、模式来进行，强调理论知识的系统性，忽视了对学生职业技能的培养，导致培养出来的学生不能满足生产一线的需要。21世纪将是高新技术竞争的时代，人才的竞争是首位的，全面提升人的整体素质和具备持续发展的职业能力，是对职业教育的必然要求，这就要求我们要大力培养生产和管理一线的技能型人才。[①]其中，最关键的还是职业教育质量的提升，职业教育要改变传统陈旧的学习内容和狭隘的学习目标，在培养目标、学习时间、课程编排、专业设置、教学方法等方面紧密联系现实社会，删除那些不必要的理论内容，重视对学生动手能力的培养。同时，经济社会的发展，导致职业的流动性加快，职业结构长期稳定不变的格局已经被打破，这就要求职业教育要为职业变革培养有发展前途的、能适应岗位变化的高技能人才。

在素质教育问题上，人们讨论最多的是中小学和大学教育，而对于职业教育则有所忽视。职业教育强调职业技能，但如果仅将培养学生胜任现有岗位当作成功，未免过于功利化，忽略了个性、道德、能力拓展能综合素质的发展。

因此，职业教育应和素质教育相辅相成，素质教育着眼于提高人的内在品质和素养，强调知识内化和身心全面和谐发展，作为培养面向职业领域、从事技术应用的技术型人才的职业教育，不仅要注重培养学生具备专业技术知识和技能，更应注重学生全面素质的提高，这样才能应对知识经济时代面临的各种挑战和机遇。

---

① 杜利. 我国职业教育发展的理论与实证研究[D]. 武汉：武汉理工大学，2008.

第四章　应用型人才培养的市场互动

　　改革是建设中国特色社会主义教育的必由之路，在现阶段，体制改革是教育改革的关键。因此，建立政府办学为主、社会参与办学、公办教育和民办教育共同发展的办学体制是教育满足社会多样化需求的必然选择。国家发展战略的核心是提高自主创新能力，建设创新型国家，而要实现这一战略，必须努力造就世界一流科学家和科技领军人才，注重培养一线的创新人才。科学大师钱学森一直非常关心创新型人才培养问题，他留下的"钱学森之问"成为人们关注的焦点。作为职业教育，要以创新人才培养为导向，着力推进素质教育，强化实践教学，培养学生的创新能力、实践能力、创业能力、职业拓展能力，注重提升人才培养的复合性、国际性和创造性，改革人才评价模式，激发师生的创造意识和创造激情。2008 年的国际金融危机对职业教育发展提出了挑战，因此，要进一步明确和强化职业教育的战略地位，加快构建有中国特色的现代职业教育体系，以市场为主导改革和创新职业教育办学模式，根据市场需求改革课程体系与教学模式。①2015 年是全面完成"十二五"规划的收官之年，是全面深化改革的关键之年，也是全面推进依法治国的开局之年，全面贯彻党的十八大精神，坚持稳中求进的总基调，坚持以提高经济发展质量和效益为中心，主动适应经济发展新常态，保持经济运行在合理区间，把转方式、调结构放到更加重要位置，狠抓改革攻坚，突出创新驱动，强化风险防控，加强民生保障，促进经济持续健康发展和社会和谐稳定。要保持稳增长和调结构平衡，坚持宏观政策要稳、微观政策要活、社会政策要托底的总体思路，保持宏观政策的连续性和稳定性，继续实施积极的财政政策和稳健的货币政策。②《国家中长期教育改革和发展规划纲要（2010—2020年）》自 2010 年开始实施以来，新型工业化、信息化、城镇化、农业现代化同步发展，战略性新兴产业和服务业的支撑作用逐步增强，传统产业向中高端迈进，大众创业、大众创新已经兴起热潮，职业教育面临着发展的新机遇，因此，要从培养应用型人才的角度积极助力经济发展，发现并培育新的经济增长点。

---

① 《教育研究》编辑部. 2009 中国教育研究前沿与热点问题年度报告[J]. 教育研究，2008，（3）：3-14.
② 2015 年是十二五规划收官之年 [EB/OL]. 江苏职工之家网，http://www.jszgzj.cn/art/2014/12/6/art_102_5716.html[2014-12-06].

第一节 培育中国特色的现代职教体系

我国职业教育起步较晚，长期以来，我国在发展职业教育的问题上始终存在误区，部分人认为职校生低人一等，认为职业教育是那些落榜生才接受的教育等。从德国的"双元制"职业教育来看，职业教育应该是和普通教育并驾齐驱的，不可厚此薄彼。构建我国新的职业教育体系，必须坚持正确的指导思想，顺应世界职业教育改革发展的趋势，借鉴发达国家职业教育体系建设的经验和教训，坚持从我国经济社会发展对高级应用型人才需求的实际出发，落实科学发展、和谐发展及终身教育的要求，体现职业教育发展的内在规律，在现有基础上进一步优化职业教育的内部层次，建立起符合我国国情的、稳定的具有鲜明应用性特征的相对独立的职业教育体系。

1985 年，中共中央颁布《关于教育体制改革的决定》，明确提出：发展职业教育要以中等职业技术教育为重点，同时积极发展高等职业教育，逐步建立一个从低级到高级、行业配套、结构合理又能与普通教育相互沟通的职业技术教育体系，从制度的层面首次明确了高等职业教育的地位、作用、发展目标，为高等职业教育的存在和发展提供了制度保障，有力地促进了高等职业教育的发展。2014 年 6 月，国务院印发《关于加快发展现代职业教育的决定》，全面部署加快发展现代职业教育，明确了今后一个时期加快发展现代职业教育的指导思想、基本原则、目标任务和政策措施，提出"到 2020 年，形成适应发展需求、产教深度融合、中职高职衔接、职业教育与普通教育相互沟通，体现终身教育理念，具有中国特色、世界水平的现代职业教育体系"[1]。随着经济社会的发展，我国职业教育也应和普通教育一样，有着并列的不同层次，构建高职—应用本科—专业硕士学位—博士职业教育系统性职业教育体系。加快发展现代职业教育，是党中央、

---

[1] 国务院. 关于加快发展现代职业教育的决定[EB/OL]，国发〔2014〕19号.中国教育部网站，http：//www.moe.edu.cn/publicfiles/business/htmlfiles/moe/moe_1778/201406/170691.html[2016-08-12].

国务院作出的重大战略部署，对于深入实施创新驱动发展战略，创造更大人才红利，加快转方式、调结构、促升级，具有十分重要的意义。

近30年，来我国高等教育获得快速发展，其中，高等职业教育的快速发展起到了极大的推动作用。与此同时，高等职业教育培养的应用型人才推动了社会经济的发展，社会经济的发展又需要更多的应用型人才，两者形成良性循环、互相促进。我国国内生产总值从2000年的99 776亿元，到2004年的160 714亿元， 2008年的316 572亿元，2014年的636 139亿元，一直呈现出快速增长的趋势，这对于应用型人才特别是高端应用型人才的需求也有极大的带动作用。

随着高等教育从数量扩张向内涵建设转型，职业教育将肩负更大的责任，在这个时候，完善职业教育体系，有着极大的现实意义，既是面向科技飞速发展的未来培训高层次职业技术人才的需要，也是高等教育实现大众化的需要。需要注意的是，职业教育和普通教育并非"永不相交的两条平行线"，因为其区别是随层次越低而越明显，随层次越高则越模糊，如果把高职专科作为高等职业教育的终结模式，完全有悖于国际高等职业教育发展的大趋势。高等职业教育体系，应该是高等教育体系的一个类型，与研究型高等教育是并列的关系，并且建立专科、本科、硕士、博士等多个层次后，打破了高职教育长期处于专科层次的终结性教育状态，构建了既符合自身发展规律又切合经济社会需求的合理的层次结构，为人力资源开发和教育平等的实现提供了必要条件。高等职业教育与研究型高等教育体系的衔接沟通，一方面要打破教育类型和学校类型的单一对应关系，同一所学校可以实施两种教育类型，比如，一些有条件的普通本科院校要举办高等职业教育；另一方面，要通过学分互认机制和适当的选拔制度，在两种教育类型的不同层次之间形成交互通道，比如，我国现行的高职高专可以通过考试选拔进入普通本科院校学习，普通本科毕业生可以通过考试接受专业硕士学位教育，都属于此种情况。

通过对我国职业教育办学现状的分析，借鉴世界发达国家发展职业教育的先进经验，本书认为，我国新的职业教育体系应该是与普通教育平行且互相沟通、学历层次齐全、办学主体多样、以应用型人才培养为目标的职业教育体系，具体来讲，就是要构建涵盖中职—高职—应用本科—专业学位研究生教育的系统性职业教育体系，实现应用型人才的贯通培养，其中研究生层次的职业教育又分为专业硕士和专业博士两个层次。根据我国的基本国情和经济发展水平对应用型人才的实际需求，专科层次的职业教育已经获得了快速的发展，下一步应重点发展本科层次的职业教育，即应用型本科，未来将形成以应用型本科职业教育为主的职业教育发展体系。要达到这个目标，一方面，国家要弥补应用型本科院校在数量上的不足，将一部分地方性本科高校转型为应用型本科，是简单有效的办法，但要注意提升应用型本科高校的教育质量；另一方面，要注意完善职业教育链条，以应用型本科为纽带，实现职业教育的贯通培养，进一步提升职业教育的吸引力，逐渐扭转社会对职业教育的偏见。

政府的重视是完善职业教育体系的重要保障。自 2002 年全国职业教育工作会议以来，各级政府根据《国务院关于大力推进职业教育改革与发展的决定》（国发〔2001〕16 号），加强了对职业教育工作的领导和支持，职业教育规模进一步扩大，但从总体来看，职业教育仍是我国教育事业的薄弱环节，职业教育投入不足，办学条件有待改善，人才培养质量还不能适应经济社会发展的需要，这些问题的解决都离不开各级政府的正确领导和大力支持。

世界各国普遍对职业教育高度重视。在韩国，政府通过立法加大对职业教育的重视程度，先后出台了《国家技术资格法》《职业训练法》《职业提高培训法》等十几个法案，全方位地保证韩国职业教育健康有序发展。在德国，联邦《基本法》明确规定德国国民生产总值的 1.1%、工资总收入的 2.5%用于职业教育，并规定由议会审定监督德国联邦政府、州政府、地方政府和经济界每年投入的职业教育经费占国民生产总值的 4.3%。美国联邦州政府每年向各州提供 16 亿美元的职业教育专项补助经费，以激发各州重视职业教育，并在《2000 年目标法案》中决定 5 年内增加 50 亿美元用于职业教育改革。澳大利亚政府的职业教育投资占国民生产总值的 0.5%，联邦政府和州政府的投入占技术与继续教育学院总经费的 50%以上。

我国 1996 年颁布的《中华人民共和国职业教育法》明确规定："县级以上地方各级人民政府应当加强对本行政区域内职业教育工作的领导、统筹、协调和督导评估"的责任[①]。在计划经济时期，我国职业院校的办学经费全部由政府承担，政府是职业院校的唯一投资人；在市场经济下，各级政府仍然是职业教育经费的投入主体。1983 年 5 月，教育部等有关部门就职业教育的发展联合发布

---

① 中华人民共和国第八届全国人大. 中华人民共和国职业教育法［EB/OL］. 中国政府网，http://www.gov.cn/banshi/ 2005-05/25/content_928.htm［2015-09-07］.

《关于改革城市中等职业教育结构、发展职业技术教育的意见》①，明确规定每年专项补助 5000 万元，用于发展职业高中；地方财政要按照中央分配金额至少以 1：1 的比例进行配套支出。同时，只有政府层面认识到职业教育体系的重要性，用制度来保障职业教育体系的完善，才是大力发展职业教育的最有效手段。

第二节　构建科学合理的职教层次结构

职业教育的层次结构是随着经济社会的发展而不断升级的，其结构比例也处在不断的优化和调整中。建立职业教育合理的层次结构，有利于优化现有职业教育的办学资源，明确各层次职业教育办学定位；有利于加强职业教育人才培养与实际需求的紧密联系，避免应用型人才培养"结构性过剩"和"人才高消费"现象的发生。国家要想形成合理的职业教育层次，要合理控制各层次职业院校的招生规模。如果职业教育本科层面过度扩招，不但会影响到培养质量，而且会影响到高职的生源，还会在一定程度上引发学历高消费等不良社会现象。我国在大力发展职业教育的同时，要确定合理的招生计划，压缩学术型人才培养规模，保证职业教育各阶段培养规模的层次性，这样才有利于职业教育的长远发展。

一、压缩学术型人才培养规模

本科十多年的扩招，带来了严重的就业问题，原因有两个：一是大学生数量增长太快；二是大学生缺乏实践技能，缺乏就业本领。这就是在扩招的同时没有注意到人才培养方向，还是按照传统学术型人才来培养，而师资力量相对薄弱，导致学术方面培养质量也打了折扣，结果有些学生既没有成为学术科研方面的人才，又没有掌握职业技能，造成了高不成低不就的局面。

高等教育分为两种类型：一是普通高等教育，培养学术型人才；二是高等职

① 教育部，劳动人事部，财政部，国家计委.关于改革城市中等教育结构、发展职业技术教育的意见[J]. 人民教育，1983（6）：8-10.

业教育，培养技能型人才。这两种类型的高等教育，都是我国经济社会发展所需要的，只是需要特别强调的是，后者的需求量更大。但长期以来，我国过于侧重普通高等教育，尽管现在高职高专也获得了快速的发展，但从层次上看，应用型本科发展才刚刚开始，本科层面的职业教育严重落后，造成高等教育在本科层面的失调。大多数本科院校都愿意朝研究型方向发展，可是社会对于研究型的人才需求量是很小的，这就造成大批的本科毕业生难以就业，再加上普通本科院校的不断扩招，源源不断地向社会输送"货"不对路的"产品"，致使大学生就业越来越难。与此形成鲜明对比的是，我国经济社会发展急需的大批高级应用型人才却极度匮乏，影响了我国经济的转型和发展。这是我国高等教育发展遇到的最大瓶颈，突破这个瓶颈需要从三个方面着手：一是从思想上提高对高等职业教育的认识，要把高等职业教育真正当作高等教育的一种类型，而不是一个专科层次的问题；二是要重点发展应用型本科，无论是将普通高校转制为应用型本科，还是将发展较好的高职专业升格为应用型本科，都需要政府的引导和政策支持；三是要切实提高高等职业教育质量，真正办出特色。

二、控制各层次职业教育招生规模

人才高消费的成因主要在于高学历供过于求，所以解决的根本办法，就是控制高层次学历培养规模，形成学历金字塔，这样既避免了人才高消费，又促进了就业。建立了完善的职业教育体系，接下来的事情就是要严格控制各层次培养规模。一方面，教育管理部门要从招生计划等根源上限制招生规模，确保各层次职业教育招生数量的金字塔结构；另一方面，社会用人单位也要尽量避免学历高消费的问题，切实按照岗位需求来选择人才。其实在发达国家，高学历毕业生反而不好找工作，因为用人单位要支付更高的工资，而其本人不见得能给企业带来更大成效，相比之下，很多岗位是职业教育专科生或者本科生能够胜任的。

俄罗斯于 1992 年前后，将办学条件较好的中职学校升格为高等专科学校，相当于我国目前的高职院校，不同之处在于，俄罗斯高等专科学校的毕业生更容易接受深造，他们不需入学考试就可以直接升入相应专业大学或学院的三年级。目前我国高职院校只有 20% 的学生可以通过考试升入本科院校，比例较低，且升入普通本科有错位之嫌，只有待应用型本科院校成为本科教育主体的时候，才可以加大高职专科层次学生升入应用型本科的比例，以此完善职业教育链条，形成合理的人才培养层次。

三、保持职业教育和普通教育的互通

职业教育和普通教育的区别在于侧重点不同，职业教育侧重于职业技能的培养，兼顾理论知识；普通教育侧重于学术研究能力的培养，兼顾实践知识。当然，两者也不是截然分开的，在很多领域，理论和实践是紧密结合、难以分开的，而且两者的本质都是培养人才，所以应保持一定的互通。但对于跨类型的学生要限定一定比例，为少数确有跨类型的兴趣和潜质的学生提供机会，比如，按照 80%和 20%的比例划分，并按照严格的规定选拔，除了直接就业外，80%的中职毕业生有机会报考高职院校，20%的确有学术兴趣的学生可以报考普通专科；80%高职毕业生可以有机会报考应用型本科院校，20%的确有学术兴趣的可以有机会报考普通本科院校；80%应用型本科毕业生可以有机会报考专业硕士研究生，20%确有学术兴趣的可以有机会报考普通研究生；专业硕士学位获得者，其中 80%有机会选择继续深造攻读专业博士学位，20%有机会选择攻读普通学术型博士学位。反之亦然，普通教育各层次学生也可以有机会就读更高一级的职业教育院校。如此实现职业教育和普通教育的互通，既是教育本质的要求，也是学生发展的需求。

第三节　提升人才培养的实践技能水平

高等教育大众化的进程，一方面是"量"的增长，另一方面是"质"的提升，不能只顾"量"的增长而忽视"质"的内涵。在达到一定"量"的基础上，如果没有"质"的提升，那么进一步增长就会受限，也就是说，进一步增长必然要打破传统的办学思想和模式。我国重理论轻实践的传统应用型人才培养教育模

式所缺乏的，是对学生应用能力方面的培养，特别是实践教学的质量，与发达国家的职业教育相比，还有很大差距。美国和德国在应用型人才培养方面的经验为我国应用型人才培养模式提供了很好的范例，职业教育要适应地方经济发展，面向行业需求调整专业，为社区发展服务；专业课程的设置要涵盖面广，以计算机基础学科为依托，工程学等专业为支柱，商科类为支撑，社会和教育学类为辅助；加强对学生实践动手能力的培养，切实提升应用型人才培养质量，实现人才培养模式的转型发展。

一、加强实习实践教学

应用型人才培养在注重理论课程学习的基础上，更要对学生加强基本技能的训练，以适应行业对人才的技术实践要求。德国的应用型人才培养全方位支持实践教学，从课堂教学到产学合作，都将学生的应用能力培养作为重点，使学生的实践能力得到锻炼提升。我国高校的课程设置，理论课程主要分为公共基础课、专业基础课等类型，实践课程主要包括课程设计、社会实践、毕业设计等教学环节，高校要正确处理两者之间的关系，构建合适的课程比例，对实践教学应该更加重视。

2012年，教育部等七部门发布的《关于进一步加强高校实践育人工作的若干意见》中提出，"各高校要结合专业特点和人才培养要求，分类制订实践教学标准，增加实践教学比重，确保人文社会科学类本科专业不少于总学分（学时）的15%、理工农医类本科专业不少于25%、高职高专类专业不少于50%、师范类学生教育实践不少于一个学期，专业学位硕士研究生不少于半年"。①

改革实习实践方案有利于增强学生的实践能力。高校要调整现有的课程设置模式，建立小学期制度，将学生的实习尽量集中在相对完整的小学期之中进行。事实上，校内实验教学一般是配合理论课程而设置，属于从属地位，分散在理论课程之中，尽管所占比例不大，且多数是验证性实验，但也可以培养学生的实践动手能力，属于实践教学的重要组成部分，应引起足够的重视；将毕业设计和实习实践结合起来，学生选择毕业设计题目后，应该到相关企业去完成毕业论文，

① 中国教育部等部门. 关于进一步加强高校实践育人工作的若干意见[EB/OL]，教思政〔2012〕1号. 中国教育部网站，http://www.moe.edu.cn/publicfiles/business/htmlfiles/moe/s6870/201209/142870.html [2016-03-10].

在实践中进行探索和验证，这是一种特殊的实习实训，对于提升学生的实践能力作用较大。

另外，项目教学法也是强化实践教学的有效途径。在职业教育中，项目教学法是指师生通过实施一个项目工作而进行的教学活动，在这个项目中，学生需要完成一个相对独立的任务，包括信息的采集，方案的设计与实施，以及完成后的评价，这些都由学生具体负责。通过一个个项目的实施，学生能够了解和把握完成项目的每一个环节的基本要求与整个工作的重点和难点；教师在这个教学过程中起到咨询和引导的作用。目前，在德国，项目教学法已被公认为职业教育培养学生实践能力最有效的方法。我国职业教育也借鉴了这种方法，很多职业院校提出"教学做一体化"的项目教学法，有效提升了学生的职业实践能力，这种行之有效的教学方法有望得到进一步推广和完善。

同时，强调实践教育，并不是要忽视素质教育。职业教育的目标是培养应用型人才，但人的全面发展是贯穿其中的要素，职业教育将能力发展和人性提升相互融合，注重每个学生的智力和情感、意志、信念及道德等非智力因素的全面发展，从人文关怀的角度出发，创造学生追求幸福人生的发展空间，促使其思想素质、技能素质、文化素质、审美素质的全面提高，由此培养出来的应用型人才，才能够同时担负起服务经济社会发展的社会职责。

二、加强实践教学，重视职教园区建设

提升教学质量，是应用型人才培养的关键，是职业教育的发展重点。很多职业院校也构建了实习实训基地，购买了相关实训设备，以提升学生的技能训练，但由于单个职业院校的财力有限，构建的实训基地不够系统完整，规模偏小，且由于师资所限，实训设备的利用率也不高。在这种情况下，组建职教集团、实行资源共享的实训基地建设，不失为一条可行之路。

《高等职业教育创新发展行动计划（2015—2018 年）》明确提出[①]：鼓励中央企业和行业龙头企业、行业部门、高等职业院校等，围绕区域经济发展对人才的需求，牵头组建职业教育集团，并按照属地化管理原则在省级教育行政部门备

---

① 中国教育部. 高等职业教育创新发展行动计划（2015—2018 年）[EB/OL]. 学信网，http://www.chsi.com.cn/jyzx/201511/20151103/1509042579.html[2016-10-09].

案。开展多元投入主体依法共建职业教育集团的改革试点，通过人员互聘、平台共享，探索建立基于产权制度和利益共享机制的集团治理结构与运行机制；建立基于学分转换的集团内部教学管理模式。支持有特色的专科高等职业院校以输出品牌、资源和管理的方式成立连锁型职业教育集团。积极吸收科研院所及其他社会组织参与职业教育集团。鼓励职业教育集团与跨国企业、境外教育机构等开展合作。科学规划区域高等职业教育布局与发展，引导专科高等职业院校集中力量办好当地需要的特色优势专业（群）。探索基于增强发展能力的东中西部合作机制，支持东中西部学校联合办学，鼓励和支持东中部地区高等职业院校（或职教集团），通过托管、集团化办学等形式，对口支援西部地区职业教育发展。支援革命老区、西藏及四省藏族地区、新疆和集中连片特殊困难地区的专科高等职业院校提升办学基础能力和人才培养水平。深入推进地市级高等职业教育综合改革试点。①

目前，我国在职教园区内建设共享型的体育运动、图书资料、生活服务场所和实训基地，将各学校原有的设备集中使用，所有设施、设备、师资实行共享。我国将在职教园区建立一个集数控技术、汽车维修技术、电工电子与自动化技术、计算机应用与软件技术、建筑技术、现代物流、生物制药技术、食品生物技术、旅游酒店服务、美容美发、家政服务于一体的制造业和现代服务业的共享型职业教育实训基地，将各职业学校原有设备集中起来，统一使用、统一管理，改变过去各校分别建设实训基地的低水平重复格局。同时，要充分发挥市场机制的作用，调动社会各方面理论共同参与，实行政府、企业、学校共建共管，教学和生产相结合，不仅可以完成教学任务和政府各部门的职业培训，还可以面向市场开展职业培训和技术服务。

---

① 中国教育部. 高等职业教育创新发展行动计划（2015—2018 年）[EB/OL]. 学信网，http://www.chsi.com.cn/jyzx/201511/20151103/1509042579.html[2016-10-09].

第五章　应用型人才培养的市场协调

第一节　应用型人才就业质量市场对接

在经济增长与就业的关系方面，国外学者奥肯（Okun）根据美国 1947—1960 年 55 个季度的统计资料，对失业率和经济增长率进行了简单的方程回归分析，得出了用以说明失业率与实际产出增长率之间关系的奥肯定律：当实际失业率超过自然失业率水平（4%）时，失业率每增加 1%，实际国内生产总值将损失 3%[①]。

国外学者对就业与经济增长之间的关系主要有两种观点：①经济增长对就业的影响很弱。斯莫尼蒂使用美国、意大利、日本、法国 1965—1993 年的数据，分析了增长与失业之间的关系，结果表明，二者之间并没有一致的联系，经济增长并没有引起失业，相反还在一定程度上缓解了失业压力；莱亚德、尼克尔和杰克曼认为，除非存在一种内部力量，否则全要素生产率的改变并不改变真实工资，因此也不会改变就业。②经济增长对失业肯定存在影响，至于是正面还是负面影响则取决于各国的具体情况。OECD（1995）对 19 世纪以来经济增长与就业率的研究结果表明，高增长伴随着高就业，经济增长对就业的正面影响是主要的，负面影响可以忽略；皮亚琴蒂尼和皮尼则认为，如果在失业率的测量中考虑就业时间，经济增长的同时，总就业率是下降的。[①]

经历 30 多年的发展，我国的就业结构不断完善，这与我国经济增长及经济结构调整是相互促进的。但是我国人口基数大、劳动力参与率较高，经济增长放缓的同时又加剧了就业矛盾，再加上经济结构调整从传统产业中分离出来的大量剩余劳动力，以及经济转型而产生的大量下岗失业人员，都对就业产生了巨大压力。2015 年末，全国大陆总人口 137 462 万人，比上年末增加 680 万人，其中城镇常住人口 77 116 万人，占总人口比例（常住人口城镇化率）为 56.10%，比上年末提高了 1.33 个百分点。全年出生人口 1655 万人，出生率为 12.07‰；死亡

---

① 宋丽敏. 中国人口城市化与城镇就业问题研究[D]. 沈阳：辽宁大学，2007.

人口 975 万人，死亡率为 7.11‰；自然增长率为 4.96‰，全国人户分离的人口 2.94 亿人，其中流动人口 2.47 亿人，人均预期寿命 76.34 岁，如表 5-1 所示。

表 5-1　2015 年末人口数及其构成^①

指标	年末数（万人）	比例（%）
全国总人口	137 462	100.0
其中：城镇	77 116	56.10
乡村	60 346	43.90
其中：男性	70 414	51.2
女性	67 048	48.8
其中：0～15 岁（含不满 16 周岁）	24 166	17.6
16～59 岁（含不满 60 周岁）	91 096	66.3
60 周岁及以上	22 200	16.1
其中：65 周岁及以上	14 386	10.5

这一国情决定了我国必须选择以促进就业为主要目标的经济发展模式，积极扩大劳动需求。政府的首要目标是创造更多的就业机会，在经济政策上，要把促进就业放在经济社会发展的优先位置，短期内应扩大内需，提高政府投资刺激国内商品和劳务需求，刺激经济增长以增加就业。2015 年末全国就业人员 77 451 万人，其中城镇就业人员 40 410 万人。全年城镇新增就业 1312 万人，年末城镇登记失业率为 4.05%。全国农民工总量 27 747 万人，比上年增长 1.3%。其中，外出农民工 16 884 万人，增长 0.4%；本地农民工 10 863 万人，增长 2.7%。

就业作为最大的民生，得到了我国政府的重视，在各项有力措施的推动下，我国就业工作的成就是显著的。在产业结构上，我国加快发展中小企业和第三产业，增加就业岗位；在企业政策上，大力改善投资环境，以创业带动就业；在就业方式政策上，改善就业环境，促进灵活就业的进一步发展。从全国分产业就业结构指标来看，截止到 2014 年，我国第三产业就业比例达到 40.6%，较之于 1978 年的 12.2%，增加了 28.4%；第二产业就业比例为 29.9%，较之于 1978 年的 17.3%，增加了 12.6%；第一产业就业比例为 29.5%，较之于 1978 年的 70.5%，减少了 41%，如表 5-2 所示。

① 国家统计局.2015 年国民经济和社会发展统计公报 [R/OL].国家统计局网，http://www.stats.gov.cn/tjsj/zxfb/201602/t20160229_1323991.html[2016-03-27].

表 5-2　全国分产业就业结构指标　　　　（单位：%）

指标：就业	1978 年	1990 年	2000 年	2014 年
第一产业	70.5	60.1	50.0	29.5
第二产业	17.3	21.4	22.5	29.9
第三产业	12.2	18.5	27.5	40.6

资料来源：中国统计年鉴-2015

与此同时，我国要大力推进和完善劳动合同制度，稳定既有的就业成果；要通过包括下岗再就业政策、失业保险制度、基本养老保险制度和最低生活保障制度的重建，确保失业人员的基本平稳过渡。因此，政府层面应遵循"效率优先、兼顾公平"的原则，正确处理改革、发展与稳定的关系，努力实现"社会就业比较充分"的目标，推进市场经济体制的建立和完善。

第二节　应用型人才就业质量影响因素

劳动力市场的发展变化反映了包括大学生在内的整体就业状况。"十二五"期间，我国年度劳动力供求缺口仍在 1200 万人左右，其中高技能人才处于短缺状态，这一方面说明了高校扩招的必要性，同时也使得扩招后的大学生就业显得更为困难。

一、大学生就业素质有待改善

就业素质包括三个方面：就业观念、就业技能和心理品质。其中，就业观念是统领，就业技能是核心，心理品质是保证，它们不同程度地影响着大学生的就业。"期望值与现实之间落差太大"导致出现"就业不难择业难"。智联招聘的调查数据显示，2016 年应届毕业生认为，就业难的首要原因是期望值和现实之间落差太大，占 25.4%；其次是大学所学知识无法满足实际工作所需，占 21.0%；再次是对职场和职业信息了解不充分，占 18.9%；最后缺乏实效性的职业发展建议，占 13.8%^①。由此可以发现，大学生就业难主要是因为大学生"理想丰满，现实骨感"的期望与现实之间的落差，实际表现为"就业不难择业难"的现实情况。智联招聘认为，社会提供的岗位很多，各行各业都有大量的人才需求，但大学生对自己能达到企业要求的工作不是特别满意，而各方面都很满意的工作，自己又无法达到用人单位的要求，因此供需双方之间呈现出一定的结构差异。对于2016 年应届毕业生来说，工作到底意味着什么？智联招聘网站通过"2016 年应届毕业生对工作的认知"调查发现，2016 年应届毕业生中选择"成就自己的事业"比例最高，为 71%；其次是挣钱，占 62.6%；再次是实现自己的梦想，占53.6%。由此可以发现，对于"90 后"应届毕业生来说，工作并不仅仅是谋生的手段，更是成就自我的重要途径。我国高校应届毕业生主要聚集在一线城市和新一线城市。根据智联招聘的调查显示，在 2016 年应届毕业生中，希望到北京、上海、广东、深圳等传统的一线城市就业的比例占 29.0%，希望到新一线城市就业的比例占 38.3%，二线城市和其他分别占 19.2%和 13.6%。从 2016 年应届生最终签约的城市来看，签约一线城市的比例为 33.6%，高于期望值 29.0%；签约新一线城市的比例为 33.1%，低于期望值 38.3%；签约二线城市的比例与期望值一致。通过对比我们可以发现，大学生对北京、上海、广州、深圳等一线城市的关注度有所下降，但是由于一线城市的就业和发展机会多、薪酬高等因素，最终还是吸引较多的应届生就职于此。而从应届生的期望就业地来看，更多大学生开始关注环境更好、生活节奏更慢、发展迅猛、新兴行业逐步青睐的新一线城市，新一线城市正逐渐成为学生就业的新宠。总体来看，2016 年应届毕业生就业意向呈现出上升趋势，大学生创业热潮有所回落，虽然 2016 年就业形势更加严峻和复杂，但大部分大学生心态乐观，求职紧迫感相对较弱。^①

当然，问题的原因是多方面的。首先是大学生就业观念转变不够，仍旧把目光集中在经济发达的大中城市，忽视了中西部地区良好的发展前景。高校扩招已经实现了高等教育大众化的普及，可是不少人的心态仍旧没有转变过来，仍然认为大学生是社会精英，存在盲目的优越感，不愿意从基层做起，眼光盯着行政事业单位和国有企业，就业期望脱离现实，还有部分人心态不够成熟，存在把工作期望定位于轻松稳定、风光挣钱的不切实际的幻想，不能正确认识自己。其次是

---

① 2016 年全国应届毕业生调查，平均月薪 4765 元. 搜狐新闻，http://news.sohu.com/20160519/n450273924.shtml[2016-09-08].

大学生就业技能欠缺，尽管是职业院校毕业生，仍然遭受用人单位的普遍诟病，很多大学生欠缺最基本的沟通和写作能力，缺少专业实用技能，从另一方面也反映出了职业院校实践教学的不足。最后是心理品质方面有待提高，很多职业院校侧重于专业技能的培养，忽视了人文素质的塑造，导致很多大学生遇到挫折时不能正确认识，为人处世较为偏激，在适应社会方面出现问题。

二、学校教学与社会实际脱节

职业教育毕业生就业率较高，但不代表就业情况好，很多毕业生只能在类似的流水线上进行重复的机械劳动，暴露出职业教育技能培养与实际工作相差太远，脱离实际。特别是高校扩招新设置的一些所谓热门专业，仓促筹备，无论在师资还是设备方面都有所欠缺，所培养的应用型人才质量大打折扣，难以满足社会需求，导致毕业生和用人单位供需矛盾突出。

尽管是职业院校，很多教材仍照抄照搬普通院校的相关专业教材，不能随着经济社会的发展而改善。据了解，目前有些大学生和研究生的教材还停留在20世纪80—90年代的水平，知识陈旧老化，课堂灌输概念和原理多，实际操作能力的课程少。从教学方式来看，填鸭式教学依然是现在职业院校教学的主流方式。很多时候，互动式教学在短期内难以养成，且课堂人数过多，也不易实现；传统而单一的教学模式，也许有其存在的理由，至于调动学生积极性和主动性，是一个问题的两个方面，学生自身也要注重吃苦耐劳品质的培养，不能一味要求课堂有趣味性。在推进高等教育大众化的进程中，高校"供给导向"的培养模式越来越满足不了就业市场的需求，大学教育向"需求导向"的转变势在必行。扩招引起的就业竞争压力，对于职业教育教学改革有一定的"倒逼"作用，对职业教育优化专业结构，增强学生社会适应能力，也提出了新的要求；应用型人才的培养要注重实践能力、独立思考能力、创新能力等多方面素质的养成。

三、相关政策不够完善

虽然国家出台了一系列促进大学生就业的政策措施，但由于管理方面的脱节，一些政策还不能得到很好的落实。国家号召大学生到基层和中西部艰苦地区就业，但现实的困难和前景的不明朗，使得基层和中西部就业的吸引力大打折扣。以工资待遇为例，目前一名大学生在大城市就业，每月可能会有几千元收入，而到一些基层单位，每月收入相对较少，还不能保证足额、按时发放。在这个现实面前，大学生理想的翅膀变得很沉重。

由此可见，要把引导和鼓励大学生到基层就业的政策落到实处，各级政府还必须根据当地的实际情况，创新思维和工作方法，推出更细致、针对性更强的办法。同时，有志于去基层就业的大学生大都是有理想、有抱负，想到基层做一番事业的，但是，一方面，有些基层单位也对大学生不够重视，极大地挫伤了大学生在基层就业的热情，另一方面，大学生由于年轻缺乏经验，容易意气用事，受到挫折时往往会选择退缩。

国家为鼓励大学生到中西部落后地区就业，出台了一系列优惠政策，如在艰苦地区工作两年以上者，报考研究生和公务员的，应优先录用等，但很多学生害怕到基层后信息不畅，错失好机会，另外，对就业优惠政策的连续性也存在顾虑。

四、高校就业指导流于形式

就业指导是帮助毕业生顺利就业的不可或缺的高校常规性工作，但从实际来看，高校就业指导效果不理想，没有达到就业指导的真正目的。扩招造成职业院校重视招生而轻就业，虽然各职业院校基本上也都设置有大学生就业指导中心，但重视程度不够，往往连工作人员数量都得不到保证，一般仅有2~4人，所以无论在人力还是物力方面都存在着严重不足，有的就业指导中心的老师终日忙于应付琐碎事务，工作态度不热情，服务意识不到位，再加上缺乏对社会行业企业的深入了解，在处理大学生就业问题时，往往会感到力不从心。而就业指导课程侧重于就业信息、就业技巧提供的多，侧重于就业观念指导的少，讲择业的多，讲敬业的少，重理论讲解轻实践教学的现象仍相当普遍。很多大学生没有职业生涯的概念，更不知道自己的优势和劣势，对于自己适合做什么、不适合做什么、哪些职位适合自己、自己的潜能多大一概不知，缺乏对自己的正确评价，求职时多具有盲目性和随机性的特点。这和职业院校缺乏个性化指导、职业生涯设计指导及职业规划等方面的指导有关。总体来看，当前的就业指导还不够科学、系统，缺乏针对性和实用性。

五、用人单位人才高消费现象比较突出

很多用人单位招聘时往往要求"同行业 3～5 年工作经验",从政治经济学的角度分析,在市场经济条件下,用人单位作为劳动力市场的主体,把追求利益最大化作为首要目标,把创造更多价值作为对求职者的基本要求,而招聘有经验的员工显然更容易达到这一目标和要求。但这种过分注重工作经验的做法,使得刚刚走出校门没有工作经验的大学生就业之路更为狭窄,加剧了企业需要与大学生求职之间的矛盾。

虽说文凭并不代表能力,这话当然不无道理,但在当今社会,文凭仍然是衡量能力的一个重要标准。在就业处于买方市场的情况下,很多用人单位恶意压低大学生的工资待遇,明明专科生可以做的工作,偏要求本科生,明明本科生可以做的工作,又往往要求研究生,依此类推,人才高消费越演越烈,从而影响了大学生的正常就业结构。这种人才高消费的现象其实是对人才的极大浪费,对招聘单位来说,较高学历的毕业生不能充分发挥其作用,随之频繁跳槽,既影响了毕业生的前程,用人单位自身也蒙受损失。[①]

第三节　应用型人才就业质量提升对策

一、重视产业结构调整

在广大农村基层及中西部地区仍处于求才若渴的现实条件下,引导毕业生到农村就业,能够促进基层的发展,改变当地贫穷落后的局面,让那些真正懂得农村、农业、农民的,在农村和基层能真正能够发挥自己的才能的,真正有自己用武之地的毕业生到农村。据相关调查显示,在大学生村干部中,具有农学背景知识的仅有 4%,学过管理学和农村经济学的更是少数。广大中西部地区、农村与

---

① 黄东显. 金融危机形势下大学生就业问题研究[J]. 出国与就业(就业版),2010,(3):11-14.

基层，在经济、教育等各方面都和发达地区有很大差距，因此，国家要出台相关优惠政策，引导毕业生到基层就业；保障到基层就业的毕业生群体有较为稳定的待遇和良好的发展前景。目前，在省级党政机关公务员招考、县处级领导干部选拔中，越来越重视有基层工作经历的高校毕业生，这些对于毕业生到基层就业起到了很好的引导作用。

2016 年 6 月 12 日上午，麦可思研究院在北京梅地亚中心举行"2016 年中国大学生就业报告发布暨研讨会"，即"就业蓝皮书"，该书基于麦可思公司 2016 年度的大学毕业生跟踪数据而撰写。"就业蓝皮书"分为《2016 年中国本科生就业报告》《2016 年中国高职高专生就业报告》两个分册。《2016 年中国大学生就业报告》相关信息显示，连续三届大学毕业生就业反映了产业结构变化趋势。在排前 10 位的就业行业中，信息、教育、医疗等知识密集型产业雇佣大学毕业生的比例快速增加，建筑、制造等劳动密集型产业雇佣大学毕业生的比例下降。在就业比例前 10 位的行业中，与 2013 届相比，2015 届本科毕业生就业比例增加较多的行业类为"教育业"（增加 3.6 个百分点）、"医疗和社会护理服务业"（增加 2.8 个百分点）、"媒体、信息及通信产业"（增加 1.8 个百分点）；就业比例降低最多的行业类是"建筑业"，降低了 2.4 个百分点，其次是"机械五金制造业"，降低了 1.7 个百分点。与 2013 届相比，2015 届高职高专毕业生就业比例增加较多的行业类为"金融（银行/保险/证券）业"（增加 2.2 个百分点）、"医疗和社会护理服务业"（增加 2.0 个百分点）和"教育业"（增加 1.9 个百分点）；就业比例降低最多的主要行业类是"机械五金制造业"，降低了 1.6 个百分点。从以上数据来看，知识与服务密集型的现代产业（信息技术、教育和医疗等）发展强劲，而劳动密集型的传统产业（制造、建筑等）则面临着挑战。①

二、加强职业教育内涵建设

在市场经济条件下，社会需求是根本，职业院校只有准确定位、注重特色、培养出适应社会需要的优秀人才，才能赢得发展的机会。高等教育的扩招在一定程度上扩大了内需，促进了经济发展，普及了高等教育，提高了全民族的综合素

① 麦可思研究院. 就业蓝皮书：2016 年中国大学生就业报告. 北京：社会科学文献出版社，2016.

质。另外，自 2003 年以来，大学生就业呈现出了不容乐观的态势，并对职业教育提出了改革的要求。需要指出的是，扩招尽管给大学生就业带来了一定的影响，但并不是大学生就业难的根本原因。教育与市场的脱节，才是造成大学生就业难的根本原因。高等教育的扩招要与经济的发展速度相适应，要改变长期以来只注重扩招数量的那种粗放式的发展思路，坚持质量第一，要有所为有所不为，对不适应市场需求的专业要少扩招或不扩招。在学科专业的设置和调整上要具有灵活性，依据市场需要来预测需求专业和人才数量，适时调整招生结构，培养出适应市场需要的毕业生。

2010 年初，《国家中长期教育改革与发展规划纲要（2010—2020 年）》面向社会征求意见，提出了 2020 年中国教育事业发展的主要目标：从 2010 年起到 2020 年，高等教育毛入学率从 24.2% 提高到 40%，20～50 岁主要劳动年龄人口的受高等教育比例会从现在的不到 10% 提高到 20%。这意味着，到 2020 年，中国整个具有大学文化程度的人口将比目前翻一番。《国家中长期教育改革与发展规划纲要（2010—2020 年）》工作小组办公室成员、国家教育发展研究中心主任张力表示，40% 目标的提出，是考虑到社会民众对于接受高等教育的迫切期待。在他看来，正是由于此前的扩招，才使得数以千万计的适龄青年能够由此获得进修深造的机会，从而改变一生。

我们从中国产业结构调整转型对于人才需求发生变革的大背景来理解剖析这个问题，在越来越多的大学毕业生挣扎在就业线上下之际，中国部分地区还存在"用工荒"，尤其是缺乏掌握技术的应用型人才。北京市相关部门曾作过预测，到 2020 年，北京市技能人才总需求量将达 400 万人以上，其中高技能人才需求量为 120 万人左右，现代制造业、现代服务业等多个行业仍存在很大缺口。《国家中长期教育改革与发展规划纲要（2010—2020 年）》职业教育战略专题组副组长、上海教育科学研究院副院长兼职业教育与成人教育研究所所长马树超表示："结构性矛盾最根本的问题在于劳动者的素质，很多高校毕业生都没有掌握专业技能以适应岗位的需求。"[①]改变现有的人才培养模式，加大对职业教育的扶持力度，或将成为破解这一难题的改革路径。

如果没有良好的就业环境作为支撑，大学毕业即面临失业或者仅仅从事低附

---

① 何鹤. 2 亿大学生时代与就业之变. 财经国家周刊，2010-03-15.

加值的工作，这就会造成教育的衰退。当前要针对高校扩招过程中出现的教师队伍数量不足、教学内容陈旧、实践教学薄弱等严重影响教学质量的问题，展开积极有效的调整和改革。只有努力提高教学质量，从根本上提升大学生的素质和能力，就业状况才能得到改善。

三、加强职业院校就业指导工作

职业院校在注重知识技能教育的同时，要把就业指导、职业生涯规划作为学校教育的重要组成部分。一是帮助学生树立正确的职业观，使其把个人发展与国家需要结合起来；二是帮助学生正确认识自己，使其合理规划职业生涯，准确把握社会需求，增加求职技能；三是为学生提供择业技巧，为学生择业提供切实有效的服务。

为了达到以上目的，职业院校首先要提升就业指导人员素质。要想成为一名全面的就业指导工作者，专业知识、纯熟技巧、崇高人格、丰富的社会经验都是必要的，在必要的情况下，职业院校可以面向社会，聘任政府、工商界专业人士，因为他们有丰富的社会经验和阅历，便于与社会各界取得密切联系。同时，职业院校要适当增加就业指导课时，增长就业指导的实用性。我国高校从 1995 年开始，开设就业指导选修课，但教材的实用性和针对性较弱，难以引起大学生的兴趣，因此，就业指导应结合职业规划进行，联系实际，发挥其应有的作用。职业院校要将职业发展与就业指导课列为职业教育的公共必修课，总学时不得少于 40 学时，建议学时达到 40～60 学时；从选修到必修，显示出就业指导课日益得到重视；再者要加强就业咨询工作，通过与学生面对面的沟通，为学生提供直接的帮助，改变学生错误的就业观念，从而积极影响学生的就业结果。

四、试行毕业生见习制度

鉴于当前大学生就业矛盾突出的现状，政府可采取一些过渡性、鼓励性的安置措施。如可以考虑在一定期限（1～2 年）内，鼓励企业和基层用人单位实行大学毕业生见习制度，用人单位按计划录用人员一倍的规模接受见习人员。在见习期内，企业支付见习工资（约相当于正常聘用人员的 1/2 左右），国家对企业给予税费减免和岗位补贴，以鼓励企业多吸收大学生，同时也给大学毕业生一个积累经验、与企业增强双向了解的机会。这样可以实现岗位分享，缓解当前大学生就业矛盾。高校及科研机构，可以在科研资金有保障的范围内，适量接收高素质的毕业生担任科研助理等职位，在一定期限内提升这些毕业生的能力，为其将来的进一步发展提供一个台阶和机会。[①]

学校要与企业建立合作教育委员会，定期商讨有关问题，协调学校与企业的关系。学校聘请企业的工程技术人员担任现场兼职教师，企业为学生提供部分工作岗位，使学生在校期间有机会进入生产实践领域，获得真正的职业训练和工作体验，并在工作中完成一定的生产任务，获得一定的报酬。

职业教育不是职业的教育，而是职业人的教育，所以职业教育的出发点和落脚点应是培养具有良好职业素养的现代职业人。作为职业素养培养主体的大学生，在大学期间应该学会自我培养。

首先，学生要培养职业意识。雷恩·吉尔森说："一个人花在影响自己未来命运的工作选择上的精力，竟比花在购买穿了一年就会扔掉的衣服上的心思要少得多，这是一件多么奇怪的事情，尤其是当他未来的幸福和富足要全部依赖于这份工作时。"[②]很多高中毕业生在跨进大学校门之时，就认为已经完成了学习任务，可以在大学里尽情地"享受"了。这正是他们在就业时感到有压力的根源。清华大学的樊富珉教授认为[③]，中国有69%～80%的大学生对未来职业没有规划，就业时容易感到压力。中国社会调查所最近完成的一项在校大学生心理健康状况调查显示，75%的大学生认为压力主要来源于社会就业。50%的大学生对于自己毕业后的发展前途感到迷茫，没有目标；41.7%的大学生表示目前没考虑太多；只有8.3%的人对自己的未来有明确的目标并且充满信心。培养职业意识就是要对自己的未来有规划。因此，在大学期间，每个大学生都应明确我是一个什么样的人？我将来想做什么？我能做什么？环境能支持我做什么？着重解决一个问题，就是认识自己的个性特征，包括自己的气质、性格和能力，以及自己的个性倾向，包括兴趣、动机、需要、价值观等。据此来确定自己的个性是否与理想

---

① 黄东显. 金融危机形势下大学生就业问题研究[J]. 出国与就业（就业版），2010，（3）：11-14.

② 雷恩·吉尔森.选对池塘钓大鱼[M].彭书淮译.北京：机械工业出版社，2004.

③ 樊富珉. 积极心理学视角下的我国大学生心理健康教育模式的转变[C]. 海口：第五届心理健康学术年会摘要集，2015.

的职业相符：对自己的优势和不足有一个比较客观的认识，结合环境如市场需要、社会资源等确定自己的发展方向和行业选择范围，明确职业发展目标。

其次，要有意识地培养职业道德、职业态度、职业作风等方面的隐性素养。隐性职业素养是大学生职业素养的核心内容。核心职业素养体现在很多方面，如独立性、责任心、敬业精神、团队意识、职业操守等。事实表明，很多大学生在这些方面存在不足，缺乏独立性、抢风头、不愿下基层吃苦等表现容易断送大学生的前程。如今，很多大学生生长在"6+1"的独生子女家庭，因此在独立性、承担责任、与人分享等方面都不够好，相反，他们爱出风头、容易受伤。因此，大学生应该有意识地在学校的学习和生活中主动培养独立性，学会分享、感恩，勇于承担责任，不要把错误和责任归咎于他人。自己摔倒了不能怪路不好，要先检讨自己，承认自己的错误和不足。

大学生职业素养的自我培养应该加强自我修养，在思想、情操、意志、体魄等方面进行自我锻炼。同时，还要培养良好的心理素质，增强应对压力和挫折的能力，善于从逆境中寻找转机。[①]

---

① 平芸.大学生职业素养的培养[J].现代商贸工业，2007，19（1）：54-55.

中 篇
应用型人才培养的创业导向

第六章　职业教育大学生创业状况

第一节　职业教育大学生创业现状

一、我国大学生创业概况

国外学者对于创业的研究，兴起于 20 世纪 60 年代，早期的创业研究主要集中于微观领域，包括创业者个性的研究、创业的资源整合方式研究、创业的融资渠道研究、企业的生成机制研究、风险投资研究等。随着经济社会的发展，创业研究也逐渐扩展到宏观领域，各国学者对风险投资的外部支撑环境进行了深入的研究，主要涉及创业支撑环境体系、创业过程的影响因素、创业企业生成过程、创业的国际比较等方面。关于构成创业导向的因素，相关研究比较多，研究一般取其中最常被提出的三项：创新性、风险承担、预应性，以此作为分析创业导向的三个方面。Miner 明确提出，具备创业导向特质的组织，是其创新与变革力的主要来源。关于大学生创业的研究，侧重于考察大学生创业的主要特点，大致可以归结为三点：具有良好的群众基础；接受了先进的创业教育；创业主要集中于高新技术产业（Lumpkin，Dess），并认为在大学生创业过程中，政府应该适当介入，鼓励大学生发挥自身优势，捕捉市场机会，进行非生存性创业（Miller、Friesen）。[①]

对于创业的概念，学术界还没有统一的说法，按照一般的理解，广义的创业概念不仅指从事企业、事业、商业等活动，也指个体事业心、进取心、开拓精神等心理品质方面，即根据创业者的个人特质而定义，持有这个观点的学者重视对创业精神特征的研究和描述；狭义的创业概念，主要是指"仅通过创办公司、企业这种手段突破前人"，更多的是将创业定义为一种经济功能。《辞海》中对"创业"给出的定义是"创业基业"，即指开拓、草创业绩和成就，"创业"一词与

---

① 张可菡，周家樑，李柳维娜. 大学生创业指导服务体系建立探讨[J].江苏商论，2009，（17）：285-287.

"守成"相对应①。从创业这个概念的汉语使用来看，可以表述为三种含义：①强调开端和草创的艰辛和困难。②突出过程的开拓性和创新性意义。③侧重于在前人的基础上有新的成就和贡献。国外也有人将创业归结为一种管理方法，美国哈佛商学院教授将"创业"定义为：无需考虑现有控制的资源去寻找机会②。简言之，广义上的创业，泛指人类一切带有开拓意义的社会变革活动；狭义上的创业，是指社会上的个人或群体自己开展的以创造财富为目标的社会活动。

我国大学生创业兴起于 1998 年，标志是清华大学举办的首届创业大赛，现在其已经发展成为一个全国范围的"挑战杯"创业大赛。到 2003 年，通过挑战杯竞赛共产生新公司 100 余家，随着大学生创业的意义和高校扩招带来的就业压力凸显并逐渐被社会认同，政府出台了一些政策支持大学生创业，对在校大学生进行创业教育，这些举措对大学生创业起到了一定的引导和鼓励作用。2007 年初，上海市劳动和社会保障局公布的创业调查报告显示，上海市市民已认识到开展创业教育的重要性，有 73.1% 的被访者认为，在大专院校中应该开展创业教育。②

我国职业教育大学生创业教育还处于起步和摸索阶段，不仅没有形成系统、完善的创业教育理论与培训体系，而且至今也没有找到适合我国国情和教育发展现状的行之有效的创业教育方案，因此，职业教育大学生毕业后真正走上创业道路的屈指可数。尽管从 2002 年开始，教育部确定 9 所试点院校分别结合自己的特色探索创业教育新模式，形成了以课堂教学为主导，以提高学生创业知识、创业技能为侧重点，以创新教育为基础开展创业教育的综合式的三种大学生创业教育模式，但总的来说，我国大学生创业教育发展呈现出多样化的发展态势，还没有形成系统化的体系。大学毕业生还是热衷于挤占有限的就业岗位，创业教育还没有发挥应有的作用，大学并没有成为我国经济发展的原动力，创业在拉动经济发展方面还是力不从心。

我国职业教育大学生创业有三个明显特点：①创业参与规模较小。虽然现在职业教育大学生的创业热情不断高涨，但在我国每年 700 多万大学毕业生的庞大基数下，参与创业的学生比例还是比较低；②创业领域集中于技术含量低的行业，很多职业教育大学生从事家教、零售、快递等技术含量很低的服务性行业，即使涉及网络的创业者也都集中于无需产品设计、开发和维护的网站方面；③创

---

① 夏征农，陈至立. 辞海（第六版）[M]. 上海：上海辞书出版社，2011.
② 程国庆，张红，葛平娜. 我国高校创业教育研究[J].文艺生活·文海艺苑，20（6）：215.

业的社会文化基础薄弱，在中国经济景气监测中心于 2000 年对北京、上海、广州等三座中国经济较发达城市的 900 余位市民所做的调查中，有 67.5%的被访者表示对大学生能力的担心，还有 28.9%的人担心创业会影响大学生的学习，而且我国传统的"官本位"观念深厚，对大学生创业持反对意见的也不在少数。

二、我国职业教育大学生创业现状

既然对于创业尚没有确定的定义，那么对于大学生创业也就没有明确的定义。有学者认为，大学生创业就泛指受过高等教育的创业者，即包括在校生和已经毕业的大学生；也有学者将其定义为在校期间的大学生创造某项事业。本书认为，大学生的身份界定是毋庸置疑的，从创业的时间跨度来看，本书提出 6 年跨度的观点，即应当包含在校期间和毕业后 2 年内，以普通本科院校 4 年学制来算，整整 6 年内的创业行为都应归入大学生创业范畴。之所以划定毕业后 2 年内，是因为从职业生涯的角度来看，很多人是具备一定社会经验之后才能决定未来的人生走向，选择是否创业，当大学生具备一定的实践经验，也积累了一定的创业资金时，选择创业，成功的概率较高。基于此，从时间上来划分，大学生创业模式分为三种：在校创业、休学创业、毕业后创业。这里的毕业后，就是以 2 年为限。

高等教育的跨越式发展，进一步完善了教育体系，以 2014 年的数据为例，我国高等教育学生数量较多，学历层次结构也较为合理，其中研究生毕业生数为 535 863 人、招生数为 621 323 人、在校生数为 1 847 689 人；普通本科生毕业生数为 3 413 787 人、招生数为 3 834 152 人、在校生数为 15 410 653 人；普通专科毕业生数为 3 179 884 人、招生数为 3 379 835 人、在校生数为 10 066 346 人；另外，成人本专科毕业生数为 2 212 329 人、招生数为 2 656 040 人、在校生数为 6 531 212 人。在这些数据中，除了博士研究生外，女生占学生总数的比例都超过了 50%，如表 6-1 所示。

表 6-1 高等教育学历教育学生情况表

类别	毕业生数（人）	招生数（人）	在校生数（人）	女学生占学生总数的比例（%）
研究生	535 863	621 323	1 847 689	49.16
博士	53 653	72 634	312 676	36.93

续表

类别	毕业生数（人）	招生数（人）	在校生数（人）	女学生占学生总数的比例（%）
硕士	482 210	548 689	1 535 013	51.65
普通本专科	6 593 671	7 213 987	25 476 999	52.12
本科	3 413 787	3 834 152	15 410 653	52.46
专科	3 179 884	3 379 835	10 066 346	51.59
成人本专科	2 212 329	2 656 040	6 531 212	56.11
本科	899 050	1 102 409	2 797 917	57.21
专科	1 313 279	1 553 631	3 733 295	55.29

资料来源：中国统计年鉴-2015

可是这么庞大的学生群体，有勇气并真实投入创业之中的，却少之又少。面临严峻的就业形势，部分大学生开始着手试行创业。《2016 年中国大学生就业报告》相关信息显示：①自主创业比例呈上升趋势。自 2010 年教育部《关于大力推进高等学校创新创业教育和大学生自主创业工作的意见》发布之后，大学毕业生创业比例年年稳步提升。2015 届的自主创业比例是 3.0%，比 2014 届（2.9%）高出 0.1 个百分点，比文件发布之前的 2009 届（1.2%）高出 1.8 个百分点。2015 届高职高专毕业生自主创业的比例（3.9%）高于本科毕业生（2.1%）。根据国家统计局《2015 年国民经济和社会发展统计公报》发布的普通本专科毕业生人数 680.9 万人估算，2015 届大学生中约有 20.4 万人选择了创业。②大学生创业多属于机会型创业。大学毕业生创业的主要动因是"理想就是成为创业者""有好的创业项目"，属于机会型创业（机会型创业包括理想就是成为创业者、有好的创业项目、受他人邀请加入创业、未来收入好）的毕业生占创业总体的大多数（本科 87%，高职高专 86%）。需要注意的是，大学毕业生选择自主创业的比例上升，大多数为机会型创业。③就业后再创业比例较高。大学生自主创业 3 年存活率近一半，大多是就业后再创业，大学生创业教育是终生受益的。2012 届大学毕业生毕业时创业的比例为 2%。毕业 3 年后创业比例增长为 5.7%，其中毕业时创业 3 年后还存活的约为 1%，就业后再创业的约为 4.7%，大学毕业生创业群体中大部分是先就业后创业。大学毕业生创业存活的比例在上升，2010 届毕业时创业的大学毕业生，3 年后还在创业的比例为 42.2%，2012 届的创业 3 年存活率增长为 47.8%。同时，大学毕业生创业质量在提高。①

推进大众创业、万众创新，是发展的动力之源，也是富民之道、公平之计、强国之策，对于推动经济结构调整，打造发展新引擎，增强发展新动力，走创新驱动发展道路具有重要意义，是稳增长、扩就业、激发亿万群众智慧和创造力，促进社会纵向流动、公平正义的重大举措。①推进大众创业、万众创新，是培育和催生经济社会发展新动力的必然选择。随着我国资源环境约束的日益强化，要素的规模驱动力逐步减弱，传统的高投入、高消耗、粗放式发展方式难以为继，经济发展进入新常态，需要从要素驱动、投资驱动转向创新驱动。推进大众创业、万众创新，就是要通过结构性改革、体制机制创新，消除不利于创业创新发展的各种制度束缚和桎梏，支持各类市场主体不断开办新企业、开发新产品、开拓新市场，培育新兴产业，形成小企业"铺天盖地"、大企业"顶天立地"的发展格局，实现创新驱动发展，打造新引擎，形成新动力。②

GEM（全球创业观察）2001 年报告率先把创业分为生存型创业和机会型创业两类，把前者定义为由于没有其他更好的工作选择而从事创业的活动，把后者定义为为了追求一个商业机会而自发地开展创业的活动。依照马斯洛的需求层次理论，前者是为了满足生理需求和安全需求，后者是为了满足社交需求、尊重需求和自我实现需求。当然，成功的创业活动无论最初的动机如何，都可能同时满足上述五种需求。③

职业教育大学生创业需要适宜的创业环境，当然，大学生自身也要做好创业准备，其创业动机可以归纳为三种类型：①生存的需要。我国正处于经济转型的关键时期，经济结构的调整、城乡之间的经济差距，以及教育体制改革等原因，使得许多家庭难以负担昂贵的学费，大学生中的困难群体增加，这部分学生中就有人选择打工，并在打工的过程中发现商机，开始走上创业的道路。②就业的需要。当前我国受经济周期调整的影响，职业教育大学生就业形势比较严峻，在这种情况下，为了实现自己的职业理想，有一部分大学生选择了创业。③自我实现的需要。据心理学研究表明：25～29 岁是创造力最为活跃的时期，这个年龄段的青年正处于创造能力觉醒时期，对创新充满了渴望，创新意识强烈；另外，职

---

① 麦可思研究院. 就业蓝皮书：2016 年中国大学生就业报告. 北京：中国社会科学文献出版社，2016.
② 郑雅萍. 以综合实践活动视角看大众创业服务体系构建[J]. 理论与改革，2016，（1）：152-155.
③ 高建. 全球创业观察中国报告[M]. 北京：清华大学出版社，2006.

业教育大学生所接受的教育经历，使他们更容易形成一些创新思维，为了早日实现自己的成功目标，他们中的一部分选择了创业。

第二节　职业教育大学生创业困境

我国职业教育大学生创业存在很多缺陷和不足，这种差距不是单一方面的，而是从自身素质、观念意识，到经济体制、社会环境、政策机制、文化氛围等多层次的差距，这些方面互相影响，造成我国职业教育大学生创业存在很多问题。

一、创业行动力不足

2016 年，我国高校毕业生迎来了更加复杂的就业形势，765 万毕业生，创历史新高。2016 年 5 月 6 日，国务院总理李克强在中华人民共和国人力资源和社会保障部主持召开就业工作座谈会时强调，稳定就业必须突出重点，重点有两头，其中一头就是大学生。智联招聘的调查显示，参与调查的 2016 届应届毕业生中，毕业后选择就业的比例为 75.6%，16.5%的人选择在国内继续学习，4.8%的人选择出国继续学习，选择创业的比例为 3.1%[①]。值得注意的是，与 2015 年相比，2016 年选择创业的应届毕业生比例明显下降，比例由 2015 年的 6.3%降低至 2016 年的 3.1%。虽然政策、投资环境和社会整体为职业教育大学生创业提供了良好的土壤，但鉴于职业教育大学生经验欠缺、资源积累不足等原因，目前职业教育大学生创业成功的概率并不高；加之相比创业能力，职业院校侧重于培养学生的创新意识，因而直接推动创业的人群并不多。此外，从历年趋势看，2016年应届毕业生选择就业的比例达到 75.6%，较 2015 年的 71.2%有所上升。选择继续学习（包括国内继续学习和出国继续学习）的比例有所下降，反映出目前"考研热"和"出国热"的降温，尤其是海归大学生人数逐年增长，竞争加剧，

---

① 2016 年全国应届毕业生调查，平均月薪 4765 元. 搜狐新闻，http：//news.sohu.com/20160519/n450273924. shtml [2016-09-08].

就业形势不尽如人意，使得大学生对出国留学更为理性和谨慎。从学历层次来看，学历越高，选择就业的比例越大：博士生选择就业的比例高出硕士生2.6%，硕士生选择就业的比例高出本科生4.7%，而本科生选择就业的比例则高出大专生3.2%。从学校类型来看，普通本科院校应届毕业生就业意向最强，"211"或"985"类型院校应届毕业生选择继续学习的比例最大，专科职业院校学生的创业意识最为浓厚。①智联招聘调查显示，应届毕业生选择创业的主要原因是理想、兴趣与自由。与2015年的调查结果相比，选择"兴趣所在"而创业的学生占比大幅提升，从2015年的20.8%提升至24.2%，而选择"实现自己的理想"占比则从2015年的27.4%降至24.7%。这表明了"90后"应届毕业生在择业时更加关注自己的兴趣和追求内心的快乐，对梦想的认识更趋理性和务实。

我国职业教育大学生的创业激情逐渐增长，创业人数在不断增加。有关调查显示，近8成的职业教育大学生表示有创业的意愿，选择在校期间创业和毕业后创业的占比较高。但实际真正参与创业的比例还是比较低，相比美国实际创业高达20%以上的比例，我国职业教育大学生创业落实的比较少。职业教育大学生在毕业时的首选还是就业，其次为考研和出国。造成这种状况的原因首先是传统思想的影响，无论家长还是大学生本人，在就业问题上往往求稳，重点考虑行政事业单位、大城市、垄断行业等铁饭碗；还有就是应试教育的影响，职业教育大学生缺乏创新思想，缺乏商业意识，缺乏创业素质。职业教育大学生普遍对创业难度估计不足，我国的教育体制使得职业教育大学生几乎没有接触社会的可能性，缺乏对社会状况的真实了解，缺乏与人沟通的能力，导致职业教育大学生创业不务实，存在很大的盲目性，有的学生认为创业成功是只凭一个"好点子"就可以的，而对创业项目的可操作性认识不足。职业教育大学生所学的书本知识，往往无法应用于市场实践，社会经验的不足又使其面对问题时茫然失措，这都是导致职业教育大学生创业失败的主要原因。

由于我国创业教育起步较晚，社会对自主创业不认可，导致走上自主创业道路的职业教育大学生很少。据统计，我国只有5%的大学毕业生走上创业之路，美国大学毕业生创业的比例是25%，日本是15%。大学生自主创业主要是创办小企业，这是创业初期所决定的，很多大企业也都是在小企业的基础上逐渐做大

① 2016年全国应届毕业生调查，平均月薪4765元.搜狐新闻，http://news.sohu.com/20160519/n450273924.shtml[2016-09-08].

的，且小企业机制灵活，与社会需求日益多样化、个性化的要求相吻合。^①大学生创业的范围主要集中在第三产业。随着我国经济体制的改革，第三产业的就业人口将逐步增加，且第三产业一般不需要占用过大的场地，劳动力成本开支也小，投资一般不大，项目一般具有灵活、新颖等特色优势，这为刚走出校门的职业教育大学生创业提供了较低的门槛。从我国目前职业教育大学生的创业项目选择来看，创业项目技术含量低，没有体现出大学生的知识优势，大多从事餐饮、服饰、摄影等行业，这些行业其实只是从已成熟的市场中划分的一块蛋糕而已，并不是在创造新的社会财富。

二、创业精神普遍缺失

创业精神主要是指通过兴办实业、追求物质和精神财富增长，推动社会进步的思想意识。作为在创业实践活动中发挥动力和核心作用的意识倾向，它的缺失是职业教育大学生创业素质存在的主要问题。创业精神缺失在职业教育大学生群体中有着不同的表现，对于职业教育在校大学生群体来说，创业精神的缺失主要表现为在校大学生在职业规划时仍将就业作为第一选择，将创业作为解决就业问题的最后一种迫不得已的选择，缺乏冒险精神；对于那些已经走上创业之路的大学生来说，创业精神的缺失则表现为在创业类型的选择上以生存型创业为主，机会型创业为辅，缺乏开拓市场的创新精神。职业教育大学生在创业的过程中，创业精神的缺失或者表现为盲目清高、好高骛远，或者表现为不善于抓住机遇、不敢承担风险，或者表现为难以克服困难，不能承受各种失败和挫折，缺乏坚持不懈的奋斗精神。^②

尽管近几年沿海经济发达省份的创业氛围有所增强，创业的认可度有所提高，但我国受几千年的重农抑商等守旧思想和安于现状、害怕竞争的传统文化观念的束缚和影响，导致社会上还没有形成理解创业、鼓励冒险、允许失败的宽松氛围，再加上创业对经济发展的巨大推动作用对于多数民众来讲还是知之甚少，尤其是对于职业教育大学生创业更是争议颇多。很多人认为，职业教育大学生创业只是出于一时冲动，甚至是"瞎折腾"，是不成熟的表现，因而职业教育大学生受到这种负面影响，对创业的热情不高，甚至还有畏惧心理。另外，社会缺乏

---

① 李海波，朱中超. 中国高校创业教育现状分析及对策建议[J]. 中国大学生就业，2007，（13）：69-70.
② 曹臣星. 高职院校学生创业素质培养研究[D]. 桂林：广西师范大学，2012.

对职业教育大学生创业的关注，没有设立为职业教育大学生创业服务的组织，缺乏针对职业教育大学生开展的创业培训等。

三、创业教育体系不够完善

创业教育，最先是以大学生创业实践活动的形式在欧美国家逐步兴起的，世界上最早提出创业教育概念的是柯林·博尔，他在 1989 年向经济合作和发展组织教育研究与革新中心提交的一份报告中提出，未来的人都应该掌握三本"教育护照"：第一本是学术性的，第二本是职业性的，第三本是关于事业心和开拓技能的。其中，"第三本教育护照"被写进联合国教科文组织在北京召开的"面向21 世纪教育国际研讨会"的报告中，该报告提出"要把事业心和开拓技能教育提高到与学术教育和职业教育同等重要的地位"。[①]"事业心与开拓技能教育"也就是我们今天所说的创业教育。

1995 年，联合国教科文组织在《关于高等教育的变革与发展的政策性文件》中全面阐述了完整的创业教育概念，并指出："在'学位=工作'这个公式不再成立的时代，人们希望高等教育的毕业生不仅是求职者，而且也是成功的企业家和工作岗位的创造者"，在这里，创业教育包括两个方面内容："求职"和"创造新的就业岗位"。[②]创业教育是高等教育发展史上的一种全新理念，作为一种面向未来的教育思想，即把培养学生的事业心、开拓技能和冒险精神作为高等教育目的新的价值取向，我们对创业教育本身进行的探索，就是一条通往未来的路。

针对我国大学生就业存在的困难，加强职业教育大学生创业教育对我国来说具有特殊的意义。当前我国职业院校推行创业教育面临着很多问题：

1）重知识轻能力的人才培养模式，导致职业教育大学生创业素质低下。尽管创业教育倡导的是创新和创造，但长期受传统教育方式的影响，我国职业教育在人才培养的模式上，仍然是以教师为中心，以教师的单向灌输为主，缺少学生的反馈和交流，考试采用记忆方式，很少关注对学生实际操作能力的培养，造成学生眼高手低、难以应对创业面临的各种挑战。

2）职业院校缺乏完整的创业课程体系。目前，我国的创业教育课程只在少

---

① 柯林·博尔. 学会关心：21 世纪的教育圆桌会议报告. 王一兵译. 教育研究, 1990，（7）：5-17.
② 张磊. 农林高职院校创业教育有效途径研究[D]. 咸阳：西北农林科技大学, 2009.

数商学院的 MBA 课程里有较为系统的体现，有的职业院校则是以选修课的形式开设，甚至有的学校根本就没有开设创业课程。由于缺乏完整的创业课程体系，且与学科专业教育体系没有形成有机联系，直接导致创业教育脱离学科专业，使职业教育学生失去了自身的学科优势。我们必须认识到创业教育和专业教育的依赖性，关键问题是如何改革现有的教学内容和教育体制。

3）职业院校缺乏有效的创业管理机制。我国的职业教育是管理型、封闭型的，实行的是不完全的学分制，大部分学生不能提前或者推迟毕业，接触社会的机会不多。从学校组织模式和运行模式上看，大都是重培养轻就业，重管理轻服务，学校管理机制行政化，难以适应市场经济的变化。在这种教育环境下，学生创新意识不足，普遍缺乏创新精神、冒险精神和敬业精神，因而真正走出校园投入创业实践的不多，创业计划也就往往离实际很远。

4）职业院校创业师资力量薄弱，缺乏实践经验。我国职业教育院校创业教育课程师资力量匮乏，普遍缺乏那些既有较高理论水平、又有一定企业管理经验的教师，再加上教师教育方法陈旧，这就导致了目前职业院校开展创业教育环节的薄弱，大多数创业指导教师专业面狭窄、知识陈旧，不能适应创业教育的需要，导致职业院校的创业教育收效甚微。还有许多教师本身就极度缺乏创新思想，观念落后，对创业教育缺乏研究实力，对实践的认知有很大差距，难以实现创业课程的培养效果，导致职业院校创业教育不能形成良好的发展态势。

5）职业院校缺乏整体创业氛围。创业教育不仅仅是单纯的学校行为，政府、社会和家庭都对此负有责任，创业教育强调对职业教育大学生实际能力的培养，使大学生形成自我就业意识，并在毕业时具有发展的眼光、创业的胆识、开放的观念、较强的沟通能力、强烈的社会责任感，这需要全社会的支持，来共同营造良好的创业氛围。①

四、创业政策法规比较滞后

目前，我国颁发的针对职业教育大学生创业的优惠政策设限条件过多，操作难度较大，各省出台的政策基本上只是对一些条款进行了不同程度的细化，没有

---

① 应一也. 美国高校创业教育研究[D]. 上海：华东师范大学，2008.

制定相应的可操作性强的实施办法。在创业政策法规中，最重要的是对创业资金的支持力度不够，造成创业资金缺乏，影响到我国职业教育大学生创业。比如，政策鼓励银行对创业大学生贷款，而银行从市场经济的角度出发，不可能凭一张大学毕业证就贷款给毕业生，致使大学生创业资金难题依然没有突破。

创业资金是创业必需的，很多家庭认为很不容易培养出了一个大学生，应该及时回报家庭，而且很多家庭也无力再支付大学生的创业资金。在社会上，外国创业者常用的风险投资，在我国发展还不完善，职业教育大学生也很难获得风险投资公司的充分信任。目前，由于职业教育大学生缺乏启动资金，致使很多优秀的创业计划难以实施。

我国现行的职业教育在某种程度上存在脱离社会、脱离实际的情况，培养出来的人才比较保守，缺乏创新精神和创业能力，难以实现新时代应用型人才培养要求[1]，而且我国职业院校对创业课程的开设不够重视，从小学到大学的系统教育都难以脱离"应试教育"的误区，所以只有加快对我国职业教育体制的改革，才能逐步扭转现状。拿MBA培养来说，只有少数学术型名牌大学有招生指标，且培养的MBA很多居然去从事行政或教育工作，违背了MBA的培养初衷。很多职业院校开展创业教育流于空谈，没有教大学生怎样去创业，没有灌输给他们一种创业的思维，导致出现了社会需要与教育"两张皮"的现象。在制度建设上，组织领导机制不完善，现有的规范制度和办法相互之间也缺乏配套衔接，没有形成体系。同时，开展创业教育需要一定的组织基础，我国大多数职业院校的创业教育机构较为薄弱，其师资来源往往都是没有任何社会经验的高校毕业生，虽然学历较高，但无法从事实践性较强的创业教育工作。

---

[1] 陈益纯. 促进大学生创业的公共政策研究[D]. 汕头：汕头大学，2011.

第七章　职业教育大学生创业影响

第一节　国外大学生创业分析

为了与我国的大学生创业作比较研究，我们选取大学生创业已经取得相当成果的美国、英国及与我国文化背景较为相似的韩国作为比较对象，从与美国和英国的比较中，我们可以规划我国大学生创业发展的方向；通过与韩国比较，可以找到我们目前创业教育工作中的不足。

一、国外大学生创业特点

（一）美国大学生创业特点

美国大学生创业热情始于 1983 年得克萨斯州大学举办的第一届创业计划，随后逐渐普及到众多高校，其中以麻省理工学院的"五万美金创业计划竞赛"最为成功。据统计，美国表现最优秀的 50 家高新技术公司有 46%出于创业计划大赛[①]，从某种意义上讲，高校的创业计划大赛已经成为美国经济的直接驱动力之一。除创业大赛之外，美国大学生创业成功的案例也是屡见不鲜，而且这些成功者中不乏一些对当今世界经济发展而言具有重要意义的人物，从微软的比尔·盖茨到戴尔的老板戴尔，美国大学生创办的大企业就超过上千家，控制着 3300 亿美元的资产，他们不仅为美国经济发展作出了巨大贡献，同时也是全球大学生创业者心中的楷模。美国的创业教育注重培养学生的创新精神、冒险意识、团队合作精神，提升和引导学生发现新的商机，寻找合作伙伴，筹集创业资金，创立企业的能力，从而增强毕业生的竞争能力，进而有效解决就业难题。

美国大学在面对创业教育时有很强的使命感和责任感。美国高校经历了一个教学—研究—创业的发展过程，即从教学型院校发展到研究型大学再到创业型大

---

① 刘冬，董光磊. 中美高校创业教育模式比较[J]. 出国与就业：就业版，2010，（8）：81-82.

学。事实上，从 20 世纪 80 年代开始，美国开设创业教育课程的高校呈直线上升的趋势，哈佛商学院、麻省理工学院、斯坦福大学等著名高校都纷纷设置了创业课程，引导学生创业，带动了中小企业的快速发展。美国大学的创业教育课程自成系统，教学方法多种多样。哈佛商学院建设完善针对创业管理的资料和案例库，为研究者提供良好的学习环境，同时也是唯一一所为创业管理与创业教育研究发行期刊的院校，营造了良好的创业氛围。

美国大学生创业有四个特点：①具有良好的社会文化基础。美国社会认为创业是一项令人尊敬的工作，很多人都希望开办自己的企业。②完善的创业教育课程。美国大学生从小就接受先进的创业教育，在小学接受商业基础知识，初中每周上一次商业课，高中学习实用经济学，至少 400 所大学开设创业学课程，美国创业教育的主体是商学院，其模式是通过创新性教学计划、外延拓展计划及学术研究来支撑创业教育、倡导创业精神。③创业集中于高新技术产业。大学生创业以技术为核心，使得创业具有较强的竞争力。④完善的社会支撑体系。这套体系包括技术支援、管理咨询、融资援助等，形成了一套"民、官、学"相结合的社会支撑保障，为大学生创业提供了后盾。

（二）英国大学生创业特点

英国大学生创业得益于 1983 年英国王储查尔斯王子倡导的青年创业计划及相应设立的王子基金，查尔斯动员并联合社会和企业为青年创业提供资金、技术、网络、咨询等。英国政府于 1998 年启动大学生创业项目，专为在校大学生创业提供帮助，协助大学生开办公司，组建创业团队，筹集资金，开拓市场，同时要求高校重视创业课堂，邀请企业家、创业者上课或演讲，学生可以和这些专家进行交流。另外，英国设立了大学生创业促进委员会，加强对大学生的创业指导，鼓励大学生进行创业。

英国大学生创业具有两个特点：①创业启动资金有专门的基金支持。大学生创业普遍存在的启动资金问题，由王子基金提供发展债券式企业启动金支持，这是介于贷款和救济之间的筹资方式，不需要任何抵押担保，只需按期还款，对于创业失败的，还可以申请减免或延期。这对于创业初期的大学生来讲，起到了较大的促进作用，有利于推动创业的持续发展。②实行创业导师制。在大学生创业的前三年内，每个创业青年都会得到一名创业导师的帮助，这些导师来自优秀企业家或职业经理人，他们自愿免费帮助创业者解决困惑，给予其必要的支持，这种方式使得初次创业的大学生有一定的心理依托，增强了其创业成功的信心。

（三）韩国大学生创业特点

韩国大学生创业与美国有很多不同。韩国大学生创业兴起于 1998 年，标志是韩国政府部门在 25 所大学设立了创业支援中心，截至 2000 年底，这些中心共支持了 464 个风险企业，这些企业的年度总营业额为 2000 万韩元。随后，2000年韩国政府部门又设立了 23 个创业支援中心，目前支援 400 多家大学生创业企业。在韩国政府的大力支持和倡导下，韩国大学生创业热情迅速高涨，到 2002年，韩国大学应届毕业生中准备创业的比例为 52.4%，而韩国全国青年希望创业的比例为 71%，居全球第一位。同时，在韩国政府的帮助下，大学生自己的创业组织"全国大学生创业同友会"在全国每一所大学都成立了分会，组织大学生学习创业课程，进行经验交流，为会员提供资金和技术支持，取得了很好的成绩。

韩国大学生创业有两个明显的特点：①起步较晚。这是因为 20 世纪 80 年代韩国经济处于腾飞阶段，大企业集团迅猛发展，新生的弱小企业很难发展，导致经济结构单一，民众的创业观念淡化，直到 1997 年韩国受到经济危机的冲击，才迫使韩国人转变观念，开始注重创业；②政府的促进作用明显。从 1997 年迫于经济危机压力才开始觉醒的韩国人，到 2001 年有创业愿望的青年比例已居全球第一，这个结果是和政府的大力支持、引导分不开的，政府不仅提供资金、政策支持，还帮助大学生建立自己的创业组织，进行创业教育，使得创业观念短期内深入青年心中。

二、中外大学生创业比较

中、美两国大学生创业发展相差 15 年，而且中国与美国文化存在很大差异。美国是一个移民社会，移民文化的核心精神就是勇于挑战和冒险，美国国民价值观的核心部分是"个人主义"，强调实现个人价值。美国社会等级观念淡薄，崇尚个人奋斗，这样的思想观念是美国人创业的有利土壤。同时，美国的教育体制注重学生个性发展，学校采用开放式教学，重视学生能力的培养，大学生有着较强的动手能力，再加上年轻人的激情，就很容易迈向创业的道路，且美国的创业教育能体现并密切结合其学科特点与资源优势。美国的经济高度发达，知识经济的快速发展使得创业的必备条件从有形的设备、场地等外在条件转化为个人的知识和创新能力，为大学生创业提供了可能；政府、社会、学校都为大学生创业提供了便利条件，包括简便的公司申请手续和健全的信用制度等，而且美国成熟的创业板市场和风险投资体制也为大学生创业提供了充足的资金支持。

美国大学生创业的社会环境要比我国好得多，不但普遍开设有创业课程，与社会联系紧密的高校创业中心，还有各种创业培训机构、创业资质评定机构、风险投资机构、创业者校友联合会、小企业开发中心等，形成了一个高校、社区、企业良性互动式发展的创业教育生态系统，有效地开发和整合了社会各类创业资源，已经形成了一个完整的社会体系和教育研究体系。同时，美国大学与企业联系密切，企业乐于接受学生到企业开展项目研究，学生的研究成果也为企业的发展提供了帮助，这无疑对我国大学生创业教育的开展极具启发意义。

相比之下，我国传统文化的影响根深蒂固，等级观念的残余影响广泛存在于社会各个角落。同时，我国的应试教育忽略了学生的实践能力和自主创新意识，人们满足于小富即安，缺乏个人奋斗回报社会的精神。客观上，社会对于创业行为不够支持，有的社会群体存在着对创新的惰性，而且政府服务职能相对滞后，各种审批手续烦琐，导致创业者在创业过程中要花费大量的时间和精力处理琐事。知识经济发展的局限和风险投资的落后，也使得大学生的创业成本要高昂许多。

中国和韩国两国大学生创业起步都较晚，两国文化氛围较为接近，但韩国大学生能在两年内迅速投身于创业发展，与韩国政府的鼓励和帮助有着很大的关系。政府制定了"关于培养风险企业的特别措施法"，以法律的形式将国家支持创业的战略提出来，同时对大学生创业进行了巨大投入，仅1998年韩国就投入80亿韩元，为大学生创业提供多方面的支持，大大刺激了青年的创新激情。政府督促成立的"大学生创业同友会"为大学生提供创业教育和经验交流，为大学生创业储备了一大批人才。相比之下，我国政府于1999年发布了《关于加强技术创新，发展高科技，实现产业化的决定》[①]，并对大学生从事个体经营实行优惠政策，但没有实际的资金投入，仅靠大学生有限的社会资源来从事创业，而且

---

① 中共中央、国务院关于加强技术创新、发展高科技、实现产业化的决定（1999年8月20日）[EB/OL]. 科技部网站，http://www.most.gov.cn/gxjscykfq/wj/200203/t20020315_9009.htm[2016-06-18].

学校教育缺乏对创业的正确引导。

发达的市场经济是创业的基础，美国大学生的创业为美国的经济发展作出了巨大的贡献。随着我国经济社会的进一步发展，大学生创业必然会相应地不断发展，两者互相促进，相辅相成。从韩国的大学生创业来看，政府投入对于创业初期的引导是必不可少的，我国政府只有加大政府投入，制定政策保障大学生创业优惠的落实，才能逐步突破大学生创业的困境。

第二节　对我国大学生创业的启示

一、树立正确的创业教育价值观

美国大学将创业教育视为自己的大学使命，源源不断地培养出创新创业人才，相比之下，我国职业教育的基本价值理念有明显的功利性，对于创业教育的考量也表现得目光短浅，有些职业教育院校将创业视为解决就业的权宜之计，有些职业教育院校将创业看作是生产老板的工具。这些短视的创业教育价值观，使得大学生认识不到创业的重要性，更体现不出职业院校对创业教育的使命感。对此，我们的职业教育院校应积极借鉴美国大学创业教育的经验，将创业教育看作大学的使命，从长远发展的角度来筹划建设。

2015 年 6 月，国务院《关于大力推进大众创业万众创新若干政策措施的意见》（国发〔2015〕32 号）明确指出，要拓展城乡创业渠道，实现创业带动就业；支持电子商务向基层延伸；引导和鼓励集办公服务、投融资支持、创业辅导、渠道开拓于一体的市场化网商创业平台发展；鼓励龙头企业结合乡村特点建立电子商务交易服务平台、商品集散平台和物流中心，推动农村依托互联网创业；鼓励电子商务第三方交易平台渠道下沉，带动城乡基层创业人员依托其平台和经营网络开展创业；完善有利于中小网商发展的相关措施，在风险可控、商业可持续的前提下支持发展面向中小网商的融资贷款业务；支持返乡创业集聚发展；结合城乡区域特点，建立有市场竞争力的协作创业模式，形成各具特色的返乡人员创业联盟；引导返乡创业人员融入特色专业市场，打造具有区域特点的创业集群和优势产业集群；深入实施农村青年创业富民行动，支持返乡创业人员因地制宜地围绕休闲农业、农产品深加工、乡村旅游、农村服务业等开展创业，完善家庭农场等新型农业经营主体发展环境；完善基层创业支撑服务；加强城乡基层创业人员社保、住房、教育、医疗等公共服务体系建设，完善跨区域创业转移接续制度；健全职业技能培训体系，加强远程公益创业培训，提升基层创业人员创业能力；引导和鼓励中小金融机构开展面向基层创业创新的金融产品创新，发挥社区地理和软环境优势，支持社区创业者创业；引导和鼓励行业龙头企业、大型物流企业发挥优势，拓展乡村信息资源、物流仓储等技术和服务网络，为基层创业提供支撑。[①]

二、政府支持是保障

创业环境有赖于政府层面的支持，职业院校应加强和地方政府的沟通与协调，积极营造创业的社会舆论及制度环境，采取有效措施，从工商登记、税收优惠、资金支持等多方面入手，积极鼓励并扶持职业教育毕业生自谋职业、自主创业和创办经济实体，为社会创造更多的就业岗位。地方政府应积极建设国家创业型城市，鼓励以创业带动就业，加快建立规范的创业培训体系，积极拓展创业服务内容，进一步加大对自主创业的支持和帮扶力度，对社会产生良好的影响力，在促进职业教育大学生创业的同时，必将有力带动当地就业的发展。

从城镇就业人员身份构成中，可以看出雇主身份中比例最高的受教育程度是高中，而研究生以上学历的人成为雇主的比例只有 2.2%（表 7-1）。与此同时，可以看到随着受教育程度的增加，城镇就业人员成为雇员的比例同时在增加，体现出我国创业教育的弱势，从小学到高校对创业教育都不是很重视，这种状况必须尽快改变，通过政府的引导，加快全民创业的步伐，尤其是受过高等教育的人具备丰富的知识积累，更应该肩负起以创业带动就业的重任。

---

① 国务院. 关于大力推进大众创业万众创新若干政策措施的意见[EB/OL]，国发〔2015〕32 号. 中国政府网，http://www.gov.cn/zhengce/content/2015-06/16/content_9855.htm[2015-06-11].

表 7-1　按受教育程度、性别分的城镇就业人员就业身份构成（单位：%）

受教育程度	城镇就业人员			
	雇员	雇主	自营劳动者	家庭帮工
总计	55.0	3.9	38.1	2.9
未上过学	14.2	1.3	80.8	3.7
小学	24.1	2.4	70.1	3.4
初中	46.0	4.3	46.0	3.7
高中	72.1	5.4	20.0	2.5
大学专科	91.5	3.1	4.6	0.9
大学本科	95.9	2.3	1.6	0.2
研究生及以上	96.7	2.2	1.0	0.1

资料来源：中国人口和就业统计年鉴-2010[1]

三、自主创业应成为大学生的常态选择

职业教育大学生是国家创新创业队伍的重要组成部分，不仅要培养其就业能力，更要增强其创新创业能力，通过创业带动就业。对职业院校而言，由就业教育转向创业教育，是顺应经济社会发展的趋势，是我国高等教育发展的必然选择，也是世界高等教育发展的总趋势。综合素质拓展与职业能力培训，既要重视和引入价值观、人生观、世界观教育，实现理想信念和职业技能的有机融合，培养具备崇高理想和优秀职业素养的高水平人才，也要不断提升教学质量，增进协同创新，用心、用情、用力做好培训的后续跟踪服务工作，走出一条创新创业教育与素质教育协同发展的职业教育新道路。

早在 1998 年 10 月，联合国教科文组织就在巴黎召开的世界高等教育大会上强调指出，毕业生将不再仅仅是求职者，而首先将成为工作岗位的创造者。职业教育大学生是整个社会中充满活力、富有创造力的群体，是创造工作岗位的积极群体，在积极解决自己就业问题的同时，还可以为社会上其他青年人创造就业机会。[2]职业教育大学生创业，是高等教育大众化阶段解决毕业生就业难问题的有效选择。长期以来，我们的大学教育，是教会学生如何去寻找一个工作岗位，而不是增强他们

---

① 国家统计局. 中国人口和就业统计年鉴-2010. 北京：中国统计出版社，2010.
② 赵中建. 21 世纪世界高等教育的展望及其行动框架——98 世界高等教育大会概述[J]. 教育发展研究，1998，(12)：2-8.

创造工作岗位的潜能。一项针对部分高校进行的"大学生就业、创业问题"问卷调查显示，有74%和70%的大学生对创业的程序和所需条件不太清楚，而对这些问题根本就不知道的毕业生竟分别占到了12%和7%。在"你认为自己最缺乏的是什么"这个问题上，选择"创业有关信息"与"创业有关技能"的并列在第一位，为30%，选择创业有关知识的为25%。这充分说明，加强对职业教育大学生的创业知识教育和创业技能培养，已是一项重要和紧迫的任务。高等学校应加强在校生的创业意识教育，通过规范的创业教育，来提高学生自主创业的成功率，使职业教育大学生自主创业由理想变为现实。没有学生创业就没有美国硅谷，大学生创造工作岗位是高等教育大众化阶段真正解决毕业生就业难问题的必然选择。①

第三节　影响创业的四大因素

影响我国大学生创业的因素包括社会因素、家庭因素、高校因素、大学生自身因素，实现系统要素优化和要素结构优化，将为构建解决大学生创业难应采取的对策提供重要的理论基础。

一、社会因素

社会中的政治、经济、文化等方面的因素，都会对职业教育大学生创业产生一定的影响。社会基本的政治制度、政治体制、民主政治的发展水平等是影响职业教育大学生创业的政治环境，而社会的经济投入则是影响职业教育大学生创业的经济环境，两者共同影响职业教育大学生的创业状况。创业与经济增长紧密相关，经济增长速度对创业具有重要的影响，经济增长快，社会上可选择的创业项目就多。近年来，我国经济增速放缓，从根本上制约了全社会创业项目的数量，大学生创业机会也必然随之受到影响。同时，创业环境不完善，措施不到位，也

---

① 罗三桂. 论我国高等教育大众化阶段的大学毕业生就业观[J]. 现代大学教育，2005，（3）：99-103.

影响了大学生创业的积极性。

人们的生活水平在很大程度上会影响观念的转变。尽管我国国内生产总值已经超越日本，成为仅次于美国的第二大经济体，但由于我国人口众多，2014年人均国内生产总值仅为7594美元，远远低于美国（54 630美元）、日本（36 194美元）、德国（47 627美元）、英国（45 603美元）的人均水平，甚至远低于世界平均水平（10 804美元），如表7-2所示。

表7-2 世界各国或地区人均国内生产总值情况一览表 （单位：美元）

国家或地区	2000 年	2005 年	2010 年	2012 年	2013 年	2014 年
世界	5 453	7 247	9 513	10 513	10 684	10 804
日本	37 300	35 781	42 909	46 679	38 634	36 194
美国	36 450	44 308	48 374	51 457	52 980	54 630
英国	26 296	39 935	38 362	41 051	41 777	45 603
荷兰	25 958	41 200	50 341	49 128	50 793	51 590
中国香港	25 757	26 650	32 550	36 708	38 364	40 170
加拿大	24 032	36 028	47 464	52 733	52 305	50 271
新加坡	23 793	29 870	46 570	54 578	55 980	56 287
德国	23 685	34 651	41 726	43 932	46 255	47 627
法国	22 466	34 881	40 709	40 853	42 631	42 736
澳大利亚	21 667	33 996	51 801	67 512	67 473	61 887
以色列	20 902	20 378	30 551	32 514	36 051	37 032
意大利	20 059	31 974	35 878	34 854	35 477	34 960
文莱	18 087	25 914	30 882	41 127	38 563	40 776
西班牙	14 788	26 511	30 738	28 985	29 881	30 262
中国澳门	14 128	25 190	53 046	77 215	90 600	96 444
新西兰	13 641	27 834	33 394	39 574	42 409	
韩国	11 948	18 658	22 151	24 454	25 998	27 970
阿根廷	7 701	5 768	11 464	14 791	15 009	12 922
墨西哥	6 582	7 824	8 916	9 819	10 318	10 361
捷克	5 995	13 318	19 764	19 670	19 858	19 554
委内瑞拉	4 800	5 445	13 559	12 729	12 213	16 530
波兰	4 493	7 976	12 530	13 036	13 829	14 423
土耳其	4 220	7 130	10 136	10 661	10 986	10 543
马来西亚	4 005	5 554	8 754	10 429	10 538	10 830

续表

国家或地区	2000 年	2005 年	2010 年	2012 年	2013 年	2014 年
巴西	3 766	4 793	11 318	12 148	11 939	11 613
南非	3 099	5 444	7 390	7 592	6 886	6 478
泰国	1 969	2 690	4 803	5 480	5 779	5 561
俄罗斯	1 772	5 323	10 675	14 079	14 487	12 736
埃及	1 510	1 249	2 804	3 256	3 314	3 436
国家或地区	2000	2005	2010	2012	2013	2014
哈萨克斯坦	1 229	3 771	9 071	12 120	13 612	12 276
菲律宾	1 043	1 201	2 136	2 588	2 765	2 843
中国	955	1 740	4 515	6 265	6 992	7 594
斯里兰卡	855	1 242	2 400	2 922	3 281	3 631
印度尼西亚	790	1 273	3 137	3 718	3 644	3 515
乌克兰	636	1 829	2 974	3 855	4 030	3 082
巴基斯坦	514	693	1 025	1 254	1 275	1 334
蒙古	474	999	2 650	4 396	4 419	4 170
印度	457	740	1 417	1 481	1 487	1 631
越南	433	700	1 334	1 755	1 909	2 052
孟加拉国	403	485	763	862	958	1 097
尼日利亚	378	804	2 311	2 730	2 966	3 185
老挝	321	472	1 123	1 408	1 653	1 708
柬埔寨	299	471	783	946	1 006	1 084

资料来源：中国统计年鉴-2015

经济基础决定上层建筑，人均国内生产总值的较低水平，影响到了社会文化。文化是人类活动的成果，是实现人的本质力量和创造性才能的领域。一个人在成长过程中所经历的文化熏陶，将会给其创业意识打上深深的烙印，经文化的哺育而形成的文化思维、价值观念和行为方式是很难改变的。我国数千年封建社会文化的影响根深蒂固，形成了我们民族求稳趋同、不敢冒险的传统心理，我们在行为方式上难免会瞻前顾后、患得患失，缺乏一定的闯劲儿和拼劲儿，而这些正是创业所必须具备的精神。同时，我国传统文化表现出来的重道德轻功利、重和谐轻竞争，以及"枪打出头鸟"等不利于创业观念养成的"潜规则"，导致了职业教育大学生创业观念的淡薄和无力。我国的创业文化氛围不够，传统思想束缚了人们的创新精神，特别是职业教育大学生创业和传统的"学而优则仕"的传统

观念更是冲突。同时，我国的创业教育较为匮乏，目前我国只有部分高校开设了
与创业相关的课程，而从小学到大学都一直存在的应试教育思想根深蒂固，但可
喜的是，目前社会已经意识到这个问题，并有了初步的改观。

二、家庭因素

家庭对大学生创业素质的养成有着更加深厚的影响，受社会传统观念的影
响，很多家庭对就业抱有不切实际的期望，"学而优则仕"的观念掩埋了大学毕
业生自主创业的潜力，家庭对创业并不看好。同时，部分家庭经济困难，对大学
生的创业资金支持有限，也在一定程度上限制了大学生创业，家庭结构和经济状
况也在很大程度上成为影响大学生创业的重要因素。尽管我国经济发展很快，但
根基是农业大国，农业人口占多数。农村家庭比例较高，无论从观念上还是经济
条件上，都限制了大学生创业。从全国人口数及其构成来看，我国 1949 年末总
人口为 54 167 万人，其中农村人口为 48 402 万人，比例高达 89.36%。随着经济
的不断发展，到 2000 年末，总人口达到 126 743 万人，其中农村人口为 80 837
万人，比例降为 63.78%。截止到 2014 年末，我国总人口达到 136 782 万人，其
中农村人口为 61 866 万人，比例为 45.23%，如表 7-3 所示。

表 7-3　全国人口数及构成情况表

年份	总人口（年末）（万人）	城镇		乡村	
		人口数（万人）	比例（%）	人口数（万人）	比例（%）
1949	54 167	5 765	10.64	48 402	89.36
1950	55 196	6 169	11.18	49 027	88.82
1960	66 207	13 073	19.75	53 134	80.25
1970	82 992	14 424	17.38	68 568	82.62
1974	90 859	15 595	17.16	75 264	82.84
1980	98 705	19 140	19.39	79 565	80.61
1984	104 357	24 017	23.01	80 340	76.99
1990	114 333	30 195	26.41	84 138	73.59
1994	119 850	34 169	28.51	85 681	71.49
2000	126 743	45 906	36.22	80 837	63.78

续表

年份	总人口（年末）（万人）	城镇		乡村	
		人口数（万人）	比例（%）	人口数（万人）	比例（%）
2004	129 988	54 283	41.76	75 705	58.24
2010	134 091	66 978	49.95	67 113	50.05
2014	136 782	74 916	54.77	61 866	45.23

资料来源：中国统计年鉴-2015

尽管我国农村人口比例一直处于下降趋势，但因为基础过大，仍旧是一个庞大的群体，相对于城镇家庭而言，农村家庭对大学生创业的支持力度是有差别的。同时，我国部分父母对孩子的教育较为溺爱，缺乏理性的规划，从主观上为了孩子，实质上却忽视了孩子的内心需求，在生活上对孩子百般照顾，将孩子培养成温室里的花朵，缺乏自理能力。另外，有的父母独断专行，压制孩子的自主性，要求孩子对自己言听计从，导致孩子缺乏独立性和批判性。父母这两种错误的行为在我国较为普遍，这样的家庭培养出来的孩子缺乏基本的生活能力，何谈创业？同时，很多父母对于成功的理解相当狭隘，他们对孩子的人生规划出奇地一致：好好读书，然后找一份稳定的工作，他们认为只有读书做大官才是人生唯一的成功，对于创业则嗤之以鼻，认为是万般无奈的选择。家长的这种态度无形中就阻碍了孩子创业意识的养成。在这些教育观念下成长的孩子，难以突破陈规，即便有创业的想法，往往也不敢表达。

三、高校因素

在职业教育领域内，创业教育是在大学生基本素质教育的基础上融入创业素质的基本要求，具有独特功能和体系的教育，其实质就是要培养职业教育大学生确立自主创业意识，形成创业初步能力，掌握创业基本技能。职业教育大学生创业的积极意义主要集中在三个方面：①促进经济增长。职业教育大学生创业主要集中于高新技术行业，对经济增长的拉动作用明显。②推动社会发展。创业不仅仅能提高个体的人均产出和收入水平，而且能促进新的社会结构和经济结构的形成。③增加就业机会。职业教育大学生创业不仅可以解决自身的就业问题，还可以为社会提供就业岗位，缓解我国的就业难题。

高校在扩招以后，教育质量受到一定影响，创业教育不够完善，都影响到了职业教育大学生的创业能力，表现在职业教育大学生创业的热情很高，但缺乏明确的目标和科学的方法，带有一定的盲目性。从学校教育的角度来看，对学生向来是要求其听话。这种体制下培养出来的孩子，则限制了其创业意识。中国传统教育思想以知识的继承为中心，忽视了对学生独立思考能力的培养。特别是大学教育，作为学生踏上社会的最后一站，理应重视对学生创业创新精神的培养，但在传统教育观念的束缚下，仍以知识的灌输为主。尽管现在从就业教育向择业教育转变，择业教育价值观下的教育观念已有所进步，教育开始强调学生知识的复合、创新能力和社会适应性的培养，也体现了职业教育大学生自主择业能力的培养，但仍将就业作为职业教育毕业生的主要选择，仅仅增加了就业的选择性。这种情况难以培养学生积极适应社会和自主创业的精神。事实上，我国传统教育以书本知识和应试教育为主。功利性较强，限制了职业教育大学生创业意识的养成。

我国现有的高校教师中，受过专门创业培训的教师比较少，传统高校的人事管理制度强调编制的稳定性，在很大程度上限制了高校教师的人才流动。作为职业院校，在招聘师资的时候，应该重视那些在社会上不仅具有创业的知识和技能，而且积累了一定创业经验的人才。但事实上，这些人很难进入高校成为教师队伍的有益补充，因而也就不能为大学生创业教育尽一份力量。而校内教师大都是从校门到校门，虽然学历较高，但部分教师自身社会经验都很缺乏，创业经验更是无从谈起；少数教师水平不高，责任心不强，上课时照本宣科，对培养大学生的创新精神起不到一点作用。

另外，大学创业教育的实效有待提高。处于转型期的中国，由于经济飞速发展和社会体制相对滞后之间的矛盾，可持续发展要求与知识能力素质较低的矛盾，再加上金融危机对就业的冲击，造成社会对新时代人才提出了更高的现实要求。在这样的背景下，如何使创业教育产生实效是十分关键的问题。有关调查显示大学生创业意愿很高，但反映创业教育实际成效的主要指标即创业率和创业成功率都很低。教育部最近的一项报告也显示，全国 97 家比较早的学生企业，赢利的仅占 17%；学生创办的公司，5 年内仅有 30%能够生存下去。大学生自主创业成功率只有 2%～3%，远低于一般企业的创业成功率。①职业教育现在的教学

---

① 大学生创业面临多重艰难选择成功率只有 2%-3%[EB/OL]. 中国劳动保障新闻网，http://www.clssn.com/html1/report/3/2380-1.htm[2015-03-02].

方法仍然拘泥于传统讲授，以学生被动接受知识、教师讲授为主，忽视了实践技能的培养，忽视了学生学习的主动性和自觉性。这种一块黑板、一支粉笔以教师为中心的传统教学方法，导致学生不能灵活地运用知识，创业能力难以提高；没有启发和讨论的教学方法培养的学生，也不可能成为创业人才。还有就是创业课程的缺失，即便部分高校开设了创业方面的课程，内容也多是讲授企业管理方面的知识，忽视了最重要的创业前期和初期所需的知识，导致大学生创业知识结构不合理，脱离实际，从创业开始就没有底气。

四、大学生自身因素

首先，大学生的就业观念保守。虽然中国经济快速发展，但在接受高等教育的大学生中，学历等于就业的观念还根深蒂固，政府即便是给予大学生很多创业优惠政策，但大学生一味追求安稳的热情不减。近年来，社会上出现的考研热、考公务员热等现象都是例证。如果现实与理想区别不大，那么国家公务员的招考原本不应该得到社会如此大的关注，但现实中国社会对公务员职业的趋之若鹜，其实早已无法用理想与现实的落差来完全涵盖。起码到现在为止，公务员职业仍旧是超过半数大学毕业生的第一选择，作为一份稳定而旱涝保收的薪水，在就业形势越发严峻的当下，就已经足够有吸引力。试想，面对大学生这样一种观念和心态，又怎能奢望他们有创业的意识呢？

其次，大学生缺乏实践经验，创业能力不足。所谓创业能力，是指创业者拥有的关键技能，是个体拥有的一种智力资本，其中包含个性、技能和知识，被视为创业者能成功履行职责的整体能力。创业能力不仅是通常理解的能力，还包含了技能、态度、价值观等多种要素，是这些要素的一种综合状态。创业成功与否，主要取决于创业者创业能力的高低，在同样的环境下，创业能力强的人抓住机遇、成功创业的可能性就大。有研究表明，大学生的创业能力决定了创业的总体水平和创业成功率。

在心理学、战略管理和创业研究中，普遍采用自我效能或自我评估的方法来测度能力概念。自我效能感是美国心理学家班杜拉在 1977 年首次提出的概念，是指"人们对自身能否利用所拥有的技能去完成某项工作行为的自信程度"[1]。

---

[1]　A·班杜拉.思想和行为的社会基础：社会认知论[M]. 林颖译. 上海：华东师范大学出版社.2001.

个体在创业过程中需要完成多种任务，承担多种角色，个体对是否有能力成功完成这些活动的信念程度就是创业自我效能感。所以，从这个意义上来说，创业能力是创业者对自身是否具备创业所需能力的自我感觉和评价，有较高的创业能力自我评价的个体更容易产生创业的行为，因此创业教育在更多时候就是要激发学生对自我创业能力的自信，否则即使个人的能力、素质再高，也只能成为一个优秀的职场人士而不是一个创业者。[①]

由于我国教育体制和传统观念的原因，在学校和家庭的督促与支持下，学生一般从小学到大学的唯一任务就是读书，这就从客观上造就了大学生的一个突出特点，即实践机会少，动手能力差，对社会缺乏了解，并且经历简单，所受到的挫折少，对各种困难准备不足，这一点也是影响大学生创业持久性的重要因素。很多大学生认为只凭"一个好的想法"就可以成功，而对创业的操作性认识不足，作为创业的主体，大学生存在年轻有冲劲的优势，但普遍存在怕吃苦、缺乏社会经验等劣势，一旦遇到挫折和失败，就往往会导致创业受阻甚至终止的情况。也就是说，很多大学生对创业的理解仅仅停留在字面上，没有了解其实质，这是创业教育滞后的体现。再者，大学生一直生活在校园里，对社会实际情况了解得太少，实际动手能力差，从而导致创业活动过于理想主义，容易脱离实际。创业是一个很艰苦的过程，很多大学生并没有真正想清楚，很多人简单地将创业理解为创办企业，或者仅仅停留在创意的层面。当大学生怀揣着对创业的错误认识时，是不可能朝着正确方向来提升自身创业所需素质的。

另外，大学生职业生涯规划的意识薄弱。相关调查显示，从总体上来说，我国大学生的职业生涯意识不强，62%的大学生对自己将来的发展、工作、职业生涯没有规划，33%的大学生不明确，只有5%的大学生有明确的职业规划。所谓职业生涯规划，就是尽早让学生认识自我、认识职业，能够根据自己感兴趣的职业目标，从知识、技能和综合素质方面锻炼自己的竞争能力。如果大学生具备了一定的职业规划意识，就能尽早主动地培养某个职业所需要的素质。然而，因为没有明确的职业规划的意识，所以大学生对于自身的塑造也是盲目的，同样对于创业的选择也就有可能是一时的热情，而根本没有做好前期的创业素质养成的准备工作，极大地影响了大学生创业素质的养成。[②]

---

① 柴旭东. 创业能力培养：大学创业教育的核心[J]. 创新与创业教育，2013，（3）：22-24.
② 欧阳琰. 大学生创业素质与创业教育研究[D]. 南昌：江西师范大学，2008.

第八章　应对职教学生创业难的构想

第一节　市场环境是前提

发达的市场经济、公平的市场环境都是促进大学生创业的经济环境。经济发展了，创业机会就会增多，反之，创业的增多也会促进经济的更快发展，形成良性循环。认真执行就业准入制度，对从事涉及公共安全、人身健康、生命财产安全等特殊工种的劳动者，必须从取得相应学历证书或职业培训合格证书并获得相应职业资格证书的人员中录用。支持在符合条件的职业院校设立职业技能鉴定所（站），完善职业院校合格毕业生取得相应职业资格证书的办法。各级人民政府要创造平等的就业环境，消除城乡、行业、身份、性别等一切影响平等就业的制度障碍和就业歧视，党政机关和企事业单位招用人员不得歧视职业院校毕业生。另外，要结合深化收入分配制度改革，促进企业提高技能人才收入水平，鼓励企业建立高技能人才技能职务津贴和特殊岗位津贴制度。

推进大众创业、万众创新，是扩大就业、实现富民之道的根本举措。我国有13亿多人口、9亿多劳动力，每年高校毕业生、农村转移劳动力、城镇困难人员、退役军人数量较大，人力资源转化为人力资本的潜力巨大，但就业总量压力较大，结构性矛盾凸显。推进大众创业、万众创新，就是要通过转变政府职能、建设服务型政府，营造公平竞争的创业环境，使有梦想、有意愿、有能力的科技人员、高校毕业生、农民工、退役军人、失业人员等各类市场创业主体"如鱼得水"，通过创业增加收入，让更多的人富起来，促进收入分配结构调整，实现创新支持创业、创业带动就业的良性互动发展。

推进大众创业、万众创新，是激发全社会创新潜能和创业活力的有效途径。目前，我国的创业创新理念还没有深入人心，创业教育培训体系还不健全，善于创造、勇于创业的能力不足，鼓励创新、宽容失败的良好环境尚未形成。推进大众创业、万众创新，就是要通过加强全社会以创新为核心的创业教育，弘扬"敢为人先、追求创新、百折不挠"的创业精神，厚植创新文化，不断增强创业创新意识，使创业创新成为全社会共同的价值追求和行为习惯。[①]

创业是创造与创新能力的显现，是人们在不确定的环境下，组合各项资源成立新事业组织，并愿意承受风险，追求获利成长与实现创业愿景。一般而言，创业活动与创业精神需要在适当的环境中，才能获得孕育成长，也就是说，随着经济的快速发展，会产生大量创业家与新创事业。事实上，随着经济体制改革的深化、经济全球化和加入 WTO，我国近年掀起一股空前强劲的创业热潮：据国际创业研究项目全球创业观察（GEM）调查，中国的创业率（18～64 岁人群中，正在创业或准备创业的人的比例）为 15.53%，远远高于日本的 3.83%，甚至超过了美国的 13.81%，属于创业活跃的国家[②]。以至于有人惊呼，"中国正在跨过西方国家'管理型经济'的台阶，快速迈向'创业型经济'时代，即创新和创业驱动发展经济的阶段"。[②]

第二节　社会保障是底线

在创业、就业和失业这三种状态里面，创业的风险最大，创业失败以后可能就是失业，那么社会保障就是这个风险的底线，只有进一步完善我国的社会保障制度，解除创业大学生的后顾之忧，创业才有底气，创业队伍才会不断发展壮大。从全国劳动人口及失业状况可以看出，我国劳动人口数目从 2010 年的 363.1 万人，增长到 2014 年的 387.6 万人，劳动人口参与率从 2010 年的 59.6%，逐步增长到 2014 年的 61.1%，失业人口一直控制在较低的范围，当然，这和统计数据的来源也有一定的关系，有一些隐性失业的情况难以准确估量，如表 8-1 所示。

凭借巨大的市场和投资资金增加这两点优势，中国掀起了创业热潮。创业主体从国有企业转向民营企业和个人，成为仅次于美国的全球第二大创业大国，这

---

① 国务院. 关于大力推进大众创业万众创新若干政策措施的意见[EB/OL]，国发〔2015〕32 号. 中国政府网，http://www.gov.cn/zhengce/content/2015-06/16/content_9855.htm[2015-06-11].

② 日媒称中国人热情投入创业大潮：创业率超过美日[EB/OL]. 参考消息网，http://www.cankaoxiaoxi.com/china/20161104/1397826.shtml[2016-11-04].

一地位正在越发稳固。以作为世界工厂积累的制造技术和巨大的国内市场为摇

表 8-1　全国劳动人口及失业状况表

项目	2010 年	2011 年	2012 年	2013 年	2014 年
劳动人口数目（万人）	363.1	370.3	378.5	385.9	387.6
男（万人）	193.1	194.3	197.2	199.2	198.8
女（万人）	170.0	176.0	181.3	186.6	188.8
劳动人口参与率（%）	59.6	60.1	60.5	61.2	61.1
就业人口（万人）	347.4	357.6	366.1	372.8	374.9
失业人口（万人）	15.7	12.7	12.4	13.1	12.7
失业率（%）	4.3	3.4	3.3	3.4	3.3

资料来源：中国统计年鉴-2015

篮，多家新兴企业实现快速成长，源自中国的创新正在不断诞生。在年轻人之间，通过创业来打破闭塞感的机会正在增多。2015 年新注册企业数达 443 万家，同比增加了 20%，来自国内外的投资也在增加。2015 年的全年风投资金刚刚创下新高，而 2016 年刚过去 9 个月就将这一纪录刷新，达到了 1939 亿元，仅次于美国位居全球第二。[①]

创业成为热潮，与人民生活水平的提升和社会保障的完善是密不可分的。2015 年全国居民人均可支配收入为 21 966 元，比上年增长 8.9%，扣除价格因素，实际增长 7.4%；全国居民人均可支配收入中位数为 19 281 元，增长 9.7%。按常住地分，城镇居民人均可支配收入为 31 195 元，比上年增长 8.2%，扣除价格因素，实际增长 6.6%；城镇居民人均可支配收入中位数为 29 129 元，增长 9.4%。农村居民人均可支配收入为 11 422 元，比上年增长 8.9%，扣除价格因素，实际增长 7.5%；农村居民人均可支配收入中位数为 10 291 元，增长 8.4%；全年农村居民人均纯收入为 10 772 元；全国农民工人均月收入为 3072 元，比上年增长 7.2%。[②]

从消费来看，近年来，我国居民消费的增长点分布在汽车消费、房地产相关的家具建材类消费两方面。随着房地产市场的降温，相关消费可能将受到影响。2015 年全国居民人均消费支出为 15 712 元，比上年增长 8.4%，扣除价格因素，

---

① 日媒称中国人热情投入创业大潮：创业率超过美日[EB/OL]. 参考消息网，http://www.cankaoxiaoxi.com/china/20161104/1397826.shtml[2016-11-04].

② 国家统计局. 2015 年国民经济和社会发展统计公报[EB/OL]. 国家统计局门户网站，http://www.stats.gov.cn/tjsj/zxfb/201602/t20160229_1323991.html[2016-02-29].

实际增长 6.9%。按常住地分，城镇居民人均消费支出为 21 392 元，增长 7.1%，扣除价格因素，实际增长 5.5%；农村居民人均消费支出为 9223 元，增长 10.0%，扣除价格因素，实际增长 8.6%。①

与此同时，2015 年末全国参加城镇职工基本养老保险的人数为 35 361 万人，比上年末增加了 1236 万人。参加城乡居民基本养老保险人数为 50 472 万人，增加 365 万人。参加城镇基本医疗保险人数为 66 570 万人，增加 6823 万人。其中，参加职工基本医疗保险人数为 28 894 万人，增加 598 万人；参加城镇居民基本医疗保险人数为 37 675 万人，增加 6225 万人。参加失业保险人数 17 326 万人，增加 283 万人。2015 年末全国领取失业保险金人数 227 万人。参加工伤保险人数为 21 404 万人，增加 765 万人，其中参加工伤保险的农民工 7489 万人，增加 127 万人。参加生育保险人数为 17 769 万人，增加 730 万人。2015 年末全国共有 1708.0 万人享受城市居民最低生活保障，4903.2 万人享受农村居民最低生活保障，农村五保供养 517.5 万人。全年资助 5910.3 万城乡困难群众参加基本医疗保险。按照每人每年 2300 元（2010 年不变价）的农村扶贫标准计算，2015 年农村贫困人口 5575 万人，比上年减少 1442 万人。①

随着社会保障制度的不断完善，越来越多的大学生会加入创业的队伍，从而改变一味求稳的现状。当社会保障完善到一定程度的时候，也会缓解公务员考试火爆的现象，促使人才向创造财富的岗位上转变，而不是在分配财富的保守岗位上挤破头。

第三节　素质教育是关键

在当今的知识经济时代，各国都把人力资本放在重要的地位，知识经济时代的核心是具有获取知识的能力、运用知识的能力和创造新知识的能力，因此，教育的中心任务已不仅仅是培养学识广博的人才，而且要培养具备科学的思维、创

---

① 国家统计局. 2015 年国民经济和社会发展统计公报［EB/OL］.国家统计局门户网站，http：//www.stats. gov.cn/tjsj/zxfb/201602/t20160229_1323991.html［2016-02-29］.

新的精神、掌握不断摄取自己随时需要的知识的方法的劳动者。尽管我国对素质教育的呼声越来越高，但传统教育观念很难在短期内得到根本的转变和突破，如分数高低决定学生优劣的质量观，学历高低决定人才水平的才能观，单纯教授书本知识的教学观，听话就是好学生的品行观等，这些陈旧的观念都严重制约着对学生的创新、创造、创业精神的培养。很多高校专业设置滞后，培养的大学生不能适应社会发展对人才的需求，教学内容陈旧、教学方法落后、教学模式单一，这样的教育体系培养出来的人才趋于保守，缺乏创新精神和创业能力，创业素质和心理品质都较缺乏。

从我国 15 岁及以上人口接受高等教育的数量来看，2010 年达到 157.51 万人，其中非学位课程 44.99 万人，学位课程 112.52 万人，随后逐年增长，到 2014 年达到 189.36 万人，其中非学位课程 49.72 万人，学位课程 139.64 万人；从该指标的占比来看，2014 年达到 29.8%，其中非学位课程占 7.81%，学位课程占 21.99%[①]。由此可以看出，我国人力资源非常丰富但人口素质相对欠缺，教育事业有待进一步发展。

因此，政府部门尤其要加大对教育的投资力度，只有加大投资才能加大开发，否则，我国有人力资源优势，却无人力资本优势，或者说只有人力资源的数量优势，而无人力资源的素质优势。教育是人力资源开发的一个基本途径，也是人类掌握知识和技能的手段，科学的教育应保证受教育者在具备基本素质的基础上充分开发自己的潜能。在现代社会中，教育作为人力资源开发的手段应该贯穿于人的一生，即包括基础教育、高等教育、就业后的培养和继续教育。对于大学生来说，基本素质决定了他们属于相对较高层次的人力资源，如何让他们的能力、创造力、积极性和潜力都得到很好的发挥和挖掘，充分发挥他们在国家经济社会发展中应有的作用，政府和高校在其中将起到重要的作用。

从创业模式来看，大学生在校期间创业影响学业，休学创业需要大学生对自己的创业计划及自身能力有较大把握，刚毕业创业缺乏社会经验，只有毕业以后，各方面积累达到一定程度，对自己也有一个准确的定位，才能确定是否适合创业。这种模式对于高等教育没有任何影响，创业者在完成学业的基础上，有一点社会经验积累，自身素质会有较大提高，这对创业成功有很大的促进作用。

---

① 国家统计局. 中国统计年鉴-2015. 北京：中国统计出版社. 2015.

　　创业的根本目的是为了经济效益，但对于大学生而言，如果过分注重经济效益，就会影响到学业，而且在校期间如果创业失败，还会给学校管理带来新的挑战。大学生创业必须有坚实的素质条件，基本理论和基本能力的积累是非常重要的，不能因为创业而影响学业。从这个角度出发，尽管创业有在校期间创业、休学创业和毕业后创业三种模式，本书最为赞成的却是毕业后创业。大学生毕业后能全面接触社会、接触市场，能够遵循市场规律，才能有的放矢，并且没有学业的牵挂，可以集中精力投入创业。大学生在校期间应将重点放在创业意识和创业素质的培养上，厚积薄发，创业才会成功。

第九章 实现职教学生创业梦的策略

第一节　强化社会责任

社会层面可以为大学生创业提供支持和服务：一是资金支持，纵观各国大学生创业事业的发展，充足的资金来源是强有力的后盾，政府要加大创业资金的支持力度，以有效支持大学生创业；二是管理指导，社会要有专门的机构来帮助大学生创业，提供管理咨询和指导；三是最好要通过法律法规的形式对大学生创业提供良好的创业环境。虽然我国 2008 年正式实施了《中华人民共和国就业促进法》，但并没有涉及创业的内容，事实上，没有创业，何来企业？没有企业，何来就业？可见创业是就业的源泉，有必要通过法律法规的形式为创业营造良好的社会环境。

一、多渠道提供资金支持

第一，政府要加大财政资金支持和统筹力度。各级财政要根据创业创新需要，统筹安排各类支持小微企业和创业创新的资金，加大对创业创新支持的力度，强化资金预算执行和监管，加强资金使用绩效评价。支持有条件的地方政府设立创业基金，扶持创业创新发展；在确保公平竞争的前提下，鼓励对众创空间等孵化机构的办公用房、用水、用能、网络等软硬件设施给予适当优惠，减轻创业者负担；完善普惠性税收措施；落实扶持小微企业发展的各项税收优惠政策；落实科技企业孵化器、大学科技园、研发费用加计扣除、固定资产加速折旧等税收优惠政策。对符合条件的众创空间等新型孵化机构适用科技企业孵化器税收优惠政策。按照税制改革的方向和要求，对包括天使投资在内的投向种子期、初创期等创新活动的投资，统筹研究相关税收支持政策。修订完善高新技术企业认定办法，完善创业投资企业享受 70%应纳税所得额税收抵免政策。抓紧推广中关村国家自主创新示范区税收试点政策，将企业转增股本分期缴纳个人所得税试点政策、股权奖励分期缴纳个人所得税试点政策推广至全国范围。落实促进高校毕业生、残疾人、退役军人、登记失业人员等创业就业税收政策。发挥政府的采购和支持作用。完善促进中小企业发展的政府采购政策，加强对采购单位的政策指导和监督检查，督促采购单位改进采购计划编制和项目预留管理，增强政策对小微企业发展的支持效果，加大创新产品和服务的采购力度，把政府采购与支持创业发展紧密结合起来。①

从创业资金来源看，我国大学生人数众多，在吸引社会资金时存在重重困难，像韩国那样仅仅依靠政府投入不太现实，政府可以大力发展风险投资行业，鼓励银行对大学生创业进行信用贷款，来间接支持大学生创业。政府还可以鼓励社会组织和公益团体设立职业教育大学生创业风险基金，以多种形式向自主创业的职业教育大学生提供资金支持，提升职业教育大学生创业成功率，确保扶持资金的使用效益。有关部门要以认真负责的态度，坚持正确的发展方向，把服务青年创业的各项工作落到实处；要维护形象，以人为本，严格按照"管理制度化、流程程序化、业务规范化"的要求，始终把服务青年创业工作放在重要位置，做到立足青年，支持青年，服务青年；要多办实事，充分发挥职能，为青年创业提供更有效的投融资支持，使创业的青年在这里可以得到方便、详尽的创业培训和项目信息；使已经创业的团队或个人，享受到更好的技术成果推广、融资协调等服务。

相关部门要有效运用总体规划、政策引导等手段，以及税收金融、财政转移支付等杠杆，加强对职业教育发展的统筹协调和分类指导，完善分级管理、政府统筹、社会参与的管理体制。地方政府要整合财政和社会资金，支持职业教育大学生创新创业活动，切实承担主要责任，结合本地实际推进职业教育改革发展，探索解决职业教育发展的难点问题。从全国历年教育经费情况可以看出，政府对于教育经费的投入，是逐年快速递增的，从 1992 年的 7 287 506 万元，到 2003 年的 38 506 237 万元，到 2013 年的 244 882 177 万元，无论是绝对值还是增长速度，都是很可观的。与此同时，民办学校中举办者投入的教育经费也是快速增长的，从 2000 年的 858 537 万元，到 2013 年的 1 474 089 万元；值得留意的是，社会捐赠经费从 2000 年的 1 139 557 万元，到 2013 年的 855 445 万元，有减少的趋势，当然，这也是受教育扩招逐渐减缓的影响，如表 9-1 所示。

---

① 国务院. 关于大力推进大众创业万众创新若干政策措施的意见[EB/OL]，国发〔2015〕32 号. 中国政府网，http://www.gov.cn/zhengce/content/2015-06/16/content_9855.htm[2015-06-11].

表 9-1　全国历年教育经费情况表　　　　（单位：万元）

年份	合计	国家财政性教育经费	民办学校中举办者投入	社会捐赠经费	事业收入	其他教育经费
1992	8 670 491	7 287 506		696 285		
1995	18 779 501	14 115 233	203 672	1 628 414		
2000	38 490 806	25 626 056	858 537	1 139 557	9 382 717	1 483 939
2001	46 376 626	30 570 100	1 280 895	1 128 852	11 575 137	1 821 643
2002	54 800 278	34 914 048	1 725 549	1 272 791	14 609 169	2 278 722
2003	62 082 653	38 506 237	2 590 148	1 045 927	17 218 399	2 721 943
2004	72 425 989	44 658 575	3 478 529	934 204	20 114 268	3 240 414
2005	84 188 391	51 610 759	4 522 185	931 613	23 399 991	3 723 842
2006	98 153 087	63 483 648	5 490 583	899 078	24 073 042	4 206 736
2007	121 480 663	82 802 142	809 337	930 584	31 772 357	5 166 242
2008	145 007 374	104 496 296	698 479	1 026 663	33 670 711	5 115 225
2009	165 027 065	122 310 935	749 829	1 254 991	35 275 939	5 435 371
2010	195 618 471	146 700 670	1 054 254	1 078 839	41 060 664	5 724 045
2011	238 692 936	185 867 009	1 119 320	1 118 675	44 246 927	6 341 005
2012	286 553 052	231 475 698	1 281 753	956 919	46 198 404	6 640 278
2013	303 647 182	244 882 177	1 474 089	855 445	49 262 087	7 173 384

资料来源：中国统计年鉴-2015

同时，要加快政府职能转变，减少对学校教育教学具体事务的过多干预，发挥好政府保基本、促公平的作用，着力营造制度环境、制定发展规划、改善基本办学条件、加强规范管理和监督指导等；充分发挥职业教育工作部门联席会议制度的作用，形成工作合力；进一步健全公平公正、多元投入、规范高效的职业教育国家资助政策；逐步建立职业院校助学金覆盖面和补助标准动态调整机制，加大对农、林、水、地、矿、油、核等专业学生的助学力度；有计划地支持集中连片特殊困难地区内限制开发和禁止开发区初中毕业生到省（自治区、直辖市）内外经济较发达地区接受职业教育；完善面向农民、农村转移劳动力、在职职工、失业人员、残疾人、退役士兵等接受职业教育和培训的资助补贴政策，积极推行以直补个人为主的支付办法。有关部门和职业院校要切实加强资金管理，严查"双重学籍""虚假学籍"等问题，确保资助资金有效使用。

职业教育大学生创业是一个长远规划，政府要引导高校联合成立创业园区，在资金筹措方面，借鉴国外经验，寻求社会企业捐助与合作，只有社会整体关注并参与大学生创业事业，才会有多渠道的资金投入保障创业园区的建设和发展。大学生通过创业园区的锻炼，走进市场，参与竞争，力争将知识运用到实践中去，在市场的浪潮中得到锻炼和成长。

二、提供全面的管理咨询和指导

当前要进一步推进政府职能转变，扭转职能重复、职责不清、彼此脱节的现象，建立高效政府、服务政府和责任政府，构建有利于大学生创业的政府激励机制。要充分发挥市场机制的作用，引导社会力量参与办学，扩大优质教育资源，激发学校发展活力，促进职业教育与社会需求紧密对接。坚持改革推动，加快实施创新驱动发展战略，充分发挥市场在资源配置中的决定性作用和更好地发挥政府作用，加大简政放权力度，放宽政策、放开市场、放活主体，形成有利于创业创新的良好氛围，让千千万万创业者活跃起来，汇聚成经济社会发展的巨大动能。我国是创业元素缺乏、创新相对不足的国家，政府必须要有强烈的意愿来推动，主要体现在做好政府方面的投入、鼓励、引导和服务工作；不断完善体制机制、健全普惠性政策措施，加强统筹协调，构建有利于大众创业、万众创新蓬勃发展的政策环境、制度环境和公共服务体系，以创业带动就业，以创新促进发展。

另外，要通过政府推动、市场引导，牢固确立职业教育在国家人才培养体系中的重要位置，加强行业部门对本部门、本行业职业教育的指导，统筹发展各级各类职业教育，坚持学校教育和职业培训并举。由于大学生并非我国现有创业大军的主体，因此，国家专门针对大学生创业的特殊政策基本没有，我国已经颁布了《个人独资企业申报办法》，两部委关于 2003 年高校毕业生从事个体经营的有关 17 项收费优惠政策等法规也已出台，填补了大学生创业的政策空白，但是，这些政策还存在可操作性不强、政府服务意识不够等问题，导致这些优惠政策大打折扣。这就使得大学生在走向创业道路时是和社会经验丰富的创业者站在同一起跑线上，创业比较困难。同时，社会保障制度不够完善，难以解除大学生求稳的顾虑，难以承担失败的后果。由此，政府有关部门应设立相应的创业咨询服务机构，帮助大学生解决创业中面临的种种问题，在大学生中树立"创业光荣、创业有为、创业发展"的时代理念，加大对大学生创业的支持和服务力度。

三、营造良好的创业环境

在社会层面，相关部门要为大学生提供良好的创业环境。国务院《关于大力推进大众创业万众创新若干政策措施的意见》明确指出：坚持深化改革，营造创业环境。通过结构性改革和创新，进一步简政放权、放管结合、优化服务，增强创业创新制度供给，完善相关法律法规、扶持政策和激励措施，营造均等普惠环境，推动社会纵向流动。要积极营造创业的社会舆论及制度环境，搭建创业平台，采取有效措施，从工商登记、税收优惠、资金支持等方面入手，积极鼓励并扶持毕业生自主创业和创办经济实体，为社会创造更多的就业岗位。坚持需求导向，释放创业活力。尊重创业创新规律，坚持以人为本，切实解决创业者面临的资金需求、市场信息、政策扶持、技术支撑、公共服务等瓶颈问题，最大限度释放各类市场主体的创业创新活力，开辟就业新空间，拓展发展新天地，解放和发展生产力。坚持政策协同，实现落地生根。加强创业、创新、就业等各类政策统筹，部门与地方政策联动，确保创业扶持政策可操作、能落地。鼓励有条件的地区先行先试，探索形成可复制、可推广的创业创新经验。坚持开放共享，推动模式创新。加强创业创新公共服务资源开放共享，整合利用全球创业创新资源，实现人才等创业创新要素跨地区、跨行业自由流动。依托"互联网+"、大数据等，推动各行业创新商业模式，建立和完善线上与线下、境内与境外、政府与市场开放合作等创业创新机制。①

对于大学生创业来说，政府要努力为大学生创业营造一个公平的创业环境，使他们在创业时能真正获得机会平等、权利平等和规则平等的大致相同的发展机会，能够平等地参与市场竞争和经济活动，依靠法律和体制来维护自己的正当权益；要完善公平竞争的市场环境，进一步转变政府职能，增加公共产品和服务供给，为创业者提供更多机会；建立和规范企业信用信息发布制度，制定严重违法企业名单管理办法，把创业主体信用与市场准入、享受优惠政策挂钩，完善以信用管理为基础的创业创新监管模式；逐步清理并废除妨碍创业发展的制度和规定，打破地方保护主义；加快出台公平竞争审查制度，建立统一透明、有序规范的市场环境；依法反垄断和反不正当竞争，消除不利于创业创新发展的垄断协议

---

① 国务院. 关于大力推进大众创业万众创新若干政策措施的意见[EB/OL]，国发〔2015〕32 号. 中国政府网，http://www.gov.cn/zhengce/content/2015-06-16/content_9855.htm[2015-06-11].

和滥用市场支配地位及其他不正当竞争行为；清理规范涉企收费项目，完善收费目录管理制度，制定事中事后监管办法；加快实施工商营业执照、组织机构代码证、税务登记证"三证合一""一照一码"，落实"先照后证"改革，推进全程电子化登记和电子营业执照应用；支持各地结合实际放宽新注册企业场所登记条件限制，推动"一址多照"、集群注册等住所登记改革，为创业创新提供便利的工商登记服务。

另外，要建立市场准入等负面清单，破除不合理的行业准入限制；开展企业简易注销试点，建立便捷的市场退出机制；依托企业信用信息公示系统建立小微企业名录，增强创业企业信息透明度；加强创业知识产权保护；研究商业模式等新形态创新成果的知识产权保护办法；积极推进知识产权交易，加快建立全国知识产权运营公共服务平台；完善知识产权快速维权与维权援助机制，缩短确权审查、侵权处理周期；集中查处一批侵犯知识产权的大案要案，加大对反复侵权、恶意侵权等行为的处罚力度，探索实施惩罚性赔偿制度；完善权利人维权机制，合理划分权利人举证责任，完善行政调解等非诉讼纠纷解决途径；加快完善创业课程设置，加强创业实训体系建设；加强创业创新知识普及教育，使大众创业、万众创新深入人心；健全创业人才培养与流动机制，把创业精神培育和创业素质教育纳入国民教育体系，实现全社会创业教育和培训制度化、体系化；加强创业导师队伍建设，提高创业服务水平；加快推进社会保障制度改革，破除人才自由流动制度障碍，实现党政机关、企事业单位、社会各方面人才顺畅流动；加快建立创业创新绩效评价机制，让一批富有创业精神、勇于承担风险的人才脱颖而出。[①]

党的十八大报告指出，要实施扩大就业的发展战略，促进以创业带动就业，完善支持自主创业、自谋职业政策，加强就业观念教育，使更多的劳动者成为创业者。这说明，从解决就业问题出发，鼓励创业已经成为我国重要的政策取向。政府对大学生创业的支持体现在创业环境的营造上，创业环境的功能在于鼓励创业、支持创业、服务创业、保护创业，形成一个创业型社会。创业环境的改善是大学生进行创业并获得成功的重要条件。但由于大学生并非我国现有创业大军的主力，政府的相关部门目前还没有形成一整套支持大学生创业的政策和法规。我国是有着五千年历史的文明古国，长期以来社会上存在着封建传统观念，虽历经

---

① 国务院. 关于大力推进大众创业万众创新若干政策措施的意见[EB/OL]，国发〔2015〕32号. 中国政府网，http://www.gov.cn/zhengce/content/2015-06/16/content_9855.htm[2015-06-11].

数千年岁月的沧桑，仍对现代社会有着巨大影响；尽管我国开始重视大学生创业，但仍没有形成崇尚创业、以创业为荣的社会环境，在我国社会存在的官本位、求稳怕风险的陈旧观念仍根深蒂固，严重影响了社会的价值取向。

从社会舆论来看，由于人们都有"从众"的心理现象，社会对大学生创业的看法会影响到大学生创业，有关宣传部门应加大对这方面的正面舆论引导，改变人们传统落后的观念，使得大家加深对创业的认识，以消除对创业风险的盲目畏惧，宣传创业的成功案例，以激发社会的创业热情。创业是一项系统工程，仅仅依靠大学生群体是不够的，必须在全社会形成一种鼓励创业、向往创业、对创业失败者宽容的良好氛围，才能为在全国范围内形成一种创业热潮做好准备。正确导向的社会舆论能对大学生创业起到积极的推动作用，相反，则会阻碍大学生创业的进程。

第二节　改变家庭观念

家庭是大学生成长过程中的第一所学校，父母是子女最好的教师，因此，家庭对大学生创业的影响是最深刻、最直接的。国内教育就业调查公司麦可思的调查研究发现，来自不同家庭阶层的大学毕业生在高考录取分数、就读学校、就业率、求职难度、自主创业等方面存在着差异。麦可思将大学毕业生的家庭所处的社会阶层聚类为五大类：管理阶层（包括国家与社会的管理者、企业经理人员、私营企业主）、产业与服务业员工（包括个体工商户、商业服务员工、产业工人）、专业人员（包括专业与技术人员、办事人员）、农民与农民工（包括从事农业的劳动者、农民工）和无业与退休人员（包括城乡无业失业人员、已退休人员）。调查结果显示：来自"私营企业主""企业经理人员""个体工商户"等家庭的毕业生的自主创业比例最高。大学毕业生创业受其家庭的企业家文化影响较大，家庭对大学生创业的影响主要有两个方面[①]。

---

① 调查显示：父母无业失业子女就业最困难[EB/OL].人民网，http://edu.people.com.cn/GB/79457/10102677.html[2014-08-15].

一、大学生创业价值观的形成

家庭对大学生价值观的影响是首位的、长期的，家庭成员自身的价值观会在很大程度上影响到子女，尽管大学生的生理年龄早已成熟，但心理上还很稚嫩，家庭对创业者的鼓励，会帮助他们在创业的道路上有更好的发展。我国是农业大国，很多大学生来自农业家庭，父母的受教育程度有限，对创业的认识有限，比较容易考虑眼前利益和个人利益。如果家庭教育鼓励孩子大胆尝试、勇于创新，则大学生对创业的态度会更乐观、更积极；如果父母对子女的要求较为保守、传统，这样的大学生在为人处事上比较谨小慎微，涉足创业领域的可能性较小。家庭是大学生成长过程中的第一所学校，父母是孩子的第一个老师，如果父母在进行家庭教育时鼓励孩子大胆尝试、勇于创新，则大学生的创业态度会改善很多。

二、家庭经济状况影响大学生创业

一般来说，家庭经济状况较好的大学生在创业时不用过于担心资金来源，父母可以出资使其进行锻炼；更多的家庭经济状况一般，难以承受创业失败的损失，则不愿或者只愿从事投入小、风险小、见效快的行业。《2016 年中国大学生就业报告》相关信息显示：大学生自主创业资金主要靠父母亲友或个人积蓄。2015 届毕业生自主创业的资金主要依靠父母/亲友投资或借贷和个人积蓄（本科78%，高职高专75%），而来自商业性风险投资（均为3%）、政府资助（本科4%，高职高专3%）的比例均较小。2015 届本科毕业生自主创业的主要风险因素为缺少资金（28%），其次是市场推广困难（26%）、缺乏企业管理经验（24%）。2015 届高职高专毕业生自主创业的主要风险因素也是缺少资金（29%），其次是缺乏企业管理经验（25%）、市场推广困难（21%）。当然，随着社会经济体制的逐步完善，有望进一步加大非家庭资金参与大学毕业生创业。[①]

在传统观念上，很多家长对大学生创业根本无法接受，认为这是没本事、没出息的表现，家长的这种想法很容易扼杀大学生的创业激情和进取心。因此，家长要转变创业不如就业的观念，支持大学生自主创业，并提供帮助和建议，协助

---

① 麦可思研究院. 就业蓝皮书：2016 年中国大学生就业报告. 北京：社会科学文献出版社，2016.

大学生迈出成功的创业步伐，成为大学毕业生自主创业的坚强后盾；要学会利用社会为大学生创业提供的优惠条件，鼓励大学生勇敢地走出创业的第一步，即便是仅从经济角度考虑，创业成功可以在很大程度上改善家庭经济状况，这是一种最有效的途径。事实上，很多伟大的创业者，正是因为当初家庭经济状况过于恶劣而不得不走上创业之路，所以说，家庭经济状况其实是一把双刃剑，既有可能扼杀大学生创业的想法，也有可能激励大学生勇敢地迈出创业的步伐。

第三节 提升教育质量

一、转变教学方式，重视素质教育

1998年10月，联合国教科文组织明确提出："高等学习，必须将创业技能和创业精神作为高等教育的基本目标"，要使毕业生"不仅成为求职者，而且逐渐成为工作岗位的创造者"。国家和学校要"实行开放政策，以便培养更多不同类别的人"；教师"不应仅仅传授知识，而且必须把重点放在教学生如何学习，如何发挥主动精神上"，学生则需要培养自己"在多元文化环境中能独立思考和协同工作"，能够将"传统或当地的知识和技能与先进的科学技术结合以产生创造力"。[①]这一理念的提出，对我国当前加强素质教育，进一步深化教育体制改革，具有十分重要的现实指导意义。

价值引领、思维启迪、品格塑造是学校和教师的三大核心任务。其一，要改善教师教学方式，可以通过对教学过程的系列研究，同步规划职业教育与经济社会发展，协调推进人力资源开发与技术进步，推动教育教学改革与产业转型升级衔接配套。其二，要突出职业院校办学特色，强化校企协同育人。其三，要鼓励教育研究者和教师开发更多促进学生核心素养生成的教学模式，努力把学生培养成为知识丰富、思维深刻、人性善良、品格正直、心灵自由的人。无论是传递知

---

① 转引自胡电喜. 在创业实践教育中培养大学生的企业家精神[J]. 玉溪师范学院学报，2013，29（2）：63-66.

识、开拓思维、组织活动，还是互动交流，教师在设计和组织教学时，都要将传统的"以知识点为核心"的教学，转变为"以核心素养为导向"的教学。其四，要服务经济社会发展和人的全面发展，推动专业设置与产业需求对接，课程内容与职业标准对接，教学过程与生产过程对接，毕业证书与职业资格证书对接，职业教育与终身学习对接，重点提高青年就业能力。具体而言，需要体现以下三个着力点。

第一，由"抽象知识"转向"具体情境"，注重营造学习情境的真实性。经济合作与发展组织（OECD）在"素养的界定与遴选"（Definition and Selection of Competencies：Theoretical and Conceptual Foundations，DeSeCo）项目中指出，核心素养着力解决的是提高学生面对复杂情境下的问题解决能力，使之能够适应飞速发展的信息时代和复杂多变的未来社会[①]。传统教学以学科知识点为核心，传授的知识往往过于抽象，难以形成解决实际问题的能力。真实世界中的问题情境往往更加复杂多元，教师在教学中需要注意把抽象问题与真实情境相结合，为学生创设能够利用所学知识解决真实问题的机会。

第二，由"知识中心"转向"能力（素养）中心"，培养学生形成高于学科知识的学科素养。学科知识在学生学习和成长当中扮演着重要角色，通过学习学科知识，学生的智能、品德、价值观都打上了学科的烙印，这个过程就是学科素养形成的过程。然而，目前过于强调学科知识的教学，弱化了由知识转化为学科素养和能力的过程。要扭转知识本位的思想，就一定要在把知识转化、内化和升华为能力与素养上下足工夫。每个学科对学生的发展价值，除了一个领域的知识以外，应该能够提供一种唯有在这个学科的学习中才可能获得的经历和体验；提供独特的学科美的发现、欣赏和表达能力。所以，教师需要确立"通过知识获得教育"的思想而不是确立"为了知识的教育"的思想。学科学习的最终目的应该是形成高于学科知识的学科素养。[①]

第三，由"教师中心"转向"学生中心"，促进学生主动学习和合作学习的意识与能力。提高学生学习的主动性，就是要把教学中心由"教"转向"学"。教师的重要作用体现在激发学生的学习兴趣、引导学生自主学习和培养学生的合作学习意识之上，从而达到教育的最终目标——培养学生具有终身学习的能力。

---

① 姜宇，辛涛，刘霞，等. 基于核心素养的教育改革实践途径与策略[J]. 中国教育学刊，2016，（6）：29-32.

开展"以学生自主活动为主"的课堂教学，不仅要求教师让学生独立自主地进行探究，更重要的是，要求教师以学生学习为主线，关注学生的问题生成、实践、操作、思维转化、问题解决的全过程，指导并促进他们由浅入深、由表及里地进行学习探索，进而形成独立思考、实践和学习能力，而不仅仅是放手让学生自学。同时，要逐步考虑建立从小学到大学的一系列素质教育，从小培养学生的创新精神。创新精神不是仅靠大学阶段的教育就能够完成的，应该是我国家庭教育和大学前教育不断培养学生的一种创业理念，培养他们的创新精神，从小锻炼学生的实践动手能力，这样才有助于大学毕业生走向成功的创业之路。

二、完善创业教育

（一）加强创业教育的必要性

1. 从世界范围看，创业教育已成为潮流

联合国教科文组织发表的《21 世纪的高等教育：展望与行动世界宣言》明确提出[①]：培养创业技能与主动精神，应成为高等教育主要关心的问题，毕业生将越来越不仅仅只是求职者，而首先将成为工作岗位的创造者。实施创业教育早在 20 世纪 70—80 年代就得到西方国家的重视，发达国家创业教育早在基础教育阶段就开始实施。我国创业教育起步较晚，对大学生的创业教育还很薄弱，我们重视创业教育，不仅仅是因为大学生就业困难，更是因为创业教育本来就是高等教育的职责所在。我国于 2002 年开始推行创业教育的实质性工作，这些试点院校的做法主要是：顺应创业教育的要求，加大对第一课堂教学的改革力度；重视创业教育的课程，教会学生如何创业；建立创业基地，为大学生提供创业咨询服务和一定的资金资助，支持大学生进行创业实践。但是，我国高校还没有真正确立创业教育的新理念，还没有把培养大学生的创业能力作为一种新的教育目标、新的人才培养模式和教育改革的方向，绝大多数高校仍是在培养学术性人才，连就业的目的都没有被纳入教学，更没有真正地进行创业教育。因此，真正有能力并有意识进行创业的大学生并不多。所以，我国应在高等学校开展创业教育，培

---

① 联合国教科文组织. 21 世纪的高等教育:展望和行动世界宣言[R]. 巴黎：世界首届高等教育大会[1998-10-05].

养大学生的创业精神。

2. 以创业带动就业

深化高等学校创新创业教育改革，是国家实施创新驱动发展战略、促进经济体制增效升级的迫切需要，也是推进高等教育综合改革、促进高校毕业生更高质量创业就业的重要举措。我国"十二五规划"把扩大就业摆在经济社会发展的突出位置，党的十八大指出，到2020年我国要进入创新型国家行列，要实施扩大就业的发展战略，促进以创业带动就业。在高等教育大众化的今天，高校要在建设创新型国家和促进大学生以创业带动就业方面发挥积极作用，因此，培养创新创业人才，是高校贯彻十八大精神的具体体现，也是高校的使命，是高校培养人才功能的体现。

我国对于就业工作常抓不懈，取得了一定的成效，但同时我们也看到，城镇登记失业人数呈现出上升趋势，30年来登记失业总人口翻了1倍还多，就业压力明显。在众多解决就业难题的方案中，以创业带动就业从来就是最有效的选择，只是往往在实施中效果打了折扣。这就需要高校转变教育观念，培养的大学生不仅仅只是就业岗位的竞争者，还应成为就业岗位的创造者，大学生的创业活动将不仅带动就业，而且有利于营造全社会崇尚创新创业的精神，为创新型国家建设起到示范和引领的作用。大学生的就业能力、创业能力的培养是高校核心竞争力的重要组成部分，因此，围绕大学生就业能力和创业能力培养的教育将为满足社会现实需求提供有效的解决方案。

3. 创业教育是大学服务社会的新途径

高校扩招后，高校培养人才的模式从精英转为大众化，培养重点已经从塑造性格转移到专业技术培养，高等教育开始关注大部分人如何为经济社会生活做好准备，而面向所有的人，高校关注如何最大限度地提高他们对迅猛发展的社会变革的适应能力。随着我国经济社会的发展和改革开放的深入，高等教育的运行机制将会更具活力，学校在师资、生源、毕业生就业、经费等方面将面临更激烈的竞争。高校的人才培养模式、培养目标必须不断地创新才能适应社会需要。近年来，高校创新创业教育不断加强，取得了积极进展，对提高高等教育质量、促进学生全面发展、推动毕业生创业就业、服务国家现代化建设发挥了重要作用。创业教育从全新的视角为高校教学提供了新的内容，为高校的改革与发展创造了新的机遇，使得高校在管理体制、师资队伍结构、人才培养模式、教学方法和内容、学生管理等方面不断改进，使学校更具创新性和活力，以适应经济社会发展和参与世界高等教育竞争。

（二）完善创业教育的五个途径

对大学生开展创业教育，必须根据创业的特点进行。首先，创业是一种开拓性、创造性的劳动，往往需要走前人未走过的道路才可能取得成功，开拓创新是成功的关键；其次，创业是一种理论与实践相结合的活动，创业者必须真刀实枪地干，而不是纸上谈兵；最后，创业也是一种十分复杂和艰苦的劳动，创业目标的确定和创业奋斗的过程，都需要创业者具备比较优秀的素质。因此，高校通过开展创业教育，可以使大学生在善于观察、勤于思考、具有远见卓识和丰富的想象力，以及丰厚的知识、丰富的经验和扎实的技能等多方面得到锻炼，培养他们的理想、抱负、信念、意志、毅力等创业非智力因素，为毕业后能担负起重任创造条件。

1. 加强大学生创造性思维培养

创造性思维是创造力的源泉，是创业成功的关键，是创业意识的决定因素。创造性思维不是先天的，是通过教育获得的。在日常教学工作中，教师不仅要求同存异，更要善于积极引导大学生敢于发表不同观点，鼓励其提出创新性的观点，引导大学生开发自己的思想潜能，增强自己的创造性思维，为形成创业意识打下基础。现在的大学生大都是"90后"甚至"00后"，从小缺乏吃苦精神，基本上没有经历过逆境和挫折，这也有现有教育体制和人才培养模式方面的原因。大学生接触社会的机会很少，普遍缺乏创新精神，要改革教育思路，从培养方法上鼓励学生独立开辟人生道路，培养学生敢于竞争、坚忍不拔的精神。一个人从事什么样的工作，很大程度上受制于其个性品质，如独立性、适应性、合作性等。高校开展创业教育的关键是要改变学生被动接受就业的局面，教会学生主动创业，既要鼓励学生敢于去偏远的地区、冷门的行业创业，也要支持学生学会自主创业、自我发展，从而培养学生具有创业的胆量、勇气和开拓精神。

2. 构建创业课程模块

我国高校专业设置长期受计划经济的影响，过分强调学科的发展要求，忽视了产业结构调整的需要和社会对人才的需求，缺少对专业设置的合理规划，在人才培养方面存在比例失调、专业设置与社会需求脱节等问题。因此，高校要开设相应的创业课程，采用案例研究、混合讨论、模拟创业等多种形式，通过开放的课堂形式，使学生了解创业，热爱创业。在学分政策上，高校要为完成创业实践课程的学生适当地加分，引导学生积极参与创业教育和实践。另外，要通过创业论坛、创业报告会等多种形式，引导大学生改变保守的观念，增强创业意识；通过开展系统的创业素质、技能培训，有针对性地组织他们到企业参观、见习、勤工俭学。

同时，高校要构建符合职业教育学生特点的创业课程模块，以创业学科体系为基础，将创业教育与思想政治教育、技能教育紧密结合，以创业教育为龙头，创新教育方式方法，要特别注重创业课程与实践的相互渗透。课程模块设置要注意创新性和实用性，切实从学生自身实际情况出发，无论是作为必修课还是选修课，都必须结合实践活动进行，着眼于学生基本素质、创新意识的培养。另外，要注重学科之间的交叉渗透，因校制宜，逐步建立起较为完善的创业课程体系。在具体操作上，创业课程模块可以分三块内容进行：创业精神、创业知识和创业实践，以创业精神为引领，将创业知识和创业实践深度融合在一起，并不断对其进行完善和发展。

3. 加强创业课程师资配置

职业院校开展创业教育的关键，是要有合适的师资队伍。目前，高校创业教育师资不足是一种普遍现象，这严重制约了学生创业能力的提高。高校自身应加强教师创新创业教育教学能力建设，将提高职业教育教师创新创业教育的意识和能力作为重点予以关注，从教师岗前培训到后期进修，以及制定职业教育教师到相关行业企业挂职锻炼制度，全程提升教师的创新创业教育的能力。承担创业教育任务的教师不仅要教给学生创业必备的知识，更重要的是能通过互动式教学，从思想深处激发学生创业的欲望，调动他们的潜能。

高校要采用多种形式配置创业课程师资队伍，可以通过"走出去"和"请进来"的方式完善职业教育创业实践教师队伍的建设。一方面，高校要加强对专职创业教育师资的培训，提高创业理论水平，并给予其一定的锻炼机会，提高创业实践感知。只有教师深刻掌握创业的内涵，才能更好地教会学生创业技能，要明确职业教育教师创新创业的基本责任，修改专业技术职务评聘和绩效考核标准，加强创新创业教育的考核评价，选派优秀教师去企业蹲点实践，并建立定期考核、淘汰制度。另一方面，高校可以邀请行业企业一线技能专家来学校讲课，把最前沿的信息、成果、经验传授给在校师生，以激发大学生的创业兴趣，让学生直接体味到来自实践的真知灼见，聘请各行各业的优秀人才，担任专业课、创新创业课授课或指导教师，并制定切合实际的兼职教师管理制度规范，建设优秀创新创业导师人才库。没有一支具有创业意识、创业精神和创业体验的教师队伍，创业教育的实施难有成效。美国高校的创业教师，必须具有创业经验，尽管我国也把一部分教师送出去培训，以期增加教师的实践经验，但效果往往不好，并没有从根本上解决创业教育师资队伍的建设问题。只有创业师资有保证，创业教育课程才会充满生机与活力，创业教育才能有实际效果。如果把创业活动的开展及创业实践基地的建设看作是创业实践教学环节的硬实力，那么创业实践教学师资队伍建设则是软实力。目前，我国高校教师由于自身缺乏创业实践经历，对学生进行实践指导时往往力不从心，所以各职业院校应加快完善高校科技成果处置和收益分配机制，支持教师以对外转让、合作转化、作价入股、自主创业等形式将科技成果产业化，并鼓励和带领学生创新创业。

4. 提升职业生涯规划教育质量

美国心理学家马斯洛提出的需要层次理论，是人本主义科学的理论之一。马斯洛将人类需求像阶梯一样从低到高按层次分为五种，分别是生理需求、安全需求、社交需求、尊重需求和自我实现需求[①]。人生的成功是在有限的时间内，通过特定的职业去谋求，如此不同的职业生涯规划就会决定不同的人生，要实现最高层次的自我实现，需要有科学合理的人生职业规划。

职业教育大学生职业生涯规划教育的目的，在于使大学生认清自身，寻找适合自身发展需要的职业，实现个体与职业的合理匹配，体现个体价值的最大化。可以说，职业生涯规划事关学生的一生，要帮助学生规划好未来的职业发展方向，职业院校应建立健全职业规划指导服务专门机构，要特别重视对有创业意愿学生的全程指导和持续帮扶，将创新精神和创业意识纳入职业规划课程的人才培养方案，帮助和教育学生了解自己的潜能和职业素质。职业院校应明确高职专科、应用型本科、专业学位研究生等不同层次学生的创新创业职业规划目标，联系相关行业企业参与制定专业人才目标评价标准，调整知识结构，加强实践技能培养，培养学生的综合素养，帮助有创新热情和创造性的职业院校学生做好创业准备，及早投身于创业实践，实现自我价值，达到职业生涯的高峰。

5. 为创业教育搭建实践平台

职业教育为企业输送具有创业素质的优秀人才，企业依靠这些优秀人才为社会提供更好的产品服务，在职业院校和企业之间存在的这种关系，为校企合作进

---

① 刘喆. 马斯洛的需求层次理论在高校实践教学上的应用[J]. 经济研究导刊，2013，（6）：310-312.

行创业教育提供了客观需要。职业院校要和企业建立良好的合作关系，开展多样化的实践性教学活动，使得大学生充分了解企业的运作，亲身感受企业精神，尤其是企业独特的价值观、运作规则、服务理念等，尽量为大学生的创业教育提供更加真实的舞台。高校实施创业教育当然离不开课堂教学，但同时也不能忽视实践教学。事实上，实践教学是我国创业教育和西方发达国家存在较大差距的地方，也是制约我国创业教育发展的瓶颈之一。创业教育不同于其他学科的教育，创业教育的实践性特点比较突出。我国很多大学毕业生缺乏创业过程的基本知识和技能，仅凭自己的热情和运气，往往导致创业以失败而告终。相比之下，国外的创业教育往往是和实践接轨的，比如，斯坦福大学很注重创业教育，通过产学研合作建立起来的硅谷成为斯坦福大学的实习实训基地和研究开发中心，为师生创新创业提供了广阔的平台。这种真实的创业环境激发了师生的创业热情，在这里，教师和学生都可以创办公司，或在公司兼职实习，将自己的研究成果转化为产品，增强创业自信心，无形之中也提升了创业能力。

如何打通创业实践教学环节，让学生在实践教学中培养创业能力、积累创业经验，成为我们当前开展创业教育急需解决的问题之一。要逐步形成大学生、学院、学校三级联动，形成学生开设创业工作室、学院建立创业中心、学校设立创业园这样系统的创业实践基地建设模式。学生创业工作室由大学生自发组建，以"虚拟公司"的方式运行，大学生以企业家的精神体验一个真正创业型公司的运作全过程，提高在实际操作中解决各种突发事件的能力。大学生创业中心的主要职能是服务和指导，为大学生创业工作室入驻学校的大学生创业园进行孵化和提升。学校的创业园其实就是创业孵化基地，为一些有前景、有潜力的创业项目提供一定的资金支持，并进行全程指导和专家咨询服务，力争使每一个进入创业园的创业项目变成企业、公司或转化为直接经济效益。

三、建设良好的创业文化氛围

在职业院校方面，学校要重视技能型人才的培养，并加强创新创业教育，深入实施大学生创业引领计划，整合发展高校毕业生就业创业基金；引导和鼓励高校统筹资源，抓紧落实大学生创业指导服务机构、人员、场地、经费等；引导和鼓励成功创业者、知名企业家、天使和创业投资人、专家学者等担任兼职创业导师，为大学生提供创业方案、创业渠道等创业辅导；建立健全弹性学制管理办法，支持大学生保留学籍休学创业；要提供正规化、制度化的创业指导服务，选择社会阅历较为丰富的教师作为指导教师，选择好的创业项目，并注意与社会接轨，为大学生创业提供桥梁。创业指导课程要结合职业规划进行，重视个性化指导，让大学生清楚自己的优势和劣势，对于自己适合做什么、不适合做什么有所了解，避免创业时的盲目性和随机性。在营造鼓励学生创新、创业的氛围方面，目前，国内做得比较好的是复旦大学，具体表现如下：首先，复旦大学为了方便学生创业，制定了学生可以休学创业的学籍管理办法；其次，复旦大学拨出上百万元的专项经费支持学生创业，鼓励学生进行科技创新，同时，复旦大学与上海市张江高科技园区合作，专门为学生设立较高的创业基金。这些措施分别从创业时间、创业资金和技术援助等方面对大学生创业提供了有力的支持，有着较高的推广价值。

大学生创业文化引领着全社会的创业文化建设。高校除了普遍认同的三大功能如人才培养、科学研究和社会服务之外，还有第四个功能，即文化引领。"大学从其诞生以来，聚集大量科技、文化精英，通过知识传播、知识创造，以及与社会的互动而对社会文化有着巨大的影响。也就是说大学具有与生俱来的、更为独特的、影响更为深远的引领文化的社会功能。"[1]大学生创业文化是高校文化的一个组成部分，对大学生创业素质的提升具有引导、塑造功能。高校应在校园里营造有利于学生良好个性发展的氛围，要在精神和舆论上将创业教育上升到为自己创造财富，为社会分忧，为国家做贡献的高度，使学生崇尚创业、鼓励创业、以自主创业为荣，让创业明星成为当代大学生心目中的榜样。

第四节　自我修炼成长

作为大学生自身，必须认真学习技能，加强社会实践，勇于犯错和吃苦，释放出创业激情，从实践和理论中不断完善自己，走向创业成功之路。大学生在校

---

[1] 李艳. 浅论现代大学引领文化的职能[J].学理论，2011，（1）：235-237.

期间也可以进行创业实践，每个大学生都应珍惜机会，利用一切机会锻炼自己。

一、担任学生干部，培养认知能力

从寝室长到班级委员，从学生会到团委及各类学生社团等，都是大学生锻炼的平台。学生干部在任期间，要争取全方位地策划、组织一次活动，甚至只是一次上台演讲的机会，这个过程都可以锻炼组织能力、协调能力、领导能力等。当学生干部不仅要组织活动，也要解决各类矛盾，人的经验、能力就在这些不起眼的活动中逐步得到锻炼、提高。就算只是担任寝室长，也要意识到，那是一个很锻炼人的机会，因为寝室是矛盾最为集中的地方，如何化解这些矛盾，需要较强的素质和能力。经历学生干部锻炼的人，将来从事创业成功的可能性会大大增加。另外，作为创业者，大学生必须要有较强的社会认知能力，即对自我、他人、周围事务之间的联系有客观、准确的判断和认识；要具备掌控自己情绪的能力，乐观自信、团队合作精神。自信是创业者必备的心态，自信的人才会有创业的欲望和冲动。但自信是建立在客观、准确认识自我基础上对自身能力的相信，妄自菲薄与妄自尊大都不可能成为创业成功者。创业者保持乐观的情绪，才能应对创业过程中的种种艰辛，才能沉着冷静地应付各种矛盾，创业者要乐观地面对成功的喜悦，也要乐观地走出失败的阴影。同时，创业不可能是孤军奋战的，创业者必须学会与人合作，社会上的个人都是各有优势、特点、性格的，创业者要学会认同他人，欣赏别人，也要宽容对待他人与自己的分歧。

二、参加勤工俭学进行社会实践

现在学校、社会留给大学生的勤工俭学的机会很多。在学校内部，为解决越来越多的贫困生的勤工俭学机会，各部门不断推出岗位。社会上的单位雇用大学生，虽然有廉价劳动力嫌疑，但对于大学生来说，仍然是一个走向社会、推销自己的好机会。不管是参加校内还是校外的勤工俭学，大学生都可以充分锻炼自己的综合能力。在打工的过程中，大学生在市场调研、销售、人力资源管理、财务管理、物流管理等各方面的能力都可以得到一定的锻炼，加上对照相关书籍的学习，逐渐积累经验，可以做到将理论和实践融合。虽然在实际打工过程中，大学生从事的是烦琐、重复性、低技术的工作，但也不能小看这些工作。社会实践是每个大学生必须经历的一个步骤，也是两课的内容之一，但是有相当一部分学生对此没有足够重视，敷衍了事。其实，社会实践是一个全面、系统锻炼自己能力的过程，在这个过程中，大学生可以提高策划、信息收集、提出问题、解决问题、交流、团队合作、写作等综合能力。社会实践需要有好的创意和项目，这一点和创业很相似。笔者曾经担任多年大学生暑期社会实践领队，参加团队的大多数学生表现积极，但也有个别学生只是以跟班形式参与，主动性不足，没有把自己真正融入其中，没有以提高个人能力为目的，显然是偏离了实践的宗旨，错失了一次全方位锻炼自己的机会。

三、参与学校科研，重视实习环节

参与学校设立的科研项目，特别是参与教师科研子项目的大学生，有更多接触项目主持人的机会。项目主持人和社会的接触相对较多，大学生能在项目主持人那里学到一些实践经验，增强社会阅历。对于学校组织的每年一次的大学生科技立项活动，大学生要积极参与。大学生参与科研，能增加其动手能力，增加把科技转化为生产力的机会，提高大学生创业的科技水平。对于大学生来说，实习更多的是进入企业，而企业实际上就是一个创业团队。职业教育大学生在实习的过程中，要积极主动，善于融入企业，感受并研究企业中的管理、生产、销售等一系列经验和不足，要善于从企业当中发现新的创业机会，给自己一个创业的点子，不要单纯为实习而实习；要注重锻炼并培养自己的创业能力，包括职业能力和经营管理能力。职业能力是人们从事其职业的多种能力的综合，是个体将所学的知识、技能和态度在特定的职业活动或情境中进行类化迁移与整合所形成的、能完成一定职业任务的能力，职业能力的高低直接影响到社会实践活动的效率和成败；经营管理能力是较高层次的创业能力，决定着社会实践活动的效率和成败，因此，高校要注重结果导向，培养学生的大格局和整体观念及善于突破常规思考的能力。

下 篇
应用型人才培养的模式改革

第十章 应用型人才培养模式现状及问题

第一节 应用型人才培养模式现状

我国存在人口多、底子薄、经济不够发达、职业教育起步晚等现实状况，尽管职业教育经过十多年的跨越式发展培养了大批职业技能型人才，为区域经济发展作出了一定贡献，但随着我国产业结构调整的加快，三种产业就业人员的比例已经发生明显变化，要实现下一步的经济发展目标，需要培养更多的应用型人才，这就对职业教育发展提出了更高的要求。在我国从人力资源大国向人力资源强国转变的过程中，职业教育必须从经济社会发展的全局出发，采取有力措施，加快应用型人才培养，并进一步提升应用型人才培养质量。

职业教育为区域经济发展服务，依托地方城市而生，在职业教育社会服务职能日益彰显的今天，职业教育培养的应用型人才只有投身于区域经济和社会发展服务的过程中，才能体现价值，进而影响职业教育的进一步良性发展。从世界发达国家职业教育发展的历史来看，服务区域经济、融合社会正是一所职业院校办学成功的主要标志。

《国家中长期教育改革和发展规划纲要（2010—2020 年）》（以下简称《纲要》）是 21 世纪我国第一个中长期教育改革和发展规划，是今后一个时期指导全国教育改革和发展的纲领性文件。《纲要》提出了 2010—2020 年我国教育改革和发展的战略目标：到 2020 年，基本实现教育现代化，基本形成学习型社会，进入人力资源强国行列。实现这一战略目标的基本标志是，实现更高水平的普及教育，形成惠及全民的公平教育，提供更加丰富的优质教育，构建体系完备的终身教育，健全充满活力的教育体制。要实现这一宏伟目标，需要包括学前教育、义务教育、高中阶段教育、职业教育、高等教育、继续教育、民族教育和特殊教育等在内的各教育层次共同为之奋斗。[①]

---

① 中国教育部. 国家中长期教育改革和发展规划纲要（2010—2020 年）[EB/OL]. 中国教育部网站, http://www.moe.edu.cn/publicfiles/business/htmlfiles/moe/moe_838/201008/93704.html[2016-07-29].

一、我国高等学历教育整体发展情况

根据《2015 年全国教育事业发展统计公报》，2015 年是"十二五"规划的收官之年，是《国家中长期教育改革和发展规划纲要（2010—2020 年）》实施的承前启后之年。全国教育系统全面贯彻党的十八大和十八届三中、四中、五中全会精神，深入学习贯彻总书记系列重要讲话精神，牢固树立新的发展理念，全面深化综合改革，主动适应经济发展新常态，全面推进依法治教，着力促进教育公平、着力提高教育质量、着力调整教育结构，加快推进教育现代化，教育改革发展迈上了新台阶。

近些年，高等职业教育获得了快速发展，从高等学历教育的角度可以看到高等职业教育发展的情况。2015 年，全国各类高等教育在学总规模达到 3647 万人，高等教育毛入学率达到 40%。全国共有普通高等学校和成人高等学校 2852 所，比上年增加 28 所。其中，普通高等学校 2560 所（含独立学院 275 所），比上年增加 31 所；成人高等学校 292 所，比上年减少 3 所。普通高校中本科院校 1219 所，比上年增加 17 所；高职（专科）院校 1341 所，比上年增加 14 所。全国共有研究生培养机构 792 个，其中，普通高校 575 个，科研机构 217 个。研究生招生 64.51 万人，比上年增加 2.37 万人，其中，博士生招生 7.44 万人，硕士生招生 57.06 万人。在学研究生 191.14 万人，比上年增加 6.37 万人，其中，在学博士生 32.67 万人，在学硕士生 158.47 万人。毕业研究生 55.15 万人，比上年增加 1.57 万人，其中，毕业博士生 5.38 万人，毕业硕士生 49.77 万人。普通高等教育本专科共招生 737.85 万人，比上年增加 16.45 万人；在校生 2625.30 万人，比上年增加 77.60 万人；毕业生 680.89 万人，比上年增加 21.52 万人。成人高等教育本专科共招生 236.75 万人，比上年减少 28.86 万人；在校生 635.94 万人，比上年减少 17.19 万人；毕业生 236.26 万人，比上年增加 15.03 万人。普通高等学校校均规模 10 197 人，其中，本科学校 14 444 人，高职（专科）学校 6336 人。普通高等学校教职工 236.93 万人，比上年增加 3.36 万人；专任教师 157.26 万人，比上年增加 3.81 万人。普通高校生师比为 17.73∶1，其中，本科学校为 17.69∶1，高职（专科）学校为 17.77∶1。成人高等学校教职工 5.13 万人，比上年减少 1629 人；专任教师 3.02 万人，比上年减少 1292 人。普通高等学校校舍总建筑面积 89 141.38 万平方米，比上年增加 2830.67 万平方米；教学科研仪器设备总值 4058.60 亿元，比上年增加 400.11 亿元。[①]

二、我国应用型人才培养情况

近年来，我国高等教育采取了内涵式与外延式相结合的发展方式，内涵式发展主要强调高等学校要提高人才培养质量、科学研究水平和社会服务能力，外延式发展主要强调高等学校要扩大办学规模、提升吸纳能力、满足教育需求。从长远来看，学术型与应用型大学并存的模式是高等教育发展的必然，许多发达国家或地区的经验也表明了这一点。英国的新大学和多科技术学院、美国的州立大学和社区学院、德国的应用科技大学，还有我国台湾的应用科技大学等，都给予我们发展应用型人才培养工作以重要启示，这也是在大众化发展阶段，我国高等教育进行结构调整和优化的必然选择。

从全国普通高等学校及教职工有关数据来看，截止到 2014 年底，我国普通高等学校有 2529 所，其中本科高校 1202 所（包含独立学院 283 所），高职高专院校 1327 所，其他普通高教机构 31 所，也就是说，高职院校的数量已经超过了本科院校，但从教职工人数和专任教师人数来看，本科院校的教职工为 1 703 121 人，专任教师为 1 091 654 人，而高职（专科）院校教职工只有 625 017 人，专任教师仅有 438 300 人，也就是说，高职院校尽管数量不少，但是规模偏小，如表 10-1 所示。

表 10-1　全国普通高等学校、教职工和专任教师情况表（2014 年）

项目	学校数（所）	教职工数（人）	专任教师（人）
普通高等学校	2 529	2 335 723	1 534 510
本科院校	1 202	1 703 121	1 091 654
#独立学院	283	183 308	136 303
高职（专科）院校	1 327	625 017	438 300
其他普通高教机构	31	7 585	4 556

注：独立学院包含于本科院校中
资料来源：中国统计年鉴-2015

---

① 2015 年全国教育事业发展统计公报[EB/OL]. 中国教育部网站，http://www.moe.edu.cn/srcsite/A03/s180/moe_633/201607/t20160706_270976.html[2016-07-06].

早在 2001 年 5 月，教育部就在长春市就应用型人才培养模式举行了专题研讨会，会上指出，发达国家早就开展了应用型人才培养，我们要迎头赶上，这既是追赶国际高等教育发展步伐的需要，也是我国经济和社会进步的要求。但当时受传统观念的影响，很多高校不愿意转型为应用型方向。随着高职高专教育的快速发展、经济社会对人才的需求对接越来越明朗，我国应用型人才培养层次的问题再一次面临改革。2014 年 3 月 22 日，教育部副部长鲁昕在中国发展高峰论坛发言上表示，600 多所地方本科高校将实行转型，向应用技术型转，向职业教育类转型，她还强调了技能型人才的高考和学术型人才的高考要分开等系列职业教育改革的问题[①]。近年来，美国出台了《重振美国制造业框架》，德国发布了《高科技战略 2020》，英国推出《高价值制造战略》，全球高端制造业正在向欧美回归，低端制造业向东南亚转移。今后，我国的制造业需要转为"创造业""智造业"。在这种情况下，我国应用型高校需要转变思想，研究近年来"产能过剩""进出口""企业走出去""一带一路""制造业"对教育的影响。因此，高校需要跟随国家经济的政策变化，研究其中的人才供给趋势，根据这些变化对培养计划进行及时调整，否则按原计划培养的学生一定是"学非所用"。

三、应用型人才的基本特征

随着高等教育大众化时代的来临，社会对应用型人才的需求远远大于对学术型人才的需求，与此同时，经济社会的发展也对应用型人才提出了更高的要求。从 1999 年以来，通过合并、升级等方式，全国新建的很多普通本科院校都定位于应用型人才培养，这就为应用型人才培养奠定了较好的基础和较高的起点。2012 年，教育部、财政部联合下发的《关于实施高等学校创新能力提升计划的意见》指出：要构建"政产学研用"五位一体的新型高等教育发展模式，鼓励协同创新[②]。这为高等职业教育培养应用型创新人才指明了方向。随后，教育部又颁布了《关于全面提高高等教育质量的若干意见》（高教三十条），指出要加大对

---

① 教育部副部长鲁昕：两种模式高考改革方案将出台[EB/OL]，搜狐教育网，http://learning.sohu.com/20140323/n397056792.shtml[2016-03-01].
② 中国教育部，中国财政部.关于实施高等学校创新能力提升计划的意见[EB/OL]. 中国教育部网站，http://www.moe.edu.cn/publicfiles/business/htmlfiles/moe/s6578/201408/xxgk_172765.html[2016-06-16].

应用型、复合型、技能型人才的培养力度，使各学科、各层次、各类型人才更好地适应国家战略需求和地方经济社会发展需要；把内涵式发展作为提高质量的核心要求，这为职业教育培养应用型创新人才的质量明确了具体要求[①]。

所谓应用型人才，就是把成熟的技术和理论应用到实际的生产、生活中的技能型人才，其实际上是这样一种人才：主要面向生产第一线，从事各种实际工作，了解一般的社会和自然的基本理论知识，对专业理论知识和技能有一定程度的掌握。这种人才是沟通基础学科和技术学科的桥梁，是连接科技与社会、理论与实践的纽带。应用型人才涉及的主要是能力问题，虽然也强调基本理论、基本知识，但更强调基本能力，即从事实际工作的各种应用能力和技能。从职业教育的角度出发，应用型人才具有以下三个主要特征：

第一，基础知识面广，结构合理。应用型人才强调知识的结构，围绕生产一线实际需要，特别强调基础、成熟和适用的知识，还要具有一定的人文、社会和自然科学知识，因而其结构比较合理。相对于学术型人才，应用型人才主要是相对忽略了对学科体系的强烈追求和对前沿性未知领域的高度关注。

第二，能力强，素质高。应用型人才由于基础知识结构合理，因而能力结构与素质结构也比较合理，能在本学科专业或相关学科专业内多方位地开展工作，有较强的适应、理解、探索和创新精神；在能力培养中特别突出对基本知识的熟练掌握和灵活应用，比较而言，对于他们的科研开发能力就没有更高的要求。

第三，上手快，后劲儿足。应用型人才不仅有专业技能，能够很快适应和满足职业岗位的需要，而且由于知识面广、结构合理，因而发展后劲儿也足。应用型人才的培养过程更强调与一线生产实践的结合，更加重视实践性教学环节如实验教学、生产实习等，通常将此作为学生贯通有关专业知识和集合有关专业技能的重要教学活动。

总之，应用型人才主要是应用知识而非科学发现和创造新知，社会对这种人才有着广泛的需求，在社会工业化乃至信息化的过程中，社会对这种人才的需求占有较大比例，应该是大众化高等教育必须重视的人才培养模式，也正是这种巨大的人才需求，为高等职业教育的发展提供了广阔的空间。应用型人才同样需

---

① 中国教育部. 全面提高高等教育质量的若干意见（高教三十条）[EB/OL].中国教育网络电视台网，http://www.centv.cn/folder1412/folder1416/2013/07/2013-07-1528910_2.html [2016-05-11].

经历一个复杂的培养过程，同样也能反映一所职业院校的办学质量①。

第二节　应用型人才培养模式问题

一、应用型人才培养没有得到应有的重视

高等教育大众化，是 20 世纪以来世界高等教育发展的主要潮流和必然趋势，高等教育规模的扩张和量的增长只是高等教育大众化的外显形式之一。更为重要的在于，高等教育由精英向大众的转变，意味着高等教育发展从理念到形式，从内容到管理方式，从人才培养到质量评价的全面的、深刻的变革。大众化意味着对传统精英教育模式的解构，承认高等教育的英才多元化、知识实用化、高等教育市场化和多样化，是高等教育大众化的真正内涵之所在。由于应用型人才培养是高等教育新的类型，实践中缺乏相应的理论指导，在发展过程中只片面追求"量"的提升忽视了"质"的发展。因此，对于我国的高等教育大众化发展，从国家政府层面和各教育行政管理部门而言，不能仅仅停留在对高等教育规模扩张量的目标追求之上，更为重要的是，要认识到高等教育规模的扩张必然带来的高等教育质的变革，并为已经开始和即将开始的变革做好思想和行为上的各种准备。

一般而言，经济和社会的发展，是发现规律、创新知识、转化应用、生产实践的过程，是一个从科学到技术再到生产的过程。根据人才在这个过程中所发挥作用的不同，可以将人才大致划分为不同的类型。从生产或工作活动的目的来分析，现代社会的人才可分为学术型（理论型）、工程型、技术型和技能型 4 类。按照联合国教科文组织于 1997 年颁布的世界教育分类标准，与普通高等教育培养学术型、工程型人才相对应，高等职业教育培养的是高等技术应用型人才②。理论型人才，主要是指那些富有创新能力和研究兴趣，在经济和社会发展过程中主要承担发现规律、创新知识的重任的人才；应用型人才，主要是指那些熟练掌

---

① 李桂霞，钟建珍，王立虹. 构建应用型人才培养模式的探索[J]. 教育与职业，2005，（20）：4-6.
② 段红红. 谈对应用型人才思想政治教育的针对性[J].教书育人，2010，（27）：94-95.

握社会生产或社会活动一线的基础知识和基本技能，承担转化应用、实际生产的任务，将专业知识应用于所从事的专业实践的技能人才。两者之间只是类型的不同，没有层次的差别，两者都是经济社会发展不可或缺的人才，从生产效益的角度来看，应用型人才的作用更为重要。

但是，不同于西方国家完备、完整的职业教育体系，我国的职业教育主要是培养熟练工人的中等职业教育和以技术员为主要培养目标的高等职业教育，人为地将职业教育层次限定在专科及以下层次，这就导致应用型人才培养的先天不足。我国社会存在重理论、轻实用和重视学历，以学历高低定社会地位的传统观念，而且国内的招生政策、就业政策等现实语境，造成职业教育低人一等，职业教育成为低层次、低水平的教育的同义语。这些都影响到了应用型人才的培养，背离了世界高等教育发达国家的高等教育的普遍发展趋势。但随着我国经济社会的发展，我国对一定层次的高级技术师、工程师等的人才需求量激增，应用型人才培养也会慢慢得到越来越多的认可和重视。

二、"双师型"师资队伍建设困境

职业教育的目的，是培养适应社会需求的应用型人才，但现实中人才错位的现象比较普遍，一边是企业不容易招聘到适合岗位的人才，另一边是刚毕业的大学生却抱怨找不到合适的工作，这说明应用型人才培养的质量有待提升。对于职业院校而言，教师队伍是影响人才培养的关键，教师能力的高低直接影响到学校的人才培养质量。而职业院校的定位，又要求教师具有不同于普通教育的地方，特别是在实践方面。职业教育与普通教育的主要区别之一是师资队伍的不同，这是由职业教育的人才培养目标决定的，普通高等教育对教师的要求是"理论型"，要求教师精通本专业的理论知识，能够在学术上给予学生深入的指导，而高等职业教育培养的是应用型人才，这就要求教师不仅要有较深的专业知识，具有较高的教学水平，还要具有较强的专业技能，能指导学生进行专业实践，即要求教师具备"双师型"素质。

发达国家职业教育普遍对教师队伍素质的要求很高，比如，德国的应用型大学就比较重视实践能力，要求教师必须有 5 年以上相关专业实践工作经历。即便是师范院校毕业的学生，也要参加专门的职业技术教师资格考试，拿到相应的岗位资格证书，才有可能到应用型大学任教。另外，德国的《高等教育法》明确规定，应用型大学教授的聘任条件之一就是必须具备丰富的理论联系实际的实践经验，这一点和学术型大学教授聘任条件有明显不同[①]。应用型人才培养的师资队伍，必须具备较强的实践能力，与相关行业企业有着较为密切的联系，真正实现校企合作，保障应用型人才培养的质量。

相比之下，我国职业院校中缺乏双师型教师，具有一线工作经历或实践经验的教师极少，与国家规定的标准有较大差距，职业院校教师以普通高校毕业生为主，除了少数从企业调入的，基本都是在学科型人才培养模式下造就出来的，学生从高校毕业即成为教师，缺乏企业工作经历，甚至缺乏社会经验和阅历。同时，由于职业院校的校办学基础薄弱，对"大师"级人才缺乏吸引力，难以提供高层次人才所需要的待遇和工作平台。职业院校的师资整体水平偏低，难以满足学校快速发展的需要。在相当长的时期内，我国高等教育都是培养学术性人才，应用型人才本就不足，而新建应用型人才培养院校地理位置往往较为偏僻，大都不在中心城市，对人才的吸引力也不足。在种种困难之下，应用型人才培养院校的师资来源也多是刚毕业的硕士、博士，他们虽然学历较高，但没有实践经验，甚至缺乏社会阅历，不符合应用型本科院校的师资定位，也导致师资队伍整体较为年轻，年龄结构和职称结构都不太合理，而一些老教师在知识和观念方面还比较保守，对应用型人才培养了解甚少，在思想意识里仍是维系过去那种教育教学理念，影响到了学校的内涵建设。同时，教学质量评价标准不完善也是影响双师型师资队伍建设的重点，很多职业院校在对教学质量进行评价时，并没有建立一套科学合理的评价指标，很大程度上依靠评估人的主观感受，这样的评价受到人为因素的影响，评价结果难免主观性比较强，缺乏客观的衡量指标，难以令人信服，而且势必会影响一部分教师的积极性，进而影响教学质量的提高。

《中国教育改革和发展纲要》明确指出：振兴民族的希望在教育，振兴教育的希望在教师。加强我国职业院校教师人才队伍建设，构建"双师型"教师队伍具有两重含义，对单个教师而言，指既有良好的职业道德、较强的专业理论授课能力，又有丰富的实践经验、较高的专业操作技能；对教师整体而言，则是指教师队伍整体上具备双师能力，也就是指教师队伍的结构，理论型教师和技能型教师的占

① 刘冬，张美丽. 德国应用科技大学的办学模式研究及启示[J]. 商，2015，(6)：108.

比合理。缺乏实践能力的教师很难培养出实践水平较高的应用型人才，所以职业院校教师既要有一定的理论学术水平，更要有较为丰富的实践能力，同时，职业院校还应该构建合理的专兼职教师队伍，把生产一线的精英人才纳入职业教育领域，帮助职业院校实现与社会的深入沟通和互动，从而培养优秀的应用型人才。①

虽然各职业院校对"双师型"教师都很重视，但是缺乏有效的培养措施，目前，高校一般通过高校教师参加产学研实习计划、产研合作、到企业挂职锻炼、"双师型"师资建设等方式来组建应用型师资队伍，基本上都是流于形式，没有取得理想的效果。事实上，实践经验和职业素养不是短期内可以养成的，没有三年以上的训练，人们很难掌握某项职业的核心，况且有些专业企业是难以接受实习生的，如会计专业，在任何企业财务都是核心机密，不可能接受实习生的，即便是有，也多是做端茶倒水的工作，难以接触到实质性的业务，而且现在很多职业院校对于双师型师资的要求定位于形式，要求教师具备相应的行业职业资格证书，这又带来一个新问题，即一些教师为了考证而考证，这种拿到证书的"双师型"教师，并没有一天的实践工作经验，成为"本本族"。

同时，素质教育对于职业院校有着重要的意义，而教师作为素质教育的实施者，教师的思想、意志、言行，都深刻地影响和指导着学生的思想和行为，教师应具备科学的教育观念，包括正确的人生观等，在教学过程中注重对学生综合能力和道德的培养。职业院校的教师不仅是专业技能的传授者，更应高标准地要求自己，要成为学生成长路上的引领者；不能只关注学生对所学知识和技能的掌握程度，更应注重学生思想道德和人文素质的养成；职教教师的职责不仅是教书，更要注重育人，这为目前职业教育的师资队伍建设指明了进一步改革的方向。

三、人才培养目标不够明晰

职业教育作为我国高等教育的中坚力量，其人才培养目标就是培养应用型人才，就要把服务社会需求作为方向，把满足工作岗位的能力作为教育质量的标准，在达到高等教育对于高等人才的基本要求之外，要将应用能力作为整个人才培养体系的核心。

---

① 中共中央，国务院. 中国教育改革和发展纲要[EB/OL]，中发〔1993〕3 号. 中国教育部网站，http://www.moe.edu.cn/jyb_sjzl/moe_177/tnull_2484.html[2016-03-20].

20 世纪初，法国心理学家阿尔弗来德·比奈为了能够区分孩子的学习能力，发明了第一个智力测验。1912 年，德国心理学家威尔海姆·斯特恩提出了"智商"的概念和测量方法①。这种智力理论应用于教育，就产生了一种人才观、学校观、教学观、学生观、评价观，支撑着学校教育制度，并逐步发展完善，形成了以这种智力观为基础的完整的教学体系，也成为近代中国传统教育的理论支点。这种传统的教育视角的主要表现为：重视学生的共性而忽视学生的个性；重视学生知识的积累而忽视学生的发展；重视奠定学生的全面基础而忽视发展不同学生的优势；重视教学方式的一般规律而忽视针对学生不同特点的教学；重视以统一标准评价学生而忽视多元评价。

我们应当把"面向全体学生"理解为面向每一个学生。学生有共性：共同的生理基础，共同的生存方式，共同的时代特征，共同的发展环境。但学生也有差异：生理基础的差异，智能结构的差异，时代的差异，地区的差异，生存环境的差异，成长历史的差异。我们探索出许许多多以"理想的学生"为对象的规律和模式，以为它们可以在每个学生身上发挥教育作用。当然，这些规律和模式都可以为我们提供指导和借鉴，但它们在实践中往往并不能取得预期的教育效果，这是因为实际上并不存在"理想的学生"。每个学生的智能结构及原有的学习史造成的发展基础与水平的差异决定了他与别人的不同，而且影响每个人内因发挥积极作用的外因也不尽相同，可以说，教育学发展的原动力就来自于这样一个个不同的"非理想"的人。如果我们的教育只停留在对一般规律进行研究与应用的层面，以假设的学生逃避现实的、具体的学生的挑战，并以固定的模式为标准，对教育教学工作作出评价，那么就难以真正引导学校和教师面对现实的、个体的差异，当然也就难以发挥学校和教师的创造性。②

我国传统的教育思想是重视培养精英人才，轻视培养实用技能人才；重视理论知识的系统学习，轻视对学生应用能力的培养；注重书本知识的学习，轻视对学生实践能力的培养，对学生的评价以书面考试成绩为评价标准，缺乏对学生各种能力的考核。即便是职业教育长期以来培养的人才也是理论知识深厚而实践能力薄弱，虽职业教育定位于培养应用型人才，但是对于如何培养应用型人才还缺

① Sattler J M. Assessment of Children: Cognitive Foundations. San Diego, CA: Jerome M. Sattler, Publisher, 2008.

② 陶西平. 构建以学生为主体、价值为导向的课堂文化[J]. 中小学管理，2012，(9)：4-9.

乏系统理论思想的指导。从职业院校层面看，由于培养目标缺乏有效的支撑，使得职业教育的课程设置、教学内容等诸多方面在整个教育教学过程中带有一定的盲目性，培养的学生在理论考核中表现良好，但适应社会能力不足，这样的学生步入社会后同样难以满足企业的要求。

我国高等教育经历了跨越式发展，步入大众化阶段以后，高等教育办学模式趋同现象比较突出，正确的定位是高校科学发展的必要环节，培养应用型人才的职业教育更应该明确定位、特色办学。众多的研究表明，地方高校在办学定位上普遍参考重点高校，导致出现了办学类型趋同和办学层次攀升的现象。从积极的方面来看，优胜劣汰是市场机制的规则，部分高校如果缺乏准确定位，安于现状，将会在未来激烈的竞争中落伍甚至遭到淘汰，反而有利于激发其他院校的办学活力，有一定的积极意义；从消极的方面来看，职业院校在办学模式、发展模式等方面模仿老牌本科院校，同质化现象严重，既有向综合性、学术性大学发展的趋向，也有同类院校办学模式趋同现象，容易形成"千校一面"的局面，不利于应用型人才培养质量的提升。

四、课程体系不够完善

课程是实现职业教育目标的基本保障，是人才培养目标的基本要素，职业教育课程体系决定了应用型人才的培养质量。课程建设是职业教育专业建设的基础，是提升教育质量的主要途径，是培养应用型人才的重要途径，职业教育的课程设置影响到了应用型人才培养质量。应用型人才培养的课程性质是侧重于专业教育、职业教育，还是学术教育三者兼而有之？这是职业教育课程建设首先要理清的问题，只有明确了职业教育课程的属性，才能正确进行课程的设计、实施和评价，才有利于建立客观的课程标准，才有利于在职业院校内部达成共识，促成职业教育培养的合力。

根据国际课程改革的经验，现代课程体系一般包括四个部分：①具体化的教学目标，即描述课程教学所要达到的目标，需要落实和培养学生的哪些核心素养；②内容标准，即规定学生在具体学科领域应知道和掌握的知识技能等；③教学建议，也称"机会标准"，即为保障受教育者的学习质量提供的教育经验和资源，包括课堂讲授内容的结构、组织安排、重点处理及传授方式，还有学校公平性、教育资源的分配、学习环境的创设等；④质量标准，即描述经历一段时间的教育之后，学生在知识技能、继续接受教育、适应未来社会等方面应该或必须达到的基本能力水平和程度要求。①应用型课程与学术型课程不同，应用型课程关注的是程序性知识，学术型课程关注的是陈述性知识。因此，应用型本科课程的基本特征之一是实践性。因而，在进行课程开发时，实践教学如实验、实习、见习、实训、大型作业和课程、毕业设计等要有完整的体系和重要地位。应用型本科课程设置要改变传统的课程设置中理论课程与实践课程脱节的局面，运用项目教学或以工作过程为导向的教学方法，切实将理论课程与实践课程有机地融合起来。

　　我国目前的应用型人才培养主要是以通识教育为主，很大程度上仍然沿袭传统的课程模式，重视对学科基础知识的普及，忽视了对学生应用能力的培养，除了思想政治、英语和计算机培训课程及部分由教育部规定的人文选修课，基本是各职业院校根据自己的情况和优秀的学科设置基本课程，许多课程仍以学科逻辑结构来组织内容，对课程体系结构的系统性、完整性是特别强调的。这种课程体系基本是沿袭学术型课程体系，通过普及科学精神与人文素养方面的学科知识来达到沟通文理的作用，忽视了技能的培养。从教学内容的组织形式来看，很多职业院校也开设有实验课程，但基本上属于对理论知识的量化，很多工科专业的学时安排，公共基础课占50%以上，专业课的比例较低，课程分配存在比例失调的现象，直接导致的课程效果是注重理论知识而非应用能力，不能满足应用型人才实践能力的需求。

　　实践教学是培养学生实践能力的重要教学环节，相对于理论教学而言，更具有直观性和创新性，影响应用型人才的培养质量，是提高应用型人才培养质量的重要途径，在培养学生创新意识及增强职业教育大学生社会适应能力等各个方面，发挥着极其重要的作用。在知识密集型的时代里，大学已经不再是世外桃源，大学与现实社会的联系越来越紧密，成为社会的主要参与者，只有突破传统的象牙塔，才能保持健康和可持续发展。大学的主要职能是培养人，科研和教学是两种相辅相成的职能，既要传授知识，也要发现知识。著名的"威斯康星思

---

　　① 姜宇，辛涛，刘霞，等. 基于核心素养的教育改革实践途径与策略[J]. 中国教育学刊，2016，（6）：29-32.

想"就认为大学要把教学、科研和服务社会结合起来，培养人才、传播知识[①]。

反观我国的高等学校，由于受传统教育观念及现实高等教育管理体制的影响，依然存在重理论轻实践教学的倾向，即使是在目前定位为应用型本科院校的高等院校中，理论教学时间也远远超过了实践教学时间，很多职业院校的学生实习周期只有半年左右，即便在这样短短的实习周期内，学生也难以把精力集中于实习实践中，不是把实践与已经学过的理论联系起来，而是把重心放在找工作的过程中，不少毕业生的实习流于形式，效果不明显，实践能力没能得到很好的提升。职业教育学生的毕业设计，也大多是理论性的学术论文，很少联系生产实际，这也有学校教育没有密切联系社会实际的原因。这样的学生缺乏解决实际问题的能力，普遍理论知识比较扎实而实践能力和创新能力不足，不能适应经济社会发展对于应用型人才的需求。

实践教学这个环节在应用型人才培养模式中占有非常重要的地位，通过实践的过程才能将知识内化为自身的能力。但很多职业院校处于发展的阶段，各项资金短缺，实践教学的经费得不到保障，实验基地设备陈旧、实验室器材少，没有构建相对独立而系统的实践教学体系，而且由于实践课程的设置与实施都不够科学合理，因此对学生动手能力的培养难以落实，实践教学没有得到足够的重视。许多课程的教学仍停留在传统纸笔言传的教学模式，实训模拟场地较少，对学生的动手操作的机会有一定的限制，也无法满足教学需要。没有感性的认识，学生就容易感觉到理论知识的枯燥与空泛，以教师为主的教学方式制约了学生主观能动性的发挥，没有结合实践来讲解的理论是空泛的，不仅会让学生失去兴趣，使学生的思维无法突破传统的教学方式向外延伸，最终还会导致学生的独立性和创新性被空泛的理论知识所取代，造成大学生创新能力的缺失。

---

① 张春艳，邓洪.从高校职能观对现代大学发展方向的影响看创业型大学[J].西藏教育，2010，（10）：51-53.

第十一章 应用型人才培养模式影响因素

　　《国家中长期教育改革和发展规划纲要（2010—2020年）》为我国教育改革和发展勾画了蓝图，到2020年，我国将基本实现教育现代化，基本形成学习型社会，进入人力资源强国行列，实现更高水平的普及教育。基本普及学前教育；巩固提高九年义务教育水平；普及高中阶段教育，毛入学率达到90%；高等教育大众化水平进一步提高，毛入学率达到40%；扫除青壮年文盲。新增劳动力平均受教育年限从12.4年提高到13.5年；主要劳动年龄人口平均受教育年限从9.5年提高到11.2年，其中受过高等教育的比例达到20%，具有高等教育文化程度的人数比2009年翻一番。坚持教育的公益性和普惠性，保障公民依法享有接受良好教育的机会。建成覆盖城乡的基本公共教育服务体系，逐步实现基本公共教育服务均等化，缩小区域差距。努力办好每一所学校，教好每一个学生，不让一个学生因家庭经济困难而失学；切实解决进城务工人员子女平等接受义务教育问题；保障残疾人受教育权利；形成惠及全民的公平教育；提供更加丰富的优质教育。教育质量整体提升，教育现代化水平明显提高；优质教育资源总量不断扩大，更好地满足人民群众接受高质量教育的需求。学生思想道德素质、科学文化素质和健康素质明显提高；各类人才服务国家、服务人民和参与国际竞争的能力显著增强。学历教育和非学历教育协调发展，职业教育和普通教育相互沟通，职前教育和职后教育有效衔接。构建体系完备的终身教育，继续教育参与率大幅提升，从业人员继续教育年参与率达到50%。现代国民教育体系更加完善，终身教育体系基本形成，促进全体人民学有所教、学有所成、学有所用。健全充满活力的教育体制。进一步解放思想，更新观念，深化改革，提高教育开放水平，全面形成与社会主义市场经济体制和全面建设小康社会目标相适应的充满活力、富有效率、更加开放、有利于科学发展的教育体制机制，办出具有中国特色、世界水平的现代教育。①

---

　　① 中国教育部. 国家中长期教育改革和发展规划纲要（2010—2020年）[EB/OL]. 中国教育部网站，http://www.moe.edu.cn/publicfiles/business/htmlfiles/moe/moe_838/201008/93704.html[2016-07-29].

第一节　合理调整经济结构

按照经济结构理论研究，产业可以划分为第一产业（主要指农业）、第二产业（工业，主要是制造业）、第三产业（主要是服务业），根据产业在发展过程中劳动力、资本、技术和知识四个基本因素的组合、使用情况及所占的比例，可以把产业的发展过程分为劳动密集型阶段、资本密集型阶段、技术密集型阶段和知识密集型阶段。产业结构调整的决定性因素是生产力发展水平和技术的进步。产业结构的调整，一方面是三大产业的比例关系发生的调整，另一方面是产业的高级化，即产业由一个阶段发展到另一个阶段，产业的技术能级将发生变化。三大产业比例关系的调整决定了人才的类型结构，产业的高级化决定了人才的层次结构。

20 世纪 80 年代以来，我国的经济建设取得了举世瞩目的成就，随着我国生产力水平的提高和人均国民收入的增长，我国目前正处于由传统社会向现代社会的全面转型的关键时期。与之相伴随的是我国社会经济结构呈现出多态性、多元化发展特点，即整体上我国处于由农业社会向工业社会的转变过程，部分发达地区处于从工业社会向知识社会的转变，而少数部分地区至今仍保留着农村作坊式的单体经营的落后生产方式。但总体来看，我国目前经济结构正处于由劳动密集型经济向技术和知识密集型经济转变的过程中。我国经济结构的多元化发展态势和产业高级化发展趋势，对人才类型和层次提出了新的更高的要求。

我国传统工业正在向现代工业和现代服务业快速转移，随着服务业在全球经济比例中的加大和信息社会的到来，现代工业和服务业的体系正在形成。随着产业结构的调整，制造业、高新技术产业和第三产业将成为我国经济的主要增长点，制造业增加值在 GDP 中所占的比例将在 2020 年达到 40%以上。我国正在成为世界制造业的中心，已逐渐形成以珠江三角洲、长江三角洲、环渤海湾为代表的三大世界级制造业基地。从就业人数总体情况来看，截止到 2014 年底，我国就业人员总数达到 77 253 万人，其中第一产业为 22 790 万人，第二产业为

23 099 万人，第三产业为 31 364 万人，就业结构已经发生了较大变化，和 2000 年第一产业就业人数达到 36 043 万人，第三产业仅为 19 823 万人相比，几乎是完全的逆向调整，我国的产业就业结构已经日趋合理，如表 11-1 所示。

表 11-1　全国就业总体情况及平均增长速度表

指标：就业	总量指标（万人）				平均增长速度（%）	
	1978 年	2000 年	2013 年	2014 年	1979—2014 年	2001—2014 年
就业人员数	40 152	72 085	76 977	77 253	1.8	0.5
第一产业	28 318	36 043	24 171	22 790	−0.6	−3.2
第二产业	6 945	16 219	23 170	23 099	3.4	2.6
第三产业	4 890	19 823	29 636	31 364	5.3	3.3
城镇登记失业人数	530	595	926	952	1.6	3.4

资料来源：中国统计年鉴-2015

我国从制造业大国向制造业强国迈进，急需大量的掌握包括数控技术、焊接工程、电气控制技术、机械制造及自动化等技能型人才。我国每年有 600 万人参加职业资格考试，但参加高级职业资格考试的不足 10%，在我国总体劳动力供大于求的情况下，高技能人才的短缺实际上是一种结构性失衡。同时，我国第三产业的蓬勃发展，将对高层次应用型人才有更多的需求，这就意味着要实现数亿人次的转岗要求，特别是数以亿计的农村富余劳动力向城镇和非农产业的转移，迫切需要大力发展职业教育，培养大量的技能型人才，职业教育前景较为广阔。

第二节　加快经济发展速度

职业教育是伴随着经济的发展而发展的，现代职业教育是工业化的产物，18 世纪 60 年代起源于英国的工业革命，点燃了职业教育之火。大量研究表明，劳动就业制约着职业教育的发展，而我国产业聚居区的建设和发展，将成为我国职业教育发展的强劲推动力。

我国企业在开拓国际市场的过程中，由于受限于自身实力，往往缺乏话语权，在国际事务中处于不利地位，这当然与我国行业企业分散，没有形成一批在国际上有一定影响力的聚集度较高的企业有关，这就导致我国在对外竞争中处于不利地位。因此，"十二五"伊始，国资委就强调要提升行业集中度，要培育几十家世界一流规模的企业，这对于提升我国企业的国际竞争力大有益处，也符合当时我国开展的企业兼并重组的形势。根据《国家重大科技基础设施建设中长期规划（2012—2030年）》，到2030年，我国将基本建成布局完整、技术先进、运行高效、支撑有力的重大科技基础设施体系。"十二五"时期将优先安排包括海底科学观测网、高能同步辐射光源验证装置、加速器驱动嬗变研究装置、综合极端条件实验装置、强流重离子加速器、未来网络试验设施、空间环境地面模拟装置、高效低碳燃气轮机试验装置、高海拔宇宙线观测站、转化医学研究设施、中国南极天文台、大型低速风洞、上海光源线站工程、精密重力测量研究设施、模式动物表型与遗传研究设施、地球系统数值模拟器等16项重大科技基础设施建设。在这个过程中，我国尽量运用市场的手段实现企业兼并重组，进一步实现产业转型和产业结构调整，建立规范的社会主义市场经济体制。[①]

我国人口多，只有大力发展经济，才是增加就业的最有效选择。职业教育推动经济发展，经济发展需要大量高素质掌握一定技能的劳动者，这就形成了良性循环。从我国国民经济发展情况来看，截止到2014年，国内生产总值达到636 138.7亿元，而2000年时，仅为99 776.3亿元，这个增长速度平均达到9.8%，充分体现了我国经济的高速发展趋势；其中第二产业平均增速达到10.6%，第三产业平均增速达到10.4%，远远高于第一产业4.1%的平均增速，说明我们的经济结构调整也在不断加快，第三产业已经成为支柱性产业的发展趋势，如表11-2所示。

表 11-2 国民经济发展情况表

指标：国民经济核算	总量指标				平均增长速度（%）	
	1978 年	2000 年	2013 年	2014 年	1979—2014 年	2001—2014 年
国民总收入（亿元）	3 650.2	98 562.2	583 196.7	634 043.4	9.7	9.9
国内生产总值（亿元）	3 650.2	99 776.3	588 018.8	636 138.7	9.7	9.8

---

① 国务院. 关于印发国家重大科技基础设施建设中长期规划（2012—2030年）的通知[EB/OL]. 中央人民政府网站, http://www.gov.cn/zwgk/2013-03/04/content_2344891.htm [2016-03-17].

续表

指标：国民经济核算	总量指标				平均增长速度（%）	
	1978 年	2000 年	2013 年	2014 年	1979—2014 年	2001—2014 年
第一产业（亿元）	1 018.4	14 716.2	55 321.7	58 336.1	4.5	4.1
第二产业（亿元）	1 736.0	45 326.0	256 810.0	271 764.5	11.1	10.6
第三产业（亿元）	895.8	39 734.1	275 887.0	306 038.2	10.7	10.4
人均国内生产总值（元）	382	7 902	43 320	46 629	8.6	9.2

资料来源：中国统计年鉴-2015

　　我国经济社会需要培养三种人才：一是劳动密集产业中具有一定技术、技能的劳动者；二是高新技术改造的传统产业需要有一定创新能力的劳动者；三是高新产业急需的中、高级人才。尤其是第二、第三类中高级人才的比例必须及时增加，才能保障我国高新产业快速发展的人才支撑。所以，在高等教育中，大力发展高等职业教育，提升办学层次非常重要，未来的高等教育主体，应该是应用型本科院校。据 2000 年美国卡内基基金会的调查，美国高校有 3856 所，其中 125所属于研究型大学，约占高校总数的 3%，而 97% 的高校都属于应用型大学[①]。我国的经济目标是今后几十年内保持持续、快速、协调发展，并伴随着产业结构、技术结构、城乡结构的调整，这种高速增长和结构调整必须通过由粗放型向集约型增长方式的转变实现。经济发展的这种态势，必然要求高等职业教育在经济社会发展中发挥更加重要的作用。

第三节　观念革新影响深远

　　我国历史悠久，"学而优则仕"和"官本位"的传统观念较为深厚，使得多数人对职业教育——培养劳动者的教育，存在轻视的心态，在不少人的观念中，职业教育比普通高等教育低人一等。同时职业教育自身也存在一些不足，人才培

---

　　① 美国加速高等教育改革[EB/OL]. 人民网，http://www.people.com.cn/GB/paper39/3356/430500.html[2016-03-05].

养不能很好地适应市场需求，导致出现家庭不愿送、孩子不愿上、企业不愿要的"三难"境地。许多家庭往往将读大学视为子女出人头地、改变家庭命运的主要途径，往往不太鼓励学生报考职业院校，而用人单位的人才高消费又助长了这种心态的发展。企业片面追求高学历，使得很多大学本科生在做一些中专生也能干的工作，这种"重学历、轻技能"的观念造成了"人才高消费""高才低就"现象，造成了教育资源的浪费。改变传统观念不是一朝一夕的事，需要长久的努力，才能逐渐体现出效果，这对于亟待发展的职业教育而言，是一个不容忽视的负面影响因素。

文化传统，特别是沉淀在人们深层次心理结构中的隐形文化传统，深刻地影响着人们对教育的理解和选择。我国作为四大文明古国，本来应该强调教育的实用性，但恰恰相反，以培养学术人才为目标的传统大学格外受到重视，而以培养技术类人才为目标的各类职业教育却一向受到鄙视。长期以来，由于职业教育学生多数是应试教育中相对低分录取的学生，导致有些人认为他们上学就是学一门手艺，混口饭吃。有些职业教育学校把就业率放在首位，而忽略了育人，这些也在一定程度上影响到了传统观念的改变。传统教育思想认为，教育的目的是发展个人修养和道德素质，而不是为了某些特定职业进行训练，教育是改变社会阶层的机构，而不是为企业培养劳动力的场所，要提高社会地位，进入上等社会，必须进入令人向往的传统大学，而不是技术学校。我国的公务员考试制度，以及社会对于学历的高消费，也在无形中助推了此类思想的蔓延。很多人把职业教育看作"下等教育"的代名词，尽管近年来高等职业教育发展迅速，但很多院校招生困难，中学仍然在培养未来的公务员、律师、医生、教师及其他上流社会人员，中学毕业后愿意去学习技术或接受职业培训的人数依然很少，更多的是考不上普通高校后的备用选择。我国职业教育近年来在办学规模、办学质量等方面取得了长足进步，但职业教育"招生难，招好学生更难""就业易，满意就业不易"的矛盾一直存在。鄙视职业教育不在于轻视职业教育本身，而是鄙视职业学校的学生未来所从事的职业，由于普通高校毕业生主流工作是公务员及白领等比较光鲜的职业，而不是车间工作，因此许多家长普遍认为普通高校才是真正的大学，职业院校只是第二选择，事实上，我国工程师和技术人员的社会地位、工资待遇有时也不及其他白领岗位。

现代职业教育是现代产业发展的重要支撑，是培养高素质技术技能人才的重要保障。随着"互联网+"行动、"中国制造 2025""一带一路"、加快长江经济带发展等一系列国家战略的实施，经济社会对当前职业教育的人才培养提出了新的要求，也意味着职业教育拉开了又一轮发展大幕。但在实际生活中，普通百姓对高等职业院校的理解和认识不深，总感觉在教育前面加上"职业"二字低人一等，把职业教育视作"次等教育"，缺乏对职业教育在过去、现在和将来对我国现代化建设所发挥的重大作用，以及高等职业教育是高等教育的重要组成部分的认识。甚至有些教育机构也出现了重普教、轻职教的现象，忽视了职业教育的特点，不注重改善职业教育的办学条件，缺乏为市场经济培养应用型人才的理念，思路不清晰。有的职业院校对自身定位不准，或者限于师资原因，在教学上套用普通教育模式，未能体现职业教育的办学特点，很多高职院校是从中专转型而来的，在实际操作过程中常常以中专的人才标准来培养高职人才，过分强调操作技能，在一定程度上削弱了专业理论教育。要提升职业教育吸引力，就要切实提高我国技能劳动者的社会地位和经济地位，让他们能够凭借自己的职业技能获得体面的收入。

第四节　校企合作存在障碍

职业教育与普通教育不同，其教育教学和实习实训都离不开行业企业的支持与合作。要改革办学模式，积极支持鼓励行业企业举办职业教育或者参与举办职业教育；依托行业企业建立教师培养培训基地，鼓励教师到企业进行实践；加大相关政策的倾斜力度，支持企业更多地为职业教育的发展服务。

现在大学生就业难，创业成功率也比较低，主要是因为高校的人才培养和企业、行业的人才需求有脱节。作为应用型院校，要让专业知识的更新速度跟上行业发展的脚步，培养的学生达到企业的要求，学校有必要与企业展开人才培养合作。相对而言，应用型高校由于学生职业发展、学校招生就业压力和学校数量较多等客观条件的存在，比起研究型高校，对产教融合、校企合作的需求更大。当前我国正处于"转方式、调结构"的战略关键期，培养实践性和创新性人才成为时代的要求，职业教育与区域经济社会和企业发展紧密结合，将产生一种新的创新力量，进一步完善整个国家的创新体系，使创新更加具有针对性和实用性，但实际情况是校企合作一头热，学校有积极性，企业没有积极性。其原因是学生要顶岗实习，但是企业的接收量有限；学生不能满足工作要求，又会影响企业效益。

第一，企业偏重经济效益，忽视了人才培养。竞争是市场经济的本质属性，而随着市场经济的跌宕起伏，企业将同时面临来自国际和国内的双重压力，追求企业利益的最大化成为企业领导者首先要考虑的问题。在校企合作的时候，企业通常处于被动或者抱有抵触的态度，许多中小企业的主要客户可能不在高校，又比较关注短期收益，企业也暂时没有能力和想法建立产业生态，所以对校企合作显得并不积极。学生在用人单位实习期间难免会影响到企业正常的工作和生产进度，所以从客观上看，企业很难将整个校企合作教育计划纳入企业的议事日程。

第二，在企业进行毕业实习难以有组织、成规模地展开。中小企业不太投入，体量太小，没有精力和实力做教育，大企业虽然有能力，但也不一定能关注到太多的高校。帮助学生联系实习单位对于高校的教学管理部门来说负担较重，一方面即便企业同意接纳实习生，但限于规模，很难一次性解决所有学生的工作岗位，毕竟岗位有限；另一方面，由于高校与企业主管部门缺乏沟通，不少高校只能要求学生自己联系实习单位（相对来说，工科学生比文科学生更容易找到实习单位），而学生自己联系的单位往往不能很好地达到合作教育对实践教学的目的，甚至在某种程度上只是为了应付实习任务。

一般来说，校企合作涉及的专业一般都是发展较快、国民经济需求较大的行业领域，培养出来的毕业生能够直接与企业对接，因而着重技能培养的应用型本科和高职院校迫切地需要与相关行业的企业合作。而高校实习生在企业实习并非属于强制性的义务，很多企业不愿意分派专门技术人员和设备来安排实习生进行生产性操作，因此实习的内容多以参观为主，学生很少能得到动手操作的机会。在这种情况下，应用型高校先后建立了仿真实训室中心，为学生提供实习场所，但往往还是存在脱离实际的情况，许多需要学生动手完成的实验也只是在教师的讲解和演示下完成，培养学生动手能力的宗旨无法落实。此外，高校内部没有形成产学研合作教育良好的校内环境，校方在实训教师的聘任、绩效考核、评奖评优、职称晋升等方面不能真正体现对产学研合作教育参与者的政策倾斜，导致实训教师的积极性并不高，处于勉强应付的情况。

第十二章 应用型人才培养模式总体思路

第一节 职业院校应准确定位

一、职业院校定位原则

"凡事预则立，不预则废"，这句古语在一定程度上说明了战略规划的重要性。战略规划实际是一个过程，是一个组织在对自身发展成绩、发展环境等重要问题进行客观而科学的分析的基础上，确定自身的发展目标和实施路线，是组织内外能影响管理行为的各方意志输入和体现的过程，也是组织对各种资源的重新分配和整合过程。就职业院校来说，进行准确定位是实施战略规划的重要组成部分和必要手段。

职业院校的定位可以从三个层面来考虑：宏观层面主要考虑职业教育系统在社会大系统中的定位；中观层面主要考虑某一所职业院校在高等教育系统中的定位；微观层面主要考虑职业院校内部各部门在整个学校发展中的定位。职业院校的办学自主权日益强化，准确定位对学校战略规划发展的作用也越来越重要；职业院校应以自身战略目的为着眼点，结合自身的实际情况，从不同的战略观点中比较、选择最准确的战略定位。

在市场化的前提下，依据社会的发展需要和自身的办学实际，科学地选择和确定自身的办学定位和发展目标，是高等教育机构应对高等教育市场化和大众化的前提。应用型人才培养院校应以邓小平理论、"三个代表"重要思想、科学发展观为指导，坚持以立德树人为根本，以服务发展为宗旨，以促进就业为导向，适应技术进步和生产方式变革及社会公共服务的需要，深化体制机制改革，统筹发挥好政府和市场的作用，加快现代职业教育体系建设，深化产教融合、校企合作，培养数以亿计的高素质劳动者和技术技能人才。院校布局和专业设置应更加适应经济社会需求，调整并完善职业院校区域布局，科学合理地设置专业，健全专业随产业发展动态调整的机制，重点提升面向现代农业、先进制造业、现代服务业、战略性新兴产业和社会管理、生态文明建设等领域的人才培养能力；引导普通本科高等学校转型发展，采取试点推动、示范引领等方式，引导一批普通本科高等学校向应用技术类型高等学校转型，重点举办本科职业教育。独立学院转设为独立设置高等学校时，鼓励其定位为应用技术类型高等学校。建立高等学校分类体系，实行分类管理，加快建立分类设置、评价、指导、拨款制度。另外，招生、投入等政策措施应向应用技术类型高等学校倾斜。[①]

职业院校的准确定位，要考虑自身的办学特色。一所高校的办学特色，是在长期的办学实践中积淀而成的，不但反映在学校的办学理念和校园文化等精神文化层面，还可以反映在人才培养、社会服务等实践文化层面，更应该反映在教学模式、学科专业等制度文化层面。职业院校与地方经济有着紧密的联系，又以培养应用型人才为目的，相应的办学定位就应该突出服务区域经济的特点；根据自身的资源优势，强化核心竞争力，制订切合实际的发展战略，凝练不同的办学特色，培育长期竞争优势，在校园精神文化、实践文化、制度文化等方面形成特色，打造职业院校的独特品牌。

职业院校的准确定位，要重视高校的社会服务职能。现代高校的人才培养和科学研究职能，最终也是要落脚于社会服务上，职业院校尤其如此。职业院校服务地方，就要主动融入地方，通过人才培养、科技服务、教育培训等方式，实现学校与地方的合作共赢；通过校企合作、校地合作，实现优势互补，增强职业院校办学实力和竞争力，用经营的理念来办职业教育，敢于走向市场、勇于竞争，进而提升教育质量。在这方面，德国的经验可供参考。德国应用科技大学的定位准确且有特色，主要体现在三个方面：①"双元制"人才培养模式，使职业院校与企业紧密合作；②实践教学落在实处，培养学生的动手能力、解决实际问题的能力；③"双师型"师资队伍，有效保障了教学质量，德国应用科技大学的教师岗位不仅要求高学历，更注重实践经验，是真正的"双师型"师资队伍，切实保障了应用型人才的培养质量。[②]

与十几年前相比，"象牙塔"式的高等教育已难觅踪迹，高等教育机构早已打破围墙，融入社会，但高校与企业的"二元"管理现状使得应用型教育的人才

① 国务院. 关于加快发展现代职业教育的决定[EB/OL]，国发〔2014〕19 号. 中国教育部网站，http：//www.moe.edu.cn/publicfiles/business/htmlfiles/moe/moe_1778/201406/170691.html[2016-08-12].

② 刘冬，张美丽. 德国应用科技大学的办学模式研究及启示[J]. 商，2015，（6）：108.

培养很难深入社会中心、融入企业内部。今天的大学面临着发展环境变化巨大、职业院校发展竞争日趋激烈的严峻局面。这一特殊历史阶段的应用型教育该如何进行社会导向的课程理论和课程设计研究，是值得思考的问题。职业院校要从历史和传统的角度，认真总结自身的发展历史，继承优良传统，克服旧思想、旧观念，积极探索建立和完善应用型教育的办学体制、教育模式和运行机制。

二、核心价值观的引领作用

社会主义核心价值观是社会主义核心价值体系的内核，体现了社会主义核心价值体系的根本性质和基本特征，反映了社会主义核心价值体系的丰富内涵和实践要求，是社会主义核心价值体系的高度凝练和集中表达。党的十八大以来，中央高度重视培育和践行社会主义核心价值观。习近平总书记多次作出重要论述、提出明确要求；中央政治局围绕培育和弘扬社会主义核心价值观、弘扬中华传统美德进行集体学习；中共中央办公厅下发《关于培育和践行社会主义核心价值观的意见》；党中央的高度重视和有力部署，为加强社会主义核心价值观教育实践指明了努力方向，提供了重要遵循。

党的十八大提出，倡导富强、民主、文明、和谐，倡导自由、平等、公正、法治，倡导爱国、敬业、诚信、友善，积极培育和践行社会主义核心价值观。富强、民主、文明、和谐是国家层面的价值目标，自由、平等、公正、法治是社会层面的价值取向，爱国、敬业、诚信、友善是公民个人层面的价值准则，这24个字是社会主义核心价值观的基本内容①。

我国从20世纪90年代开始，逐步由"应试教育"向"素质教育"转变，从注重传授知识转变到注重创新能力的培养，从科学教育转向人文教育的融合，最终到加强素质教育。在基础理论研究方面，这一重大转变使得人们对素质教育的概念、特征、实施原则、途径和方式进行了深入研究；在应用性理论研究方面，人们对素质教育的目标体系、教育方法、课程体系及教育管理等问题也进行了大量探讨；在实践方面，人们在创新素质、人文素质、实践能力的培养和教学等方面作出了有益尝试；同时，我们也看到未来的研究方向，特别是在高等教育领域

---

① 《松州学刊》编辑部. 社会主义核心价值观系统解读[J]. 松州学刊，2014，（3）：4-9.

的素质教育，将社会主义核心价值观与大学生核心素养相结合的研究成果较为少见，无论是理论上的探究，还是实践中的检验，都有着广阔的发展空间。

1998 年，联合国教科文组织在巴黎召开的首次世界高等教育大会上明确提出，高等教育首先要培养高素质的毕业生和负责的公民，这体现了世界高等教育的一种教学理念，国外大学在适应社会发展、注重培养全面发展人才方面，已经开始贯彻这种素质教育的理念，通常用不尽相同的概念来表达这种理念，如通才教育、品质教育、人文教育、通识教育等，都具备素质教育的共性，实际上都体现了素质教育适合现代高等教育发展的规律性。比如，美国学者强调学生的综合职业素养，包括职业道德、交流与合作、个性与情感、学习与创新能力等；日本学者强调忠诚于国家的人格修养等；德国学者则强调明确的责任与义务等。国外学者提出的学生职业素养要求和水平往往都较高。与此同时，国外学者对学生评价的理论探索和实践创新一直没有停止，而且发展性学生评价从理念到制度形成已经成为一项至关重要的世界范围内的教育改革。这些也为在中国特色社会主义制度下大学生发展核心素养提供了一定的参考。

全球经济一体化的变革，对我国经济社会发展产生了积极和深远的影响，人才竞争已经成为世界范围的问题，这意味着我们要对人才素养提出更高的要求，人才素质培养工作已经成为我国现代化建设亟待解决的发展问题之一。

在现实教育体系中，社会人才需求和高校人才培养之间的误差，对社会主义市场经济体制下的大学生素质教育提出了新的要求，大学生的人文素质、心理素质、社交能力没有达到应有的水准，缺乏有效载体来实现素质教育的目标，不利于大学生的成才和全面发展。如何通过科学建立人才培养体系实现既定的培养目标呢？真正解决高校能力素质教育与人才需求不协调的瓶颈，已经成为当下高等教育亟待解决的问题。因此，我们需要认真思考高等教育需要培养什么类型的人才，需要具备哪些基本的能力和素养，如何运用社会主义核心价值观理念建立职业素养体系，来实现我们的人才培养目标，真正解决我国高校能力素质教育与人才市场需求不匹配、不同步的瓶颈，让高等教育向着应用型、职业化的方向发展，培养出能从容面对社会的机遇与挑战的毕业生，以崭新的姿态推动经济快速健康发展。

第二节　师资队伍建设是关键

一、打造"双师型"教师队伍

拥有高素质的"双师型"师资力量是学校实力雄厚的象征，也是促进学校稳定发展和不断进步的重要要求，同时也是学校能不断培养出高水平的应用型人才的有力保障。我国的高等学校，包括应用型本科院校，目前基本都要求其教师具有博士学位。这些教师受传统大学理念及教学模式的影响甚深，具有较强的理论教学水平，但相应地，大多数教师缺乏实践教学经验和应用开发能力。因而，我国的应用型院校应更加重视和关注教师的实践经历和能力，并可借鉴德国的经验，在引进人才和聘任兼职教师两个方面入手，构建一支专兼结合的"双师型"教师队伍，有效提升我国应用型人才的培养质量。

应用型教育应该培养生产、建设、管理、服务第一线需要的高级技术人才，这便对教师专业素养提出了新的要求，他们不仅要具备丰富的理论知识，还要掌握过硬的技术，这样才能更好地指导学生的实践活动。因此，提高教师素质，打造"双师型"教师队伍是人才培养的重要组成部分，也能够彰显应用型人才培养专业的特色，是提高教学质量的生命。众所周知，理论知识是培养人才的基础，这固然重要，但应用型本科人才培养的特色，关键在于对学生实践操作能力的培养。教师要逐渐转变陈旧落后的教育理念，变"学科本位"为"应用能力本位"，逐步提高亲自动手的意识，提高自己的实践操作能力，丰富自己的实践经验，从而更有效地指导学生进行专业技术实践；学校应该充分利用与相关企业合作的优势，努力为师资培训寻求实训基地，创造条件和机会，安排教师到企业生产建设的前线进行实习和技术咨询服务，通过真实的情景解决问题，学习生产技能和管理知识，及时掌握企业先进的生产技术、运作模式、生产流程等，以增强实践应用能力。

对于学校专职教师，要提出更高、更新的要求，除了要教会学生理论知识外，如何把握学生的身心规律，不断用良好的师德、师风去影响学生、教育学生，是职业院校教师必须思索的问题。要着力建设高素质的教师队伍，增强广大教师教书育人的责任感和使命感，加强教师职业理想和职业道德教育，提高教师的综合素质和业务水平，在全社会倡导和形成尊师重教的良好氛围。广大教师要学为人师、行为世范、教书育人，当好学生健康成长的指导者和引路人。建设一支教学水平高、职业素养好、综合素质高的教师队伍，是现代教育改革发展的要求。师德是教师的灵魂，加强师德修养是提高教师素质的首要工作。职业院校要加强制度建设，完善师德建设的激励机制，营造有利于师德建设的良好氛围，通过政治学习，使教师充分认识到师德建设的重要意义；通过教育和讨论，真正使每一位教师认识到"立业德为首，执教品为先"；通过舆论引导，使教师在舆论的倡导、鼓励、激励或鞭策、谴责下，增强履行师德义务的责任感。

二、建立应用型兼职教师资源库

在师资引进方面，学校应该注重"双师型"教师的引进，逐渐改变原有教师的结构队伍，这就需要在教师的招聘条件上，更重视实践工作经验，而不是总看学历职称。同时，要根据学校相关专业的要求，聘请实践经验丰富的行业专家、技术骨干、高级工程师作为本校专职教师或者兼职教师，独立教授实践或者实训课程，发挥所长，培养学生的实践动手能力，为学生开展相关专业讲座并指导实践操作活动，以缓解某些实践性教学教师的欠缺。对于兼职教师，学校在编制年度预算时应统筹考虑经费安排，支持兼职教师或合作企业牵头教学研究项目、组织实施教学改革；学校要加强教学管理，加强兼职教师的职业教育教学规律与教学方法培训，定期组织对兼职教师进行教学质量评估，保障兼职教师的教学质量。另外，还要聘请"双师型"人才，把企业的高级技术人员"引进来"，逐渐使学校教师与企业高级技术人员互相往来，这样既有利于教学的交流，又有利于应用型人才的培养，并加速了学校建立一支内外结合、专兼结合、结构合理的"双师型"教师队伍的进程。

职业院校可以设立一些兼职教师实训定点单位，聘任一些既有丰富的实践经验又有扎实的理论基础的高级技术工程人员在学校兼职授课，扩大教师队伍，提高教师的整体应用型水平程度。在这里，我们需要注意四点：一是外聘兼职老师要有足够的待遇作保障，经验丰富的老师傅往往都是企业的骨干，要对他们付出业余精力给予一定报酬；二是要对兼职教师有足够的关心和支持，最好配备一名专业教师作为联系人，因为他们刚开始没有教学经验，很多时候需要有人提醒，才能保障实践教学的顺利进行；三是要根据外聘教师的时间来安排实训课程，毕竟兼职教师的工作是以完成本职工作为前提的，这就要求外聘实训课程的安排往往是在双休日进行，在一定程度上会影响学生的休息，但比较而言，还是利大于弊；四是对兼职教师的评价标准，要以实践技能为主、学历职称为辅，因为企业是按岗位定薪，这就导致企业很多有能力的人并不看重学历和职称，这是和学校截然不同的地方，必须要加以注意。同时，职业院校要建立全校性的兼职教师信息系统，保证兼职教师队伍的相对稳定性。

第三节　教学模式转变需突破

一、本科导师制的现状和不足

导师制是一种教育制度，与学分制、班建制同为三大教育模式。导师制由来已久，早在 19 世纪，牛津大学就实行了导师制，其最大特点是师生关系密切。在我国导师制长期以来是针对研究生教育的，自 2002 年北京大学、浙江大学全面实行本科生导师制，到今天本科生导师制已经相当普遍，但其繁荣的背后还面临着一些困境。推行本科生导师制，初衷和动机无可置疑，但仅有好的制度设计还远远不够，还必须考虑到其现实的可行性。

首先，师生比低的困境导致导师制流于形式。实行导师制要求有较高的师生比，这样才有利于导师和学生充分交流，师生间更易建立起亲切、平等、自由的关系，从而对学生进行个性化引导，学生也才有机会更深刻地了解各专业，作出合适的选择。另外，不是每个老师都能做导师。导师既然要跟学生正面接触，没有一定的学术水平、责任感和爱心，是不能真正胜任的。做人和治学往往是相融的，出色的导师能在学术交流的同时不动声色地将生活哲理传达给学生，也能在日常生活中以严谨的治学精神潜移默化地影响学生。在师生比本来就低的情况下，又不是所有的老师都可以做导师，因此有效的导师资源稀缺可以想象。

其次，导师制疏于管理，缺少有效的管理系统，缺乏必要的制度保障。往往导师工作安排下去，以后的事也就"无人问津"，导师制基本上处于一种游离于管理之外的"自由""随意"状态，更谈不上考核与评价工作。久而久之，便造成"做好做坏一个样"，导师的积极性、主动性不高。另外，本科生导师的考核制度与激励制度还不够完善，大多数导师所得到的报酬远远不能反映出他们对学校教育作出的贡献，本科生导师制的报酬相对来说普遍偏低。再者，高校教师的考核更侧重于科研，导致很多教师对教课尚不热心，对导师制就更不肯看好了。

二、高校学生社团现状与不足

高校学生社团是指在校大学生以相同或相近的兴趣、爱好、特长、信念、观点或自身需要为基础，自发组成的志愿性群众团体。高校学生社团组织依其性质分为三大类：学术研究性组织、娱乐性组织、公益性组织。近年来，随着素质教育的逐步推进和高校的迅速扩招，高校学生社团迎来了一个蓬勃发展的时期。具体表现在：社团的数量和会员的数量不断增加，社团的类型不断丰富，社团的作用和地位日益为人们所重视等。与此同时，社团在快速发展的同时，也带来了很多问题，引起了教育界的很大关注。

首先，各个社团之间发展很不平衡，学术型社团备受冷落。高校学生社团建设存在着结构不合理、低层次重复的状况。据相关资料统计，在高校学生社团中，近一半的社团属于兴趣爱好型，理论学习型和科技服务型社团所占比例很小，开展的活动大多集中在文艺、体育方面，校园内社团的学术氛围不浓厚。学术性社团常常无人光顾，兴趣性社团、娱乐性社团只注重娱乐功能；自治性社团未能尽到学生自我管理的职责；还有许多高校社团活动都局限于校园这个小环境中，没有与社会联系、结合；社团之间良莠不齐的状况比较明显，有些社团规模大、活动多、影响面广、自身建设完善、发展空间很大，有些社团却没有章程，光凭社团成员的一腔热情在维持着。

其次，高校社团发展缓慢，社团活动创新力不足。社团及社团文化以其丰富的种类、广泛的内容，成为校园文化建设的生力军。丰富多彩的学生社团活动营造了良好的校园文化环境，如理论学习和学术科研型社团，通过组织理论学习、邀请知名教授和专家举办学术讲座、进行学术交流等活动，营造了良好的学术科研氛围，提高了校园文化品位。然而，各个社团在招纳新社团成员后，由于原创力不强，导致该社团开展的活动陈旧、无新意，社团成员参与的积极性不高，社团之外的学生对社团的评价降低，社团不能根据自身的特点，创造出适合本社团的活动，各个社团甚至把开会、聊天当成是社团的固定活动项目。

三、在学生社团建设中引入导师制

导师可以全面指导社团的建设管理，从学习到生活的方方面面对社团会员进行指导，帮助社团开展一系列有益活动，引导更多的学生更好地完成学业和人生规划；同时，导师可以通过社团更多地了解到学生的想法，及时进行修正和疏导，完善教学管理，避免恶性事件的发生。

首先，新模式有利于解决导师不足的瓶颈。导师可以通过社团来影响更多的学生，帮助更多的学生进步。一个人的精力总是有限的，导师把自己的思想、学术、专业等通过社团辐射到更多的学生。导师影响6～10名社团成员，每名社团成员在日常学习和生活中影响周围的6～10名学生，这样每名导师直接或间接地影响到甚至上百名学生。至于导师指导学生开展一系列活动，影响的学生面就更为广泛了。

其次，新模式有利于解决社团活力不足、管理混乱的现状。在导师的指导下，社团活动要切实从会员的兴趣出发，增强活动的知识性。大学生群体对于知识和新鲜事物的需求十分强烈，增加活动的知识性可以满足更多大学生的求知愿望。另外，社团活动还能增强活动的竞技性。竞技型活动有利于社员提高能力、发展兴趣，能更大程度地调动社员的积极性。而且竞技类活动的可观赏性强，可以吸引更多本社团以外的成员，对于增强社团知名度、壮大社团规模都有十分显著的效果。同时，在活动设计上要注意创新，提高活动的质量，增强活动的吸引力，进一步提高社团活动的参与度，使会员更加了解自己所在的社团。

最后，新模式实施中要注意制度保障。尽管目前的社团也配有必要的指导老师，但缺乏制度保障，往往流于形式。要制定科学的导师制评价体系，其一，制定导师制工作制度，明确导师的权利与义务、导师的组织管理等，从制度上规范导师制工作，确保考核评价工作有章可循；其二，建立导师制考核制度，定期准确评价导师的工作绩效，包括检查导师工作计划、工作记录、工作总结及学生指导记录等，指导和监督导师各阶段培养计划的完成；其三，通过"导师活动调查表"、定期召开各层次学生座谈会等形式，及时掌握导师职责履行情况及学生的反应，完善导师的约束机制。同时，学校在制定评价体系的同时，也要坚持以人为本的原则，尊重导师的人格、尊重导师的合理需要，给导师提供独立思考和自我表现的空间，培养导师的自我管理意识，充分发挥导师的主观能动性。

这种三位一体的辅助教学模式，是一种大胆的尝试，经资料检索，目前在全国高校，还未见有将导师制和学生社团建设结合的案例研究和实施办法[①]。随着更多有识之士的关注，这种创新思想的扩大和实施必将有效改善目前高校导师制和社团建设的不足，从而进一步促进高校教学的进步。

第四节　人才培养体系要完善

一、应用型人才培养的基本原则和目标

应用型人才培养的基本原则如下：

第一，坚持政府推动与引导社会力量参与相结合。强化地方政府统筹发展职业教育的责任，落实高等职业院校办学自主权，探索本科层次职业教育实现形式。

第二，坚持顶层设计与支持地方先行先试相结合，加强现代职业教育国家制度建设，深化重要领域和关键环节改革，充分发挥市场机制的作用，引导社会力量参与办学，发挥企业的重要办学主体作用，探索发展股份制、混合所有制高等职业院校；鼓励和支持有条件的地区率先开展试点，积极探索现代职业教育体系建设的实现路径和制度创新，完善现代职业教育的国家标准、国家机制和国家

---

① 黄东显. 关于在高校学生社团建设中引入导师制的思考[J]. 出国与就业（就业版），2010，（4）：112-113.

政策。

第三，坚持扶优扶强与提升整体保障水平相结合，支持部分普通本科高等学校转型发展、优质专科高等职业院校创新发展、职业院校骨干专业特色发展，在体制机制创新、人才培养模式改革、社会服务能力提升等方面率先取得突破；健全高等职业院校生均拨款制度和质量保证机制，全面提高保障水平，与人才培养和教师能力提升相结合开展应用技术研发，创新校企合作、工学结合的育人机制。

第四，坚持教学改革与提升院校治理能力相结合，以提高质量为核心，深化专业内涵建设，推进课程体系、教学模式改革，推动专科高等职业院校依法制定章程，完善治理结构，提升治理能力。

应用型人才培养的目标具体如下：

第一，通过努力，要实现高等职业教育整体实力显著增强，使人才培养的结构更加合理、质量持续提高，服务中国制造 2025 的能力和服务经济社会发展的水平显著提升，促使高等教育结构优化成效更加明显，推动现代职业教育体系日臻完善。

第二，实现职业教育体系结构更加合理，使人才培养的层次、规模与经济社会发展更加匹配，专科层次职业教育在校生达到 1420 万人，接受本科层次职业教育的学生达到一定规模，以职业需求为导向的专业学位研究生培养模式改革取得阶段性成果。

第三，实现职业教育服务发展的能力进一步增强，技术技能人才培养质量大幅提升，高等职业院校的布局结构、专业设置与区域产业发展结合更加紧密；应用技术研发能力和社会服务水平大幅提高；实现职业院校与行业企业共同推进技术技能积累创新的机制初步形成，服务中国制造 2025 的能力显著增强。

第四，实现职业院校可持续发展的机制更加完善，公办高等职业院校生均拨款制度全面建立，院校治理能力明显改善，职业教育和普通教育沟通更加便捷，升学渠道进一步畅通；支持社会力量参与职业教育的政策更加健全，产教融合发展成效更加明显，职业教育国家标准体系更加完善，职业教育信息化水平明显提高。

第五，实现职业教育发展质量持续提升，以专业为载体的优质教育资源总量和覆盖区域不断扩大，支持优质专科高等职业院校争创国际先进水平的机制基本形成，多方参与、多元评价的质量保证机制更加完善，基于增强发展能力的东中西部合作机制更加成型，融人文素养、职业精神、职业技能为一体的育人文化初步形成，我国高等职业教育的国际影响持续扩大，国际话语权不断增强。[①]

二、职业教育和学术教育分工并重

复杂的现代化经济体系对劳动力的需求是多种多样的。对未来经济增长而言，无论是职业教育还是学术教育均是必需的。因此，应正确处理高等教育中的职业教育和学术教育的关系和结构，不应有所偏颇。从我国教育总量指标上来看，截止到 2014 年底，普通小学生达到 9451.1 万人，普通初中生达到 4384.6 万人，普通高中生达到 2400.5 万人，普通本专科生达到 2547.7 万人，其中，普通本专科生的数量增长最快，2001—2014 年的平均增长速度达到 11.5%，这是高等教育扩招的成果。与此同时，专任教师的数量也呈现出相应的增长趋势，普通高等学校的专任教师数量，从 2000 年的 46.3 万人，到 2014 年的 153.5 万人，增长了 100 多万，平均增长速度也达到 8.9%。这些数字说明，我国已经形成较为完备的从小学到大学的教育体系，如表 12-1 所示。

表 12-1　全国教育总量指标及平均增长速度表

指标：教育		总量指标（万人）				平均增长速度（%）	
		1978 年	2000 年	2013 年	2014 年	1979—2014 年	2001—2014 年
专任教师数	#普通高等学校	20.6	46.3	149.7	153.5	5.7	8.9
	普通高中	74.1	75.7	162.9	166.3	2.3	5.8
	初中	244.1	328.7	348.1	348.8	1.0	0.4
	普通小学	522.6	586.0	558.5	563.4	0.2	−0.3
在校学生数	普通本专科	85.6	556.1	2 468.1	2 547.7	9.9	11.5
	普通高中	1 553.1	1 201.3	2 435.9	2 400.5	1.2	5.1
	普通初中	4 995.2	6 256.3	4 440.1	4 384.6	−0.4	−2.5
	普通小学	14 624.0	13 013.3	9 360.5	9 451.1	−1.2	−2.3
	教育经费支出（亿元）		3 849.1	30 364.7			

资料来源：中国统计年鉴-2015

[①] 中国教育部. 高等职业教育创新发展行动计划（2015—2018 年）[EB/OL]. 学信网，http://www.chsi.com.cn/jyzx/201511/20151103/1509042579.html[2016-10-09].

但这个教育体系更多侧重于学术角度，职业教育发展还没有真正达到和学术教育分工并重的程度。近年来，特别是加入世界贸易组织及中国成为"世界制造中心"后，大力发展高等职业教育的呼声不断提高。纪宝成就指出，中国高等教育结构性调整的主要任务是大力发展职业技术教育①。齐福荣根据发达国家的经验，认为高等教育应以职业教育为主②。

从学生数量来看，我国 2015 年全年研究生教育招生 64.5 万人，在学研究生 191.1 万人，毕业生 55.2 万人。普通本专科招生 737.8 万人，在校生 2625.3 万人，毕业生 680.9 万人。中等职业教育招生 601.2 万人，在校生 1656.7 万人，毕业生 567.9 万人。普通高中招生 796.6 万人，在校生 2374.4 万人，毕业生 797.6 万人。初中招生 1411.0 万人，在校生 4312.0 万人，毕业生 1417.6 万人。普通小学招生 1729.0 万人，在校生 9692.2 万人，毕业生 1437.2 万人。特殊教育招生 8.3 万人，在校生 44.2 万人，毕业生 5.3 万人。学前教育在园幼儿 4264.8 万人。九年义务教育巩固率为 93.0%，高中阶段毛入学率为 87.0%。③

职业教育已成为衡量一国综合实力和人力资源的重要指标，从比较成熟的美国职业教育发展经验来看，美国职业教育发展得较早，对就业的贡献较大，就业率稳定在较高水平，职业教育功不可没，这对中国发展职业教育有较大的借鉴作用。首先，美国高等职业教育不断趋于多样化及与市场接轨，推动了高等教育的分化及市场导向化。其次，社区学院的兴起加速了美国职业教育从单一学术型向实用型转型，促进了生产和社会日常生活中对科学的应用，加强了职业教育与社会的紧密联系，并加速了美国工农业生产的发展，逐步形成了美国职业教育的模型。美国社区学院是高等职业教育发展成功的典范，不仅兼具技术和职业教育、补偿教育和社区教育的多种职能，同时健全和完善了美国现代高等教育制度，为美国市场输入了更多的人才。

三、完善职业教育体制

发达国家已经形成了较为完善的职业教育体系，实现了"职业学校—专科学

---

① 纪宝成. 中国高等教育结构的战略性转变[J]. 中国高教研究，2005，（12）：3-6.
② 齐福荣. 发展高等职业教育是实现高等教育大众化的必然选择[J]. 清华大学教育研究，2001，22（4）：54-58.
③ 2015 年我国教育环境分析[EB/OL]，中国产业信息网，http://www.chyxx.com/industry/201608/437246.html[2016-08-12].

校—技术学院—科技大学"的贯通培养，同时，构建了职业教育和普通高等教育的立交桥，拓展多渠道、多方位的人才培养模式。完整而合理的立交桥式的职业教育体系，打破了传统教育模式，在优先为区域经济发展培养大量应用型人才的同时，还能满足不同层次学生的深造需求，这些为我国职业教育体系的构建提供了有益启示。我国职业教育经历多年发展，职业教育体系也渐见雏形，但作为职业教育的主力，应用型本科教育尚处于关键的转型期，还未能发挥出培养应用型人才的中流砥柱作用，而高职专科教育已经发展到了瓶颈期，我国当下的职业教育体系建设正处于伟大的历史转折时期，我们应进一步推进职业教育分类管理，系统构建专科、本科、专业学位研究生培养体系。

我国的高职高专与应用型本科是相互脱节的，即高职高专与应用型本科由于层次的差异，同时由于国家人为地将层次的差异限定为类型的差别，高职高专的学生不能通过正常途径进入应用型本科院校获取本科学士学位，而只能通过"专升本"，人为地割裂本属于同一类型的应用型人才培养体系。我们要加快高职专科教育改革的步伐，适当控制发展规模，提升应用型本科的教育质量，深化人才培养模式改革，引导地方本科院校及时有效地转型发展，建立职业教育产学研结合培养应用型人才的体制，强化实践能力培养。

另外，教育体系要加大非学历教育，健全职业教育社会培训制度，构建学历教育和非学历教育协调发展、职业教育和普通教育相互沟通、职前教育和职后教育有效衔接的人才培养体系，促进全体人民学有所教、学有所成、学有所用，这是应用型人才培养的关键。职业院校要从专业设置入手，强化职业教育培养标准，系统设计专业人才培养方案，探索应用型本科教育的创新模式，构建学分转换的职业教育和普通教育的互通机制，推进职业教育毕业证书和职业资格证书对接的"双证书"制度。以 2014 年的数据为例，我国高等教育非学历教育结业生数达到 9 202 798 人，注册生数达到了 7 366 574 人，其中进修及培养结业生数为 9 018 734 人，注册生数为 6 889 483 人，说明我国对高等教育非学历教育高度重视，其不断发展，具体情况如表 12-2 所示。

表 12-2　高等教育非学历教育学生情况表　　　（单位：人）

项目	结业生数	注册生数
高等教育	9 202 798	7 366 574

续表

项目	结业生数	注册生数
研究生课程进修班	34 836	56 427
自考助学班	149 228	376 213
普通预科生		44 451
进修及培训	9 018 734	6 889 483
资格证书培训	2 233 496	2 078 655
岗位证书培训	2 517 423	2 116 553

资料来源：中国统计年鉴-2015

四、构建"卓越职业素养"体系

广义的职业素养是人类在社会活动中需要遵守的行为规范，这是一个很大的概念，狭义的职业素养仅指职业内在的具体规范和要求，是在职业过程中表现出来的综合品质。职业素养是内涵建设，个体行为是外在表象，个体行为的总和就构成了自身的综合素养；体现在生活中就是个人素质或者道德修养，体现在职场上就是职业素养，包含职业道德、职业作风、职业技能和职业意识等方面。应用型人才培养要以"卓越职业素养"为人才培养特色，致力于培养"学会做人，学会做事，创新思维和实践能力兼备"的高素质应用型人才，为大学生今后的生活美满和事业发展奠定素质基础。职业教育就要培养职业素养，让学生到社会上少走弯路，少犯错误，自主实现幸福人生目标，而不是碌碌无为，浑浑噩噩地度过一生。

对于应用型人才培养来说，专业是重要的，但是除了专业，敬业和道德也是必须要具备的，工作中需要知识，但最终起到关键作用的是素养。良好的职业素养是企业必需的，是个人事业成功的基础，是大学生进入企业的"金钥匙"。显性职业素养和隐性职业素养共同构成了大学生所应具备的全部职业素养，如果将大学生的职业素养看成是一座冰山，冰山浮在水面以上的只有1/8，它代表大学生的形象、资质、知识、职业行为和职业技能等方面，是人们看得见的、显性的职业素养，这些可以通过各种学历证书、职业证书来证明，或者通过专业考试来验证。而冰山隐藏在水面以下的部分占整体的7/8，它代表大学生的职业意识、职业道德、职业作风和职业态度等方面，是人们看不见的、隐性的职业素养。由此可见，大部分的职业素养是人们看不见的，但正是这 7/8 的隐性职业素养，决定、支撑着外在的、显性职业素养，显性职业素养是隐性职业素养的外在表现。因此，对大学生职业素养的培养应该着眼于整座"山"，并以培养显性职业素养为基础，重点培养隐性职业素养。①大学毕业生的就业难题，在很大程度上属于就业结构性矛盾，传统高校培养的人才难以适应社会企业的要求，其实质是大学生缺乏必要的职业素养。当然，高校的基本职能之一，就是服务社会，培养大学生的职业素养，培养社会需要的应用型人才，正是高校服务社会的具体体现，高校要打开校门办教育，社会、企业、学校三方共同协作，实现"三方共赢"。

"核心素养"这个概念来自于西方，简言之，"核心素养"就是"关键素养"，英文是"key competencies"。"key"在英语中有"关键的、必不可少的"等含义。"competencies"本来不是一个教育概念，是哲学、心理学、社会学、政治学和经济学领域一直在用的一个术语，可以直译为"胜任力或竞争力"，但从它所包含的内容来看，译成"素养"更为恰当。学生发展核心素养，主要指学生应具备的、能够适应终身发展和社会发展需要的必备品格和关键能力。核心素养是关于学生知识、技能、情感、态度、价值观等多方面要求的综合表现；是每一名学生获得幸福生活、适应个人终身发展和社会发展都需要的、不可或缺的共同素养；其发展是一个持续的过程，可教可学，最初在家庭和学校中培养，随后在一生中不断完善。教育的根本任务是育人，其核心问题是"育什么人，怎样育人"；党的教育方针明确了教育的培养目标，即"培养德智体美劳全面发展的社会主义建设者和接班人"，十八大报告指出"把立德树人作为教育的根本任务"，十八届三中全会要求"加强社会主义核心价值体系教育"，这些教育方针政策提出了宏观的教育目标，对人才培养起到了重要的指导作用。研究学生发展核心素养是落实立德树人根本任务的一项重要举措，也是适应世界教育改革发展趋势、提升我国教育国际竞争力的迫切需要。2016 年 9 月 13 日上午，北京师范大学举行了中国学生发展核心素养研究成果发布会。这项历时三年、权威出炉的研究成果，经教育部基础教育课程教材专家工作委员会审议，对学生发展核心素养的内涵、表现、落实途径等做了详细阐释。中国学生发展核心素养，以科学性、时代

---

① 魏景荣. 论隐性职业素养与高职学生就业竞争力[J]，南京工业职业技术学院学报，2008，（3）：14-15.

性和民族性为基本原则，以培养"全面发展的人"为核心，分为文化基础、自主发展、社会参与三个方面，综合表现为人文底蕴、科学精神、学会学习、健康生活、责任担当、实践创新六大素养，具体细化为国家认同等十八个基本要点。

素质教育作为一种具有宏观指导性质的教育思想，主要是相对于应试教育而言的，重在转变教育目标指向，从单纯强调应试应考转向更加关注培养全面健康发展的人。其核心素养是对素质教育内涵的具体阐述，可以使新时期素质教育的目标更加清晰，内涵更加丰富，也更加具有指导性和可操作性。综合素质是对学生发展的整体要求，关注学生不同素养的协调发展。学生发展核心素养是对学生综合素质具体的、系统化的描述。一方面，研究学生发展核心素养，有助于全面把握综合素质的具体内涵，科学确定综合素质评价的指标；另一方面，综合素质评价结果可以反映学生核心素养发展的状况和水平。此外，核心素养也是对素质教育过程中存在问题的反思与改进。

尽管素质教育已深入人心并取得了显著成效，但我国长期存在的以考试成绩为主要评价标准的应试教育体制，影响了素质教育的实效。解决这一问题，要从完善评价标准入手，全面系统地凝练和描述学生发展核心素养指标，建立基于核心素养发展情况的评价标准，这有助于全面推进素质教育，深化教育领域综合改革①。

---

① 汪瑞林，杜悦. 凝练学生发展核心素养，培养全面发展的人[N]. 中国教育报，2016-09-14.

第十三章　高等职业专科教育改革

第一节　高等职业专科教育规模

从国内来看，高职高专发展已经达到一定规模，成为当前我国整个教育界的一大热点。但是，到底什么是高等职业教育？对其在整个教育体系中究竟应如何定位？对它与普通高等教育的本质区别应如何理解？它的培养目标和发展途径，以及招生对象、办学模式、课程计划、教学过程应如何确定？人们对此等一系列问题的认识都还很不一致。由此产生的争论对于我们发展高等职业教育的实际工作已产生了不利的影响，迫切需要为高等职业教育寻找一个准确的定位。

《中国教育百科全书》对高等职业教育的解释是："培养高级实践应用型人才的教育，属高等教育范畴。职业技术教育的高等层次，招收中等职业技术学校毕业生、普通高中毕业生及具有相应文化水平和实践经验的中级技术工人，学制为2—3年；少数招初中毕业生，学制为5年。教育形式为学校教育和职业技术培养两种。此类教育着重于学生实际技能的培养，以为国民经济各部门输送高级应用型人才和高级技术工人为培养目的。"[①]1990年全国普通高等专科教育工作座谈会文件中，将"普通高等专科教育"界定为"培养能够坚持社会主义道路、适应基层部门和企事业单位需要的、德智体诸方面都得到发展的高级应用性专门人才和初等中等学校师资的教育形式"[②]。由二者的定义可知，高职教育和高专教育都是培养生产一线、工作现场和基层部门的技术和管理人才，从这一点看，二者没有明显区别，但是，高等专科教育是一种教育层次，是相对于本科层次、研究生层次而言的，而高等职业教育是相对于普通高等教育来说的，是和普通高等教育并列的一种教育类型，它既属于高等教育，又属于职业教育，其内涵没有限定教育层次，高等职业教育可以是专科层次，也可以是本科甚至研究生层次。当然，目前我国高等职业教育主要还是专科层次，也有一些高职院校升格为本科后

---

① 张念宏. 中国教育百科全书. 北京：海洋出版社，1991.
② 徐越. 全国普通高等专科教育工作座谈会简述[J]. 中国高等教育，1991，（2）：37-38.

将自己定位于本科层次的高等教育，即应用型本科的出现。本书中提到的应用型人才培养包括专科以上的各层次职业教育。

一、职业教育发展历程

（一）职业教育探索起步阶段

改革开放以来，我国经济建设快速发展，急需大量应用型人才。国家教育委员会①于 1980 年批准成立 13 所职业大学，标志着我国高等职业教育发展的开端，随后经过五年的发展探索，于 1985 年颁布《中共中央关于教育体制改革的决定》，提出逐步建立起一个从初级到高级，行业配套、结构合理，又能与普通教育相互沟通的职业教育体系，为职业教育发展勾画了一幅蓝图，也为培养高素质的应用型人才打下了基础②。随后，教育部先后批准成立了 92 所职业大学，这批职业大学主要集中在省会城市和经济发达城市，为当地的经济发展培养了大量的技能人才。同时，教育部又在原国家重点中专的基础上发展了一批专科学校，为进一步做大做强高等职业教育做好了准备。职业大学的快速发展，是我国高等教育结构调整的一件大事，对职业教育的长远发展具有深刻的影响。

（二）职业教育稳步发展阶段

1991 年 1 月，国家教育委员会出台《关于加强普通高等专科教育工作的意见》（以下简称《意见》），明确提出了专科教育的性质、培养规格、修业年限、规模与质量等③。《意见》提出，普通高等专科教育是在普通高中教育基础上进行的专业教育，培养能够坚持社会主义道路，适应基层部门和企事业单位生产工作第一线需要的，德智体诸方面都得到发展的高等应用性专门人才，同本科教育、研究生教育一样，都是我国普通高等教育体系中不可缺少的重要组成部分。《意见》同时也提出了我国经济建设和社会发展（尤其是广大农村）需要普通高等教

---

① 现为中华人民共和国教育部。

② 中共中央. 关于教育体制改革的决定[EB/OL]. 中国教育部网站, http://www.moe.edu.cn/publicfiles/business/htmlfiles/moe/moe_177/200407/2482.html[2015-01-12].

③ 国家教委. 关于印发《关于加强普通高等专科教育工作的意见》的通知[EB/OL]》法律法规网, http://laws.66law.cn/law-15731.aspx[2015-03-17].

育培养大批高等应用型专门人才。当时在经济治理整顿时期，国家在控制高校总招生规模不变的情况下，普通高等专科学校要基本稳定规模，把工作的重点放在改善办学条件、深化改革、提高质量上，其修业年限为 2～3 年。《意见》也指出，普通高等专科教育的教学要突出理论知识的应用和实践动手能力的培养，基础理论的教学以应用为目的，以必需、够用为度，以掌握概念、强化应用为教学的重点；专业课的教学内容要加强针对性和实用性；各类课程要精简理论的推导和讲课时数，加强各种实践性教学环节。

国家随后颁布的一系列法规，如《中华人民共和国教师法》《中华人民共和国劳动法》，以及 1996 年的《中华人民共和国职业教育法》等，使我国职业教育逐步走向法制化、规范化、科学化的发展道路。另外，随着经济发展的需要，国家要求所有高等专科学校和成人高等学校都与高等职业院校一样，培养技能型和应用型高级专门人才，统称为高职高专教育，即将高等职业教育和高等专科教育均列属于专科层次教育①。《中华人民共和国职业教育法》的颁布，对职业教育各方面的职责以法律形式作了明确规定，标志着职业教育事业走上依法治教的新时期，使我国职业教育发展进入了更规范的发展阶段。随后，国家教育委员会根据当时的实际情况，提出"三改一补"的方针来发展高等职业教育，并明确要求高职教育服务地方经济的职能，要求职业院校要主动适应社会发展与科技进步的需要，注重培养生产、服务一线需要的高技能人才。

（三）职业教育跨越发展阶段

1998 年，新组建的教育部高度重视高等职业教育发展，并提出了"三多一改"发展高等职业教育的方针。所谓"三多一改"的方针，就是多渠道、多规格、多模式发展高等职业教育，重点是教学改革，真正办出高等职业教育特色。这就为高等职业教育的快速发展指明了方向，我国高等职业教育随即进入跨越式发展阶段，掀起了高等职业教育的热潮。②在国家的宏观调控下，高等教育的扩招，侧重于高等职业教育，从而使得高职高专招生数量在短期内达到与普通高等教育均等的地位，甚至有超越之势。我国的高职高专教育，经历了三个发展阶段，现在已经稳稳占据了高等教育的半壁江山。

---

① 蒋义.我国职业教育对经济增长和产业发展贡献研究[D]. 北京：财政部财政科学研究所，2010.
② 郑建英. 加快发展我国高职教育的对策研究[J]. 职业时空，2011，7（4）：41-42.

二、高职院校数量快速增长

从普通高等学校历年数量的情况表可以看出，我国 2000 年有高职专科院校 442 所，经过十年的快速发展，到 2014 年高职专科院校的数量已经达到了 1327 所，占全国普通高等学校数量（2529 所）的比例也超过了 50%，在院校数量指标上，高职院校确实已经可以和普通本科院校平分秋色，如表 13-1 所示。

表 13-1　普通高等学校历年数量情况表　　　　（单位：所）

年份	普通高等学校	高职（专科）院校
2000	1041	442
2001	1225	628
2002	1396	767
2003	1552	908
2004	1731	1047
2005	1792	1091
2006	1867	1147
2007	1908	1168
2008	2263	1184
2009	2305	1215
2010	2358	1246
2011	2409	1280
2012	2442	1297
2013	2491	1321
2014	2529	1327

资料来源：中国统计年鉴-2015

三、职业教育学生发展和教学改革

上海市教育科学研究院和麦可思研究院共同编制的《2016 中国高等职业教育质量年度报告》显示，毕业生月收入连续五年增长，自主创业及创业存活率提升。麦可思研究院对 2015 届高职毕业生进行跟踪调查发现，在毕业半年时，他们的平均月收入为 3409 元；扣除通货膨胀因素，月收入为 3131 元，相比 2011

届的月收入提高 26.1%，连续五年增长。毕业生就业满意度也稳定上升，2015 届毕业生的就业满意度达 61%，相对于 2011 届上升了 17 个百分点。同时，报告还关注到了学生的职业发展。调查显示，高职学生毕业三年后月收入增长明显。2008—2012 届高职学生，毕业三年的月收入与毕业半年收入相比增长明显。以 2012 届为例，毕业生毕业半年时月收入为 2731 元，毕业三年时为 5020 元，增长 83.8%，增速明显高于城镇在岗职工平均水平，表明高职毕业生具有较好的发展潜力。五年来，高职毕业生自主创业群体不断扩大。2015 届学生毕业半年后自主创业比例为 3.9%，比 2011 届增长了 1.7 个百分点，增幅达 77.3%。高职毕业生不仅创业比例高，而且创业存活的比例也不断提升。在毕业半年后自主创业的 2012 届高职毕业生中，有 47.5%的人三年后还在自主创业，比 2008 届上升了 12.7 个百分点。高职学生创业具有拉动社会就业的作用。据测算，2013 届高职自主创业毕业生创造了 92.3 万个就业岗位，而 2015 届高职毕业生规模、自主创业比例均有所增加，拉动就业的作用可能会更为明显。①

另外，与民生相关的专业点增速较快，师资数量不足，制约着专业发展。报告显示，过去五年，高职院校的专业结构进一步优化，专业设置主动与产业发展对接。面向第二产业的新增专业点数由 2010 年的 2865 个增加到 2015 年的 4926 个，增长 71.94%；面向第三产业的由 1466 个增加到 2997 个，增长 104.43%。与经济发展和社会民生密切相关的专业点增速较快，如老年服务与管理专业五年内由 20 个增加到 112 个，休闲服务与管理专业由 9 个增加到 56 个，城市轨道交通相关专业由 73 个增加到 253 个。①报告显示，高职院校"双师"素质专任教师比例进一步提升，356 所院校达到"专业基础课和专业课中双师素质教师比例达 70%以上"的优秀标准，比上年增加 27 所。其中，国家级及省级示范（骨干）院校 240 所，行业、企业类院校 134 所。这表明，示范（骨干）院校建设项目有力地拉动了师资队伍水平，行业、企业类院校较好地发挥了行业企业的办学优势，师资队伍优势明显。报告也指出了师资队伍建设中的一些问题，如部分院校生师比超过 20∶1，个别院校竟然达到 40∶1，专任教师年教学工作量超过 500 学时，影响了企业实践的开展和专业素质的提升。2015 年，专任教师人均企业实践 30 天以上的院校仅有 270 所，人均参加省级培

---

① 刘红. 我国高等职业教育年度报告制度形成历程与发展状况——《2016 中国高等职业教育质量年度报告》发布[J]. 中国职业技术教育，2016，（22）：5-10.

训1周以上的院校仅有149所。

第二节　高等职业专科教育瓶颈

一、陈旧的教学理念

教育理念是教育质量的根本，很多高职高专院校在专业培养计划中仍简单沿用本科体系，"本科压缩"的影子挥之不去，将传授理论作为核心，能力培养落实不到位；在课程设置上，忽视学习者未来工作岗位的需求，强调课程本身的系统性和权威性，对高职教育所界定的理论上"必须、够用"的原则理解不到位，陈旧的办学理念导致高职教育创新性不够，改革力度较弱。理念的更新，意味着行动的改变。高职高专院校要重视学生基本素养的培养，不再以发展为宗旨，以就业为导向，而是以立德树人为核心，以服务发展为宗旨，以促进就业为导向。高职高专院校教师要用足够的爱心为学生们树立信心，让学生找到自己的闪光点，既培养学生的职业技能，又培养职业道德和服务精神；既重视科学知识，又重视学生学习和实践能力的提高。

高职专科教育的生源近年来尤为紧张，其中很大程度上是受整个国家青少年数量下降的影响，加之普通本科的扩招，留给高职高专院校的生源就越来越少了。从全国人口年龄结构情况可以看出，我国0～14岁人口数量，从1994年的32 360万人，到2008年的25 166万人，再到2014年的22 558万人，呈现出下降趋势，其在总人口数量中所占的比例，也从1994年的27%一路下降到2014年的16.5%，适龄青少年人口数量的下降，必然带来高校生源的紧张，尤其是高职专科的生源紧张。与此相对应，我国65岁以上的老年人口数量，从1994年的7622万人，到2008年的10 956万人，再到2014年的13 755万人，呈现出上升趋势，其在总人口数量中所占的比例，也从1994年的6.4%一路上升到2014年的10.1%。换言之，我国人口结构的变化，影响了高职专科的生源数量，如表13-2所示。

表 13-2　全国人口年龄结构情况表

年份	总人口（年末）（万人）	按年龄组分					
		0～14 岁		15～64 岁		65 岁及以上	
		人口数（万人）	比例（%）	人口数（万人）	比例（%）	人口数（万人）	比例（%）
1994	119 850	32 360	27.0	79 868	66.6	7 622	6.4
2004	129 988	27 947	21.5	92 184	70.9	9 857	7.6
2005	130 756	26 504	20.3	94 197	72.0	10 055	7.7
2006	131 448	25 961	19.8	95 068	72.3	10 419	7.9
2007	132 129	25 660	19.4	95 833	72.5	10 636	8.1
2008	132 802	25 166	19.0	96 680	72.7	10 956	8.3
2009	133 450	24 659	18.5	97 484	73.0	11 307	8.5
2010	134 091	22 259	16.6	99 938	74.5	11 894	8.9
2011	134 735	22 164	16.5	100 283	74.4	12 288	9.1
2012	135 404	22 287	16.5	100 403	74.1	12 714	9.4
2013	136 072	22 329	16.4	100 582	73.9	13 161	9.7
2014	136 782	22 558	16.5	100 469	73.4	13 755	10.1

资料来源：中国统计年鉴-2015

二、高职专科教育起点不高

高职专科教育的起点不高包括学生和学校两方面。①学生起点不高。传统观念的影响，导致职业教育受到一定的歧视，高职高专的生源质量不高，往往成为高考生的备用选择。同时，高等教育的扩招也加剧了这种趋势，很多高职高专学生对于学习几乎没有多大兴趣，也缺乏吃苦耐劳的优秀精神，更不要说良好的学习习惯了。②学校起点不高。我国于 1996 年召开了全国职业教育工作会议，并提出"三改一补"设置职业技术学院的方针，就是通过职业大学、成人高校和高等专科学校改革发展高职专科教育，还可以在国家级重点中专里办高职班作为补充：职业大学坚持高职方向，办出高职专科教育特色；高等专科学校改为高职专科，不需要报批；经国家教育委员会审批独立设置的成人高校要改革办学模式，调整专业方向，改为高职专科；若仍不能满足需要，经国家教育委员会批准可在国家级重点中等学校里办高职班作为补充。"三改"的三类学校，在中国高教系统中属于较为薄弱环节，且在之前的高速发展的过程中，又出现了诸多问题，如专业结构不合理、特色不突出、办学条件差等还未能得到很好的解决；职业教育把这三类学校作为发展高职高专的主要渠道，本身就注定了先天不足，三类学校的办学条件和办学水平都相对落后，实训条件和师资队伍也都比较薄弱。

三、实践性教学有待加强

1998 年，教育部进一步加强对高等职业教育的改革力度，并随之提出"三多一改"的发展高等职业教育的方针，给全国 20 个省市专门划拨 11 万个高职高专招生指标，此后，我国高等职业教育进入大发展时期。所谓"三多一改"方针，就是多渠道、多规格、多模式发展高等职业教育，重点是教学改革，真正办出高等职业教育特色。多种渠道开办高等职业教育院校，多种规格包含专业宽窄、学制长短等，多种模式是指发展职业教育既可以公办民助，也可以民办公助等。1999 年 1 月，教育部、国家计划委员会[①]联合出台了《试行按新的管理模式和运行机制举办高等职业教育的实施意见》[②]，通过拓宽思路，高等职业教育获得了快速发展。但与此同时，高等职业教育的质量仍然堪忧，培养的技能型人才仍然和社会需求有较大差距，其中一个重要的因素，就是实践性教学落实不到位。高等职业教育在发展的过程中，主要是借鉴传统本科院校的教学模式，而且高职高专属于专科层面，在高等教育跨越式发展阶段，更多的情况下是作为本科教育的一个补充，这就导致高职高专的人才培养模式基本类同于普通高校，重视知识的传承，忽略了技能的培养。当然，主观层面上缺乏双师型教师，客观层面上实训基地建设不够完善，都导致高等职业教育的实践性教学不到位，影响到了应用型人才的培养质量。随着时代的发展，高等职业教育正在逐步完善。

四、高职专科教育资金不足

由于缺乏相应的制度保障，高职教育的资金投入严重不足，甚至有些地方用错误的观念看待高职教育，将其视为一种投资小、见效快的项目。尽管很多高职

---

① 现为中华人民共和国国家发展和改革委员会。

② 教育部，国家计委. 关于印发《试行按新的管理模式和运行机制举办高等职业技术教育的实施意见》的通知[EB/OL]. （教发〔1999〕2 号）. 法律教育网，http：//www.chinalawedu.com/news/1200/22598/22615/22799/2006/3/wa953163718136002460-0.htm[2016-08-10].

院校在申报成立之初，地方政府都曾承诺足够的资金保障，但真到学校获批之后，往往难以兑现，经费不足直接影响实训基地建设；有些本科院校举办的高等职业教育，也没有得到足够的重视，投入较小。事实上，作为实践性教育，职业教育的成本应远远高于普通高等教育的水平，但政府缺乏投入，制约了高等职业教育的进一步发展，很多时候，不得不依靠提高收费标准来维持发展。特别是自1999年高等教育扩招以来，高等职业教育在扩招中承担了增量部分的半壁江山，大量学生涌入高职院校后，高职院校并没有做好充分的准备，在投入有限的情况下，高职院校的教学设施很紧张，生均办学成本、生均实验设备总值等指标下降，影响了人才培养的质量。

第三节　完善高等职业专科教育

一、树立现代职业教育理念，加强专业建设

高等职业教育着眼于学生"学会做人、学会做事、学会思考、学会生活"，不但要教会学生基本的职业技能，更要教会学生为人处世的道理，使学生获得更长远的发展潜力。这就要求高等职业办学要树立现代职业教育理念，积极探索校企合作办学模式，努力推行学历证和职业资格证一起发展的双证书制度，学习和引进国际先进、成熟、适用的职业标准、专业课程、教材体系和数字化教育资源；选择类型相同、专业相近的国外高水平院校联合开发课程，共建专业、实验室或实训基地，建立教师交流、学生交换、学分互认等合作关系。

完善职业规划，是现代职教理念的一部分，做好高职学生的职业规划，有利于激发学生的学习兴趣。可以利用新生入学后进行专业教育的时机，由专业教师对行业的发展概况、学生毕业的方向及学院的办学优势、市场对专业人才的需要现状、办学特点和师资力量等情况进行详细介绍。在日常学习过程中，可邀请行业专业人士来校举办职业生涯讲座，让他们以自己的切身体会谈学生在校努力学习、练好基本功的重要性，让新生明白没有坚实的专业理论基础和技能是不能适

应工作的。还可以通过举办职业规划大赛等形式，让学生自主思考职业的未来，更好地把握在校的大好时光。

另外，专科高等职业院校要加强专业建设，凝练专业方向，改善实训条件，深化教学改革，整体提升专业发展水平；支持紧跟产业发展、校企深度合作、社会认可度高的骨干专业建设；支持专科高等职业院校与技术先进、管理规范、社会责任感强的规模以上企业深度合作，共建生产性实训基地。面向国家重点发展产业，提高专业的技术协同创新能力，促进区域产业结构调整和新兴产业发展；面向企业的创新需求，依托重点专业，校企共建研发机构；探索发展本科层次的职业教育专业，培养中国制造2025需要的不同层次人才。坚持以示范建设引领发展，鼓励支持地方建设一批专业特色鲜明、办学定位准确、社会服务能力强、综合办学水平领先、与地方经济社会发展需要契合度高、行业优势突出的优质专科高等职业院校，持续深化教育教学改革，大幅度提升技术创新服务能力，培养杰出的技术技能人才，实质性地扩大国际交流合作，增强专业教师和毕业生在行业企业的影响力，提升学校对产业发展的贡献度，争创国际先进水平。

二、加大经费投入，重视实践教学

第一，政府有关部门要制定相关政策，确保正常的教育经费，在吸引社会投资职业教育的同时，要努力探索学校和企业深入合作的途径，走产学研发展道路，在市场竞争中赢得更多的教育资源。职业教育能提升劳动者的综合素质，培养大量的技能人才，直接推动当地经济发展，也契合了政府所追求的目标和应履行的职责。政府应积极投资职业教育，建立与办学规模和培养要求相适应的财政投入制度，地方人民政府要依法制定并落实职业院校生均经费标准或公用经费标准，改善职业院校基本办学条件，同时，要多方吸引社会资金，形成多元化的投资格局，加大地方人民政府经费统筹力度，使地方教育附加费用于职业教育的比例不低于30%，发挥好企业职工教育培训经费，以及就业经费、扶贫和移民安置资金等各类资金在职业培训中的作用，提高资金使用效益。县级以上人民政府要建立职业教育经费绩效评价制度、审计监督公告制度、预决算公开制度等。

第二，政府部门鼓励社会力量捐资、出资兴办职业教育，拓宽办学筹资渠道。通过公益性社会团体或者县级以上人民政府及其部门向职业院校进行捐赠的，其捐赠按照现行税收法律规定在税前扣除。完善财政贴息贷款等政策，健全民办职业院校融资机制。企业要依法履行职工教育培训和足额提取教育培训经费的责任，一般企业按照职工工资总额的 1.5% 足额提取教育培训经费，对从业人员技能要求高、实训耗材多、培训任务重、经济效益较好的企业可按 2.5% 提取，其中用于一线职工教育培训的比例不低于 60%。除国务院财政、税务主管部门另有规定外，企业发生的职工教育经费支出，不超过工资薪金总额 2.5% 的部分，准予扣除；超过部分，准予在以后纳税年度结转扣除。对于不按规定提取和使用教育培训经费并拒不改正的企业，由县级以上地方人民政府依法收取企业应当承担的职业教育经费，统筹用于本地区的职业教育，同时，要探索利用国（境）外资金发展职业教育的途径和机制。

第三，引导支持社会力量兴办职业教育。创新民办职业教育办学模式，积极支持各类办学主体通过独资、合资、合作等多种形式举办民办职业教育；探索发展股份制、混合所有制职业院校，允许以资本、知识、技术、管理等要素参与办学并享有相应的权利；探索公办和社会力量举办的职业院校相互委托管理和购买服务的机制；引导社会力量参与教学过程，共同开发课程和教材等教育资源，通过社会力量举办的职业院校与公办职业院校具有同等法律地位，依法享受相关教育、财税、土地、金融等政策；健全政府补贴、购买服务、助学贷款、基金奖励、捐资激励等制度，鼓励社会力量参与职业教育办学、管理和评价；推进人才培养模式创新；坚持校企合作、工学结合，强化教学、学习、实训相融合的教育教学活动；推行项目教学、案例教学、工作过程导向教学等教学模式；加大实习实训在教学中的比例，创新顶岗实习形式，强化以育人为目标的实习实训考核评价；健全学生实习责任保险制度；积极推进学历证书和职业资格证书"双证书"制度；开展校企联合招生、联合培养的现代学徒制试点，完善支持政策，推进校企一体化育人。[①]

第四，重视实践教学，学习德国应用科学大学"能力本位、职业导向"的教育质量观。德国应用科学大学不但学生在入学前要有一个预先实习期，而且在学习阶段有两个完整学期的实习，并且是在企业真实环境中进行，学校和企业共同提供师资，给学生提供了全面深入企业，了解工作岗位的机会。换言之，德国应用科学大学的实习是以就业为导向，而非以学科为取向。在德国应用科学大学不

---

① 国务院. 关于加快发展现代职业教育的决定[EB/OL]，国发〔2014〕19 号. 中国教育部网站，http://www.moe.edu.cn/publicfiles/business/htmlfiles/moe/moe_1778/201406/170691.html[2016-08-12].

仅要求学生在实习阶段接触和参与真实的企业工程生产实践，而且根据应用型人才的特点，专业理论教学也不采用固定教材，教学内容是根据社会和企业实际工作岗位的需要而定的。德国应用科学大学不仅重视实践教学环节，而且重视理论教学与实践教学的有机统一。为有效保证教学内容的职业适应性，不仅针对企业需要不断更新教学内容，而且在针对性的基础上适当拓宽专业面，加强基础性教学内容，重视实习期，让学生全面深入地了解企业文化，明确工作岗位，这个阶段可以说为学生提供了一个较为真实的工作环境，让毕业生能够尽快适应从学生到员工的角色转换，有利于学生毕业后顺利入职。

从应用型人才培养的目标和办学定位来看，基本一致的取向是服务地方经济社会发展和培养应用型人才，虽然高校各专业的人才培养方案每年都要进行调整，但据悉，调整的幅度很小。也就是说，培养方案的调整对经济社会需求的反映并不佳。应用型院校应加强课程应用性，建立健全课程衔接体系，适应经济发展、产业升级和技术进步需要，建立专业教学标准和职业标准联动开发机制。在课程内容的选择上，要根据生产或服务的现实需要，更多地倾向于现成、实用技术与规范的经验知识，形成对接紧密、特色鲜明、动态调整的职业教育课程体系。另外，要学习德国职业教育模块化课程方案，依据不同专业的不同能力要求，汇集不同专业的关键知识点，形成相互关联的专业课程体系；全面实施素质教育，科学合理地设置课程，将职业道德、人文素养教育贯穿于培养全过程。

三、重视对"双师型"师资的培养和引进

首先，职业院校应建设德才兼备、高水平的师资队伍，在人才引进上要根据职业院校的办学定位和发展规划，调整学科与专业建设需求，结合现有教师的状况及学校的发展需求，来决定引进师资的专业结构、职称结构、实践技能等。要进一步扭转普通高等院校招聘人才"唯学历论"的传统，因为所谓的高学历人才，都是学术型的，缺乏实际经验，甚至是缺乏社会阅历，从根本上就背离了应用型人才培养的初衷，也背离了"双师型"的初衷。由此常常出现的结果可能是，学校花费大笔经费引进的人才与应用型办学定位有偏差，引进的教师没有实际的企业工作经验，缺乏实践技能，对企业环境、行业发展不了解，很难培养出高素质的应用型人才。

其次，完善职业教育教师资格标准，实施职业教育教师专业标准，健全教师

专业技术职务（职称）评聘办法，探索在职称评审时侧重于教师实践技能的要求。职业院校的教师应该经常关注社会一线对于应用型人才的实际需求，教师自身也应该争取机会到行业企业一线去学习锻炼，学会与企业专家和一线技工交朋友，保持与行业企业一线的"零距离"接触，缩短课堂教学与社会现实的距离，制定专业培养标准，规定不同的实践培训时间，培养学生认识和分析实际问题的能力，多种途径提升学生的实践能力及适应社会的能力。政府应出台政策鼓励人才流动，完善行业企业技术人才到职业院校担任专兼职教师的途径，支持职业院校按照有关规定自主招聘引进人才，为职业院校和企业牵线搭桥，鼓励双方共建实习实训基地，为职业教育的教师提供实践机会，提高实践教学能力。

实际上，重视质量的前提是先有数量，从普通高校专任教师历年数量情况表可以看出，我国高职专科院校的专任教师数量不多，从2000年的8.7万人，一直保持较高的增速，到2014年也只有43.8万人，尚不到普通高等学校教师总数153.5万人的30%，这和高职院校规模普遍较小有关，如表13-3所示。

表13-3　普通高等学校专任教师历年数量情况表（单位：万人）

年份	普通高等学校	#高职（专科）院校
2000	46.3	8.7
2001	53.2	12.4
2002	61.8	15.6
2003	72.5	19.7
2004	85.8	23.8
2005	96.6	26.8
2006	107.6	31.6
2007	116.8	35.5
2008	123.8	37.7
2009	129.5	39.5
2010	134.3	40.4
2011	139.3	41.3
2012	144.0	41.3
2013	149.7	43.7
2014	153.5	43.8

资料来源：中国统计年鉴-2015

高职院校的快速发展急需大量"双师型"的教师，这已经成为共识，但现实中高职院校的教师引进途径过于单一，仍然定位于高学历的要求，将学历作为招聘教师的硬指标，直接导致教师队伍成为单纯的理论型，甚至很多职业院校招聘教师也要求具有博士学历，这些高学历毕业生往往都是没有任何实践技能和社会阅历，"双师型"师资队伍建设难以落实；职业院校要进一步完善教师队伍，就要拓宽渠道，引进教师要以学历和技能并重，对在职教师要通过培训进修等多种方式提升实践技能，同时，要大力聘请兼职教师，建立稳定的兼职教师队伍，可以有效地弥补双师型教师不足的困境。

四、提高应用型人才培养的综合素质

第一，做好教育事业，职业院校要树立以人为本的基本理念，尊重教育规律，尊重生命规律，围绕学生的实际情况，发挥学生学习的主动性，注重培养学生独立思考的能力，采取多种途径提升人才培养质量，而不是仅仅依靠传统的行政手段管理学生。以学生为主导，教师起引导作用，这就对教师提出了较高的要求。高职院校之间要打破人才壁垒，使得优秀教师能够脱颖而出，及时清理不合格教师，确保教师进出渠道畅通。高职院校的教学改革必须"从学生出发"，要站在学生角度，强化课程资源的多方采集，推进课程内容的多态生成，突出课程的现场感和情境化，注重内容的接近性和吸引力，按照学生的不同个性，实施差异性教育。教师应是学生学习和发展的引导者、促进者、合作者、服务者，教师应坚持以学生为本，启发学生思考，转变教学观念，力争让每位学生的个性都得到绽放。

第二，职业院校要坚持以学生为本，为学生建立沟通渠道，使学生的诉求及时得到反馈，要求学生管理工作更加柔性化，努力改善学校管理效果。特别要注重对个体的内在品德的培养，包括职业态度、职业追求、职业伦理、职业规矩、职业情感、职业习惯和职业团队意识等的锤炼。要让学生在思维上得以创新拓展，在个性上得以张扬释放，在情感上得以熏陶历练，在素养上得以有效提升。另外，要坚持以学生为本，发挥学生的潜能，注重对学生心理健康和创新精神的培养，利用高校学生社团开展丰富的学生活动，培养优秀的复合型人才。

人才的综合素质如何，在一定程度上取决于人才培养的课程体系，发达国家的应用型人才培养都在不同程度上突破了学科本位课程体系，侧重于对实践能力的培养，根据社会实践需求，倾向对运用基本理论解决实际问题能力的训练。在部分专业探索实施中高职贯通培养的考试招生办法，适度提高专科高等职业院校招收中等职业学校毕业生的比例、本科高等学校招收职业院校毕业生的比例，逐步扩大高等职业院校招收有实践经历人员的比例，健全"文化素质+职业技能"、单独招生、综合评价招生和技能拔尖人才免试等考试招生办法，为学生接受不同层次高等职业教育提供多种机会，为学生深度学习创设条件，真正做到研究、尊重、依靠、发展每一个学生。同时，要增强学生发展后劲，提高学生的综合素养。这样培养出来的人才不仅适应毕业时就业岗位的需要，也为他们以后的职业生涯和职业发展打下了坚实的基础。

五、增强职业院校办学活力

第一，尊重和激发基层首创精神，以外部体制创新、内部机制改革、院校功能拓展为抓手增强院校办学活力，提高高等职业院校对市场的适应能力和自主发展能力。推动专科高等职业院校逐步实行学分制，推进与学分制相配套的课程开发和教学管理制度改革，建立以学分为基本单位的学习成果认定积累制度，建立学分积累与转换制度。开展不同类型学习成果的积累、认定，在坚持培养要求的基础上，探索普通本科高校、高等职业院校、成人高校、社区教育机构之间的学分转移与认定。

第二，探索混合所有制办学，深化办学体制改革，鼓励社会力量以资本、知识、技术、管理等要素参与公办高等职业院校改革。政府鼓励行业参与职业教育，支持行业根据发展需要举办高等职业教育，切实履行举办方责任，健全与行业联合召开职业教育工作会议的机制，联合制定行业职业教育发展指导意见；鼓励企业和公办高等职业院校合作举办适用公办学校政策、具有混合所有制特征的二级学院，鼓励民间资金与公办优质教育资源嫁接合作，在经济欠发达地区扩大优质高等职业教育资源；鼓励和支持行业加强对本系统、本行业高等职业院校的规划与指导，扶持行业加强指导能力建设，支持行业职业教育教学指导委员会在规定的领域范围内自主开展工作，在指导专业和课程改革、协调师资队伍建设、推进校企合作、开展教学评价等方面发挥作用；鼓励行业企业办和民办高等职业院校建立教师年金制度，鼓励专业技术人才、高技能人才在高等职业院校建设股份合作制工作室，支持营利性民办高等职业院校探索并建立股权激励机制。

第三，落实高等职业院校办学自主权。按照中央关于分类推进事业单位改革的精神，构建政府、高校、社会新型关系，加快转变政府职能，进一步明确高等职业院校的办学权利和义务，更好地落实学校办学主体地位。政府支持企业发挥资源技术优势举办高等职业院校，按照职业教育规律规范管理，发挥企业办学的主体作用，鼓励企业将职工教育培训交由高等职业院校承担，鼓励企业与学校共建共管职工培训中心，支持企业建设兼具生产与教学功能的公共实训基地；支持学校自主确定教学科研行政等内部组织机构的设置和人员配备，支持高校面向社会依法依规自主公开招聘教学科研行政管理等各类人员，自主选聘教职工，自主确定内部收入分配；放管结合，健全以章程为统领规范行使办学自主权的制度体系；优化服务，履行好政府保基本的兜底责任和监管职责。

第四，规模以上企业设立专门机构（或人员）负责职工教育培训、对接高等职业院校，设立学生实习和教师实践岗位；研制职业教育校企合作促进办法，将企业开展职业教育的情况纳入企业社会责任报告；对企业因接收实习生所实际发生的与取得收入有关的合理支出，按现行税收法律规定在计算应纳税所得额时扣除；支持民办教育发展；落实教育、财税、土地、金融等支持政策，鼓励各类办学主体通过独资、合资、合作等形式举办民办高等职业教育，稳步扩大优质民办职业教育资源。在创新民办高等职业教育办学模式时，社会声誉好、教学质量高、就业有保障的民办专科高等职业院校，可由省级政府统筹，在核定的办学规模内自主确定招生方案。同时，要以政府规划、社会贡献和办学质量为依据，探索政府通过"以奖代补"、购买服务等方式支持民办高等职业教育发展和鼓励社会力量参与高等职业教育办学的办法。

第五，服务社区教育和终身学习。高等职业专科院校要发挥场地、设施、师资、教学实训设备、网络及教育资源优势，向社区开放服务；与社区教育机构建立联席会议制度，为社区居民代表参与学校发展规划和社区教育服务计划提供平台，协调社区企事业单位为学生实习实训提供条件，开展校园周边环境综合治理。同时，面向社区成员开展与生活密切相关的职业技能培训，以及民主法治、文明礼仪、保健养生、生态文明等方面的教育活动；开设养生保健、文化艺术、信息技术、家政服务、社会工作、医疗护理、园艺花卉、传统工艺等专业的职业院校，应结合学校特色率先开展老年教育。学历教育和非学历培训并举、全日制与非全日制并重发展多样化的职工继续教育，能为劳动者终身学习提供更多机会，为普通教育学生提供职业发展辅导，为劳动者提供多渠道多形式的就业服务。[①]另外，要鼓励高等职业专科院校主动承接政府和企事业单位组织的职业培训，以职业道德、职业发展、就业准备、创业指导等为主要内容开展就业创业教育，按照国家有关规定开展退役士兵职业教育培训。

---

① 教育部. 高等职业教育创新发展行动计划（2015—2018 年）[EB/OL]. 学信网，http://www.chsi.com.cn/jyzx/201511/20151103/1509042579.html[2016-10-09].

第十四章 应用型本科教育改革

第一节　应用型本科教育崛起

一、经济社会发展的必然需要

随着改革开放的深入，社会主义市场经济需要大量的理论联系实际的综合素质和创新能力较高的应用型人才，而我国传统的本科人才培养定位于学术性，侧重于理论研究，培养出的学生理论脱离实际，动手能力较差，这是导致本科毕业生就业反而不如高职毕业生的关键因素之一。

《2016 年中国大学生就业报告》相关信息显示：大学毕业生就业重心变化，民企、中小微企业、地级市及以下地区等成为主要就业去向。①大学生就业重心从国企和外企转向民企。大学毕业生在民营企业就业的比例从 2013 届的 54%上升为 2015 届的 59%，与此同时，在国有企业就业的比例从 2013 届的 22%下降到 2015 届的 18%，在中外合资／外资／独资企业就业的比例从 2013 届的 11%下降到 2015 届的 9%。其中，本科毕业生在民营企业的就业比例从 2013 届的 45%上升为 2015 届的 52%。高职高专毕业生从 63%上升为 67%。本科毕业生在国有企业的就业比例从 2013 届的 26%下降到 2015 届的 20%，在中外合资／外资／独资企业的就业比例从 12%下降到 10%。高职高专毕业生在国有企业的就业比例从 2013 届的 19%下降到 2015 届的 16%，在中外合资／外资／独资企业的就业比例从 10%下降到 8%。这些变化反映出国企正在经历新一轮的产能调整，外资企业也受劳动力成本上升等因素的影响，而民营企业对大学毕业生就业的支撑作用凸显。②中小微企业雇用了超过一半的大学毕业生。2013—2015 届大学毕业生在 3000 人以上大型用人单位就业的比例从 23%下降到 21%，在 300 人以下的中小微用人单位就业的比例从 51%上升为 55%。其中，2013—2015 届本科毕业生在 3000 人以上大型用人单位就业的比例从 27%下降到 25%，在 300 人以下的中小微用人单位就业的比例从 45%上升为 50%。2013—2015 届高职高专毕业生在 3000 人以上大型用人单位就业的比例从 19%下降到 17%，在 300 人以下的中小微用人单位就业的比例从 56%上升为 60%。③大学毕业生在地级市及以下地区的就业比例上升。2013—2015 届大学毕业生在地级市及以下地区就业的比例从 2013 届的 52%上升为 2015 届的 55%。其中，2013—2015 届本科毕业生在地级市及下地区就业的比例从 2013 届的 46%上升为 2015 届的 48%。高职高专毕业生就业比例从 58%上升为 61%。[①]

从我国经济社会发展的趋势来看，掌握高技能和高素质的应用型本科层次人才是发展重点，传统的学术研究型人才需求量是很小的，毕竟没有那么多的研究岗位。随着我国高等教育规模的扩大及产业结构调整步伐的加快，社会对高层次应用型人才的需求将更加迫切。普通高等教育要适应经济社会发展的需要，努力提高自己的转化能力，延伸职业教育的培养理念，加强学生的实践技能培养，促进应用型大学教育体系的形成。

二、就业压力引导高等教育转型

高等教育的跨越式发展，迅速实现了大学生从精英到大众化的转变，但普通高等教育仍然沿用精英化的人才培养模式，以学术型人才为主，培养的毕业生缺乏实践操作能力，与现实社会的需求有较大差距，导致人才供需错位。大学生就业难题在很大程度上反映出了高等教育存在的问题，只有正视现实，从改革高等教育入手，培养符合社会期望的应用型人才，才是改善大学生就业状况的必由之路。

《2016 年中国大学生就业报告》相关统计信息显示：2015 届大学生就业率总体稳定，创业与深造是稳定大学生就业的主要因素。2015 届大学生毕业半年后的就业率为 91.7%。其中，本科院校 2015 届毕业生半年后的就业率为 92.2%；高职高专生为 91.2%。2015 届大学生毕业半年后的就业率（91.7%）与 2014 届（92.1%）和 2013 届（91.4%）基本持平。虽然 2014 年与 2015 年经济下行，但 2015 届大学生毕业半年后就业基本稳定，是因为大学毕业生的创业和深造比例上升，减少了需就业的基数。[①]具体而言，自主创业的比例从 2013 届的 2.3%上

---

① 麦可思研究院. 就业蓝皮书：2016 年中国大学生就业报告. 北京：社会科学文献出版社，2016.

升到 2015 届的 3.0%，本科毕业生读研加上高职高专毕业生读本科的比例从 2013 届的 8.0%上升到 2015 届的 10.1%。另一因素是信息、教育、医疗等知识密集型产业近年来增长较快，大学毕业生在经济结构变化中的就业适应性更好，从而就业受传统经济的影响较其他人群小。在 2015 届大学生未就业人群中，52%的人处于求职状态，31%的人准备在国内外考研、考公务员、准备创业和参加职业培训，17%的人不求职也无其他计划。从这些情况我们可以看出，本科生尤其是重点本科学生实践性动手能力和创新能力较为欠缺，相比之下，强调实践性的高职教育在促进就业方面还是有一定效果的。

三、应用型本科院校的定位

应用型本科院校培养的人才要具有比较扎实的理论基础和良好的发展后劲儿，同时要具备较强的职业技能，并有一定的解决实际问题的能力和一定的综合创新能力。传统本科教育经验与高职教育经验的结合，可能会给应用型本科院校的应用型人才培养的质量带来新的提升。近年来，高等职业教育的发展实实在在地对普通本科教育产生了一定的冲击，也是一种激励，高等职业教育很多好的经验需要应用型本科院校借鉴，更何况国际意义上的高等职业教育是渗透在高等教育的各个层次中的，我国发展应用型本科教育，也是朝这个方向发展的，这是社会与经济发展的实际需求，也是高等教育发展的必然。

举办应用型本科教育的学校来自两类：本科院校举办的技术学院、高职高专升本，这是应用型本科院校的主体。自 2000 年以来，我国有一大批高职高专院校升格为本科院校，另外，民办高等教育在应用型本科领域占据了相当重要的地位。2014 年，我国民办高校 728 所，毕业生数达到 1 419 645 人、招生数为 1 729 617 人，在校生数为 5 871 547 人，其中独立学院 283 所，毕业生数达到 625 703 人，招生数为 651 237 人，在校生数为 2 690 625 人。民办本科教育绝大多数定位于应用型院校，以培养应用型人才为目标，发展迅速，这些应用型本科院校面临着发展和实践应用型本科教育的历史使命，如表 14-1 所示。

表 14-1　民办高等教育情况表（2014 年）

项目	学校数（所）	教职工数（人）	专任教师（人）	毕业生数（人）	招生数（人）	在校生数（人）
民办高校	728	412 824	293 954	1 419 645	1 729 617	5 871 547
硕士				106	170	408
本科				808 097	927 750	3 748 336
专科				611 442	801 697	2 122 803
#独立学院	283	183 308	136 303	625 703	651 237	2 690 625
本科				581 894	605 654	2 554 396
专科				43 809	45 583	136 229

资料来源：中国统计年鉴-2015

第二节　应用型本科教育意义

一、有利于缓解结构性失业

当前经济下行压力较大，结构调整中又有许多企业面临着裁员压力，可以说结构调整不可避免地会伴随着结构性的失业。这是由于经济结构发生了变化，现有劳动力的知识、技能等不适应这种变化，与市场需求不匹配，进而引发失业。在当前深入推进结构调整、转型升级的背景下，结构性矛盾越来越复杂，结构性失业在性质上是长期的，从国际经验来看，解决结构性就业矛盾，化解结构性就业难题，往往比解决总量问题耗时还要长一些。

人才供给与市场需求之间存在矛盾，劳动力市场的结构特征与社会对劳动力需求不吻合，是造成结构性失业的根本原因。一方面，是大学毕业生求职困难，传统大学教育以理论教学为主，无数的学生进入社会之后发现自己学习的知识往往很难用到实践之中；另一方面，却是社会急需人才的匮乏，用人单位以利益为前提，往往不愿意去培养一个可能随时离开这个工作岗位的员工，所以往往招聘的职位都有严格的工作经验的要求，希望一入职就可以为公司创造价值。这种结构性的失业问题，是人才培养定位与社会适应性的矛盾造成的。

发展应用型本科教育是缓解结构性失业的根本出路，是缓解大学生就业难的有效途径。因此，要全面提高人才培养质量，更要提高应用型人才培养质量。普通本科高校的过度扩招，导致大学生数量快速增长，而社会是不可能需要太多的学术研究人才的，只有抓住时机，推进地方本科高校转型为职业教育，着重培养应用型人才，调整高等教育结构，与产业结构相匹配，才是最终解决就业问题的根本。

二、有利于经济社会的长远发展

随着产业结构的调整和城镇化进程的加快，我国三次产业从业人员的比例发生明显变化，经济增长方式由粗放型向集约型转变，意味着劳动力投入将由数量增加转向质量提高，对劳动者的素质和就业结构提出了新的挑战，提高劳动者的职业技能是实现经济增长方式根本性转变的首要条件，而发展应用型本科教育正是培养高素质技能型人才为现代化建设服务。

我国经济快速发展，需要一定量的科学研究人才，更需要无数高技能人才和高素质劳动者。随着高等教育的扩招，高校毕业生在就业人口中的比例日益扩大，绝大多数毕业生必须在各行各业的一线岗位中寻找就业机会，从事的职业基本上都与具体的实际问题相关。因此，作为应用型本科院校的研究应侧重于应用研究，不是在文献资料堆里做纯文字的研究，而是要研究在社会实际发展、经济建设实践中，科技成果是如何转化为生产力的。在大众高等教育阶段，应用型人才培养具有十分明显的多样性、动态性和复合性，对应用型本科院校而言，科研的成果不在于论文数量，而在于发明专利、技术服务能力等指标，努力将实践能力培养贯穿于人才培养的始终，体现"适用、实用、会用、好用"的特点，通过推动科技成果转化为生产力，服务经济发展，这就是应用型本科院校的使命。

三、有利于完善职业教育体系

职业教育是我国国民教育体系的重要组成部分，虽然不同于普通教育，但又与普通教育有着密切的联系。党中央、国务院一贯高度重视职业教育的发展，但从现状来看，职业教育仍然是薄弱环节，不能适应经济社会快速发展的需要，大力发展职业教育已经成为当务之急，只有高度重视，提升职业教育层次，加强对应用型本科的建设力度，从根本上扭转职业教育是二流教育的观念，才是推动职业教育发展的有力举措。

职业教育着重的是对学生适应社会发展和生产发展的实践动手能力的技术技能培养和职业道德的培养，是一种实用性很强的职业技术、技能教育。教育部〔2006〕16 号文件《关于全面提高高等职业教育教学质量的若干意见》中明确提出，高等职业教育是高等教育的一个类型[①]，既然如此，职业教育也应该包括应用型本科教育在内，大力发展应用型本科，能够扭转现阶段高等职业教育局限于专科层面的窘境，使职业教育发展迈上一个新台阶[②]。正是基于此，2014 年 6 月，国务院出台《关于加快发展现代职业教育的决定》[③]，指导地方本科高校转型为职业教育类型，这是一项重大的教育体制改革措施，在短期内有效提升了职业教育的规模和层次，并从根本上打通了职业教育体系，实现了从中职到高职、应用型本科、专业学位研究生的完整体系构建，不仅有助于提升职业教育的整体实力，也有利于改变传统观念对职业教育的歧视，对于职业教育的长远发展有着深刻的意义。

第三节 完善应用型本科教育

扩招导致了高等教育大众化，但高等教育短期内仍难以摆脱原有的精英教育模式。我国综合性大学占有较多的生均办学资源，而普通本科、高职院校的生均办学资源明显偏低，而且受"重理论轻实践"的传统教育思想的制约，往往不顾

---

① 教育部.关于全面提高高等职业教育教学质量的若干意见[EB/OL]，教高〔2006〕16 号.中国教育部网站，http://www.moe.gov.cn/publicfiles/business/htmlfiles/moe/moe_1464/200704/21822.html [2015-05-17].

② 郑建英. 应用型本科教育的发展研究[J]. 教育与职业，2012，（9）：176-177.

③ 国务院. 关于加快发展现代职业教育的决定[EB/OL]，国发〔2014〕19，中国教育部网站，http：//www.moe.edu.cn/publicfiles/business/htmlfiles/moe/moe_1778/201406/170691.html[2016-08-12].

自身实际情况选择学术型人才培养之路，直接导致了我国应用型创新人才的缺乏。但毕竟应用型本科的出现，已经迈出了改革的关键一步，尽快发展更多的应用型本科，是下一步改革的必然要求。

一、构建合理的教育结构

高等职业教育和普通高等教育一样，应该包含多个学历层次，我国目前的职业教育主要还集中于高职专科层面，这已经成为职业教育进一步发展的瓶颈，对这一问题应抓紧解决。将应用型本科教育对应于普通高等教育的本科层次，可以有效地完善职业教育体系，提升应用型人才培养质量。但是应用型本科教育刚刚处于起步阶段，有的是从高职高专合并升格而来，有的是地方本科院校转型而来，都没有摆脱传统学术型本科教育的影子，侧重于理论而忽视了实践，所以要进一步加快转型，准确定位，切实提升应用型人才培养质量。

由于经济发展对高层次、高质量的高级专业人才需求的激增，职业教育培养和发展的重点逐渐由专科向本科层次转移，本科层次的高等职业教育的规模逐年扩大。应用型本科教育的出现和发展，是产业经济由劳动密集型向知识密集型转变的必然产物，是高等教育发展的必然趋势，而应用型本科教育的发展必须主动适应和满足经济社会的发展需要。职业教育的定位要与普通教育相区别，目的主要在于适应和满足经济发展的需要，提供优质、适量的应用型技术人才，适应产业与社会发展需要。专业设置强调以职场工作为核心，课程设计基于职场的需要及职业教育系统学生的特质，培养职场所需能力，使学生得以衔接所学，成为各级各类技术人才或专业人才，而不是以学术研究为核心。

当然，发展应用型本科教育也不能强求一致，而必须因地制宜，走多样化发展道路。在全国大力发展专科层次的高职教育的同时，在经济较发达、文化基础较好、高等教育发展具有一定基础的地区，应该优先发展应用型本科教育，并发挥主导和示范作用，积极总结经验，不断推广和普及。大力发展应用型本科教育将对改善我国教育结构起到积极的引领作用。尽管我国高等教育增长较快，但仍难以满足我国教育事业发展的需要，同时，中等专业教育发展规模也处于较低的水平。由此，提升高等教育毛入学率是下一步高等教育工作的重点，其中尤以发展应用型本科为重，培养更切合社会实际的应用型人才。从整体来看，发展应用型本科教育将有利于巩固现阶段高等职业教育的发展成果，有利于进一步提升中等专业教育的规模，从而构建更为合理的教育结构。

二、提升应用型本科教育质量

应用型本科院校在具体培养人才的时候，往往难以突破传统培养模式，在人才培养方式上，依然很大程度上保持过去那种应用型本科人才培养理论化的传统方式，造成理论与实践严重分离。这是由多种因素造成的，最为关键的是师资问题，教师是培养学生的主体，只有将理论和实践两者完美结合的教师，才能培养出真正的应用型人才。但问题偏偏就出在这里，我们所有高校（当然包括应用型本科）的师资来源渠道都过于单一，往往是硕士、博士毕业到高校任教，这些教师几乎没有任何社会实践经验，没有任何社会阅历，如何能培养出应用型的人才呢？很多高校受限于师资，只能"因师资设置专业"，置市场需求于不顾，于是应用型本科人才培养领域产生了一系列诸如学生质量下降、教育资源短缺、千人一面的问题。因此，应开展联合办学，建立多个渠道、不同层次的办学模式，将应用型人才的培养与社会企业紧密相连。在条件允许的情况下，采取联合办学，让学生走出去，将企业引进来，外聘一些经验丰富的技师、企业家和专业人员对学生进行培训；也可以聘请教授进入企业、社区进行项目理论讲解。在我国教育改革中，部分高校虽重视外聘，但是忽视了学生走出去的重要性，因此，在今后的发展建设中要加大力度，使"引进来"与"走出去"相辅相成，为联合办学奠定基础。

推进高水平大学和大中型企业共建"双师型"教师培养培训基地，是提升职业教育教师实践技能的有效途径，要探索"学历教育+企业实训"的培养办法，建立职业教育教师的轮训制度，对职业教育专任教师的企业实训明确要求，完善职业教育师资队伍结构。在培养目标上，应用型本科培养的是知识的应用人才，要求具备一定的科研能力；在知识的构建上，应用型本科强调知识体系的完整、系统和科学性；在人才培养模式上，应用型本科更偏重理论，兼顾实践教学。作为职业教育，创新能力的培养是一个关键点，应用型本科教育应该在创新人才培养方面有所突破，这也是区别于高职专科教育的一个方面，要树立培养创新人才的教育理念，构建理论联系实际的"双师型"师资队伍，激发学生的创新意识。

应用型本科院校要构建双师型师资队伍，是转型发展的重点，长期以来，本科高校的教师招聘标准，无不是以学历为向导，导致即便是应用型本科院校的教师队伍，也是高学历而缺乏实践技能和社会阅历，这样的理论型人才本身就缺乏应用创新能力，在培养学生创新能力方面往往心有余而力不足。在这种情况下，应用型本科院校提出很多培养"双师型"师资的办法，但并没有真正放下身段去聘请行业企业一线精英的勇气，所提出的师资培养方案往往因现实障碍而停留在文件层面，难以获得实质性进展。在这种情形下，引进企业兼职教师，也许是适合实际情况的折中方案；职业院校聘请兼职教师的时候，以企业实践经验作为主要衡量标准，要制定相应的管理制度，以优厚的待遇吸引企业精英来参与对应用型人才师资队伍的培养，培养学生理论联系实际，真正实现学以致用。只有具备合理的师资队伍，才能更有效地改进培养人才的方式，密切理论与实践的联系，既有利于学生对理论的掌握，又有利于学生对实践的操作，才能做到两者兼顾，使理论与实践相得益彰。这样，学校培养出来的应用型本科人才，才能既有理论的功底，又有实践的技能。

三、服务区域经济和产业发展需要

1. 优化院校布局和专业结构

应用型本科院校应根据区域发展规划和产业转型升级需要优化院校布局和专业结构，主动适应数字化网络化智能化制造需要，围绕强化工业基础、提升产品质量、发展制造业相关的生产性服务业调整专业，培养人才，加强对现代服务业急需人才的培养，加快满足社会建设和社会管理人才需求。配合国家"一带一路"战略，助力优质产能走出去，扩大与"一带一路"沿线国家的职业教育合作；培养具有国际视野、通晓国际规则的技术技能人才和中国企业海外生产经营需要的本土人才；完善中外合作机制，支持职业院校引进国（境）外高水平专家和优质教育资源，鼓励中外职业院校教师互派、学生互换。

2. 加强创新创业教育

应用型本科院校应加强创新创业教育，将学生的创新意识培养和创新思维养成融入教育教学全过程，按照高质量创新创业教育的需要调配师资、改革教法、完善实践、因材施教，促进专业教育与创新创业教育有机融合；集聚创新创业教育要素与资源，建设依次递进、有机衔接、科学合理的创新创业教育专门课程（群）；充分利用各种资源建设大学科技园、大学生创业园、创业孵化基地和小微企业创业基地，作为创业教育实践平台；建立健全学生创业指导服务专门机构，做到"机构、人员、场地、经费"四到位，对自主创业学生实行持续帮扶、全程指导、一站式服务；举办全国大学生创新创业大赛，支持举办各类科技创新、创意设计、创业计划等专题竞赛。探索将学生完成的创新实验、论文发表、专利获取、自主创业等成果折算为学分，将学生参与课题研究、项目实验等活动认定为课堂学习；为有意愿、有潜质的学生制订创新创业能力培养计划，建立创新创业档案和成绩单，客观记录并量化评价学生开展创新创业活动情况；优先支持参与创新创业的学生转入相关专业学习；实施弹性学制，放宽学生修业年限，允许调整学业进程、保留学籍休学创新创业。

3. 构建数字教育资源共享体系

顺应"互联网+"的发展趋势，构建国家、省、学校三级数字教育资源共建共享体系。构建利用信息化手段扩大优质教育资源覆盖面的有效机制，推进职业教育资源跨区域、跨行业共建共享，逐步实现所有专业的优质数字教育资源全覆盖。应用信息技术改造传统教学，促进泛在、移动、个性化学习方式的形成。在现场实习难以安排或危险性高的专业领域，开发替代性虚拟仿真实训系统；国家级资源主要面向专业布点多、学生数量大、行业企业需求迫切的专业领域；根据本地发展需要和职业教育基础，省级资源与国家级资源错位规划建设；对于校级资源，根据院校自身条件补充建设，突出校本特色。推进落实职业院校数字校园建设相关标准；针对教学中难以理解的复杂结构和复杂运动等，支持与专业课程配套的虚拟仿真实训系统开发与应用，推广教学过程与生产过程实时互动的远程教学，加快职业教育管理信息化平台建设，加强现代信息技术应用能力培训，将现代信息技术应用能力作为教师评聘和考核的重要依据；消除信息孤岛，将信息技术应用能力作为教师评聘和考核的重要依据；加强国际交流与合作，实施中外职业院校合作办学项目，探索和规范职业院校到国（境）外办学；推动与中国企业和产品"走出去"相配套的职业教育发展模式，注重培养符合中国企业海外生产经营需求的本土化人才；积极参与制定职业教育国际标准，与积极拓展国际业务的大型企业联合办学，共建国际化人才培养基地，开发与国际先进标准对接的专业标准和课程体系。①

四、重视人文素质教育

应用型本科教育要注重教育质量,一方面要培养学生必备的专业技能,另一方面要注重学生人文素质的养成。多年来,应试教育下的学生过分强调专业知识,对职业教育的目的认识不清。有的职业院校将赚钱作为首要考量,功利主义明显,漠视了对学生人格的塑造,忽视了培养全面和谐发展的人才。过度忽略人文素质教育,会导致学生在激烈的社会竞争中心理失衡,缺乏适应现实社会的能力,这是我们从小学就开始存在的教育问题。现在社会已经意识到这个问题,而大学作为学生踏上社会前的最后一站,有必要尽量改善这个问题,让学生在走向社会之前,培养一点兴趣爱好,具备一些基本的人文修养,最好再有点创新精神。职业教育的目的是让每个人都有发挥才能的机会,自由和创新应当成为应用型本科教育的人文定位,帮助学生学会做人、学会做事、学会独立思考,使学生的创造能力得到激发、思维能力得到拓展;职业院校要营造良好的校园文化氛围,培养学生具有独立思考、善于观察、富有想象力的优秀特质,达到应用型本科教育应有的教育质量要求。

自主性是人作为主体的根本属性,自主发展,重在强调学生能有效管理自己的学习和生活,理解生命意义和人生价值,认识和发现自我价值,发掘自身潜力,有效应对复杂多变的环境,成就出彩人生,使学生发展成为有明确人生方向、有生活品质的人。学会学习主要是学生在学习意识形成、学习方式方法选择、学习进程评估调控等方面的综合表现,即学生能自主学习,具有终身学习的意识和能力,能正确认识和理解学习的价值,具有积极的学习态度和浓厚的学习兴趣,能养成良好的学习习惯,掌握适合自身的学习方法;具有对自己的学习状态进行审视的意识和习惯,善于总结经验,能够根据不同情境和自身实际,选择或调整学习策略和方法,具有数字化生存能力,主动适应"互联网+"等社会信息化发展趋势。美国著名未来学家阿尔温·托夫勒曾经指出:"未来的文盲不再

---

① 国务院. 关于加快发展现代职业教育的决定[EB/OL],国发〔2014〕19 号. 中国教育部网站,http://www.moe.edu.cn/publicfiles/business/htmlfiles/moe/moe_1778/201406/170691.html[2016-08-12].

是不识字的人，而是没有学会怎样学习的人"①；"学会学习"一直以来是教师与家长对学生的共同期望，换句话说，就是让学生学会"钓鱼"，而非只享受现成的"鱼"。因此，要培养学生的健全人格和自我管理意识，使其具有积极的心理品质，自信自爱，能正确认识与评估自我，能调节和管理自己的情绪，具有抗挫折能力，能依据自身个性和潜质选择适合的发展方向；合理分配和使用时间与精力；具有达成目标的持续行动力等②。

五、确立"以人为本"的教育宗旨

随着高校的扩招，我们在教育实践中看到了功利主义的影响，有些学校缺乏对长远利益的认识和价值追求，教育的目的不再是培养全面和谐发展的人，而是以能赚钱为首要目的，漠视了对学生人格的塑造，造成学生竞争的压力和心理上的失衡，很难走入人文教育的轨道，也就实现不了人的能力和智慧的转化，更不能使其在变化莫测的世界中合理生存。

中共中央、国务院多次在全国教育工作会议中提出，必须坚持以人为本，坚持以人为本、全面实施素质教育是教育改革和发展的战略主题，核心是解决好培养什么人，怎样培养人的重大问题，重点是面向全体学生、促进学生全面发展，着力提高学生服务国家、服务人民的社会责任感、勇于探索的创新精神、善于解决问题的实践能力，引导学生形成正确的世界观、人生观、价值观。应用型本科院校要通过人文素质教育，确立以"人才为中心"的教育思想观念，克服无形中把大学视作就业前职业训练所的功利思想，坚持教育的基本功能——培养人才，关注个性的发展和满足个体的需要，使学生对哲学、历史、文学、艺术、体育等知识有基本的了解，然后才是"才"的培养，要明确"专业人才"和"职业人才"的区别和联系。

伯尼·特里林和查尔斯·菲德尔在《21世纪技能：为我们所生存的时代而学习》一书中提出了21世纪生存的三大技能：学习与创新技能、数字素养技能、职业和生活技能，这些也是教育回归本质的起码要求，即高度尊重人的生命发展规律，使学生的人文素养得到提高，教会学生"如何做人"，如何成为一个

---

① 托夫勒. 未来的冲击[M]. 蔡伸章译. 北京：中信出版社，2006.
② 一帆.《中国学生发展核心素养》总体框架正式发布[J]. 中小学信息教育，2016，（10）：34.

有社会责任感、道德品质高尚、更具创新和敬业精神、懂得生活和与人相处的人，培养其具备高尚的道德情操、健康的心理状态与文明的行为举止，使学生的个性品质充分发展，思维能力得到拓展，创造能力得到激发。[1]

六、优化课程结构

注重应用型人才综合素质的提升，要注重优化课程结构，调整不同专业课程的比例，新兴行业和先进技术的风起云涌，使社会职业岗位处在不断变更之中，这在无形之中对应用型人才的知识结构、职业适应能力及各方面的综合能力提出了挑战，而现代科学技术的不断分化改变了传统的学科结构，使各种学科在高度分化的基础上不断交叉与融合，因此高校开设多门课程为的是丰富学生的学科知识结构。

1. 构建多学科融合课程体系，有目标地增强主干理论课程的整合

应用型本科教育人才培养质量，要以就业为导向，以服务区域经济发展为目标，最终都要落实到基础的课程体系。应用型本科教育要努力改变传统教育的模式，以实际应用能力和基本素质为主线，按照多方向、多模块的课程体系来选择课程内容和设置教学环节，通过情境建构，实现课程理念从"知识传授"向"素质培养"的转变，探索"应用能力"培养内涵。

应用型本科教育应加强实践教学的力度，重点培养学生的综合行业及职业能力，采用多样化的实践教学方式，实行校内与校外实践教学交叉进行的方式，减少验证性试验，增加设计与应用性的综合实验[2]。克服学术本科教育标准的影响，强调职业性、应用性、实践性，保证教学内容与职业实践特别是工作过程紧密联系，加强职业技能课程，引导学生通过自主探索、亲身实践的过程，综合地运用已有知识和经验解决问题，着力培养学生的创业意识和实践能力。创设课堂情境，实施体验学习，是启发学生思维、开发学生智力，提升教学实效的重要途径，要打通相近专业的学科专业基础，处理好理论型课程、应用型课程与实践教学的关系，按照专业大类构建"校通、院通"学科专业基础课程平台和基础实验平台，在学生与课堂之间架起一座从抽象到直观、从感性到理性、从理论到实

---

① 特里林，菲德尔. 21 世纪技能：为我们所生存的时代而学习[M]. 洪友译. 天津：天津社会科学院出版社，2011.

② 李蓓蓓. 产学研办学模式下地方本科院校培养应用型人才的途径[D]. 武汉：中南民族大学，2012.

践、从教材到生活的桥梁，解决学生认知过程中的形象与抽象、感性与理性、旧知与新知的跨界矛盾，紧紧围绕"以能力为中心"的培养目标，根据各行各业的职业标准和实际需求，确定能力标准，选择教学内容，突出培养运用科学知识和技术解决实际问题的实践能力和综合能力。

在现代信息技术条件下，课堂是一个多元立体的互动交流平台，是一种开放性的建构和创造，每一个课程体系都包含了专业知识。职业院校要从社会对这种专业人才的需求量及人才的发展方向等多方面考虑，本着培养应用型人才的理念，在"厚基础、宽口径"的原则下针对不同的专业特点对课程进行设计，在任务引领、行动导向、项目驱动、案例解剖、工学结合等教学方法的支撑下，完成高兴趣、高体验、高收获的课堂教学，促进理论与知识的融合、技能与体验的连接、课内向课外的迁移，实现课堂教学效率的最优化。

2. 处理好通识教育课程与学科专业课程的关系

应用型本科院校要结合地方中小企业的实际情况调整专业，要根据当地经济发展的实际状况和中小企业的人才需求灵活设置专业方向，实现"互联网+"教育时代学生个性化参与、合作、探究的过程。因此，职业院校需要深入开展社会调查，对当前产业现状进行认真分析，并对未来产业的发展走势有一个大致的预测，改变传统模式中分科课程的教学模式，采用不同的教学方式和教学手段培养学生的技能与创新思维能力；职业院校深化通识教育课程内容、教学方法、考核方式等改革，确保培养出来的应用型人才掌握过硬的专业技术，具备良好的基本素质和基本能力；调整必修课程与选修课程的比例，使素质教育与专业课程相融合，深化养成内涵，充分体现职业性和自主性，精选教学内容，提高课程的综合程度，积极创造有利条件，让学生自主探究，多元交互；同时，大力开展实践性教学，要分析企业对每个岗位知识点和技能点的要求，针对当前行业科技的发展状况及时优化课程内容，所开设的课程应能基本涵盖未来职业岗位所需的基本知识和技能，要特别注意适当压缩通识教育课程的学时学分，从而增强学科的特色及适用性，培养出大量适应社会分工的优秀人才，以适应社会发展和技术进步。

七、产学研合作落到实处

纵观世界各国教育发展历史，随着经济社会的发展，学校教育与企业的合作关系都是越来越紧密。1975 年，美国开始推行高校与企业的"合作教育计划"。1987 年，英国政府发表《20 世纪 90 年代英国高等教育的发展》，明确指出："高等学校与工商业之间建立联系是高等学校的重要发展方向，必须引起高等学校的足够重视。"[①]显然，校企关系与社会发展需求的相互适应是促进经济发展的重要保障。

进入现代知识经济社会，教育与生产的结合再次受到关注。发达国家的高等教育成果及我国长期以学术为主的高等院校发展中的逆境都说明，大力发展产学研的教育模式能够极大地促进应用型本科院校提高自身的应用型人才培养能力，一方面，通过产学研合作，学校得到企业的实践环境、实训或实习基地。另一方面，学校还可以从合作单位聘请一些技术人员到校担任兼职教师，以弥补"双师型"教师队伍不足的困境。应用型本科院校应牢固树立应用为本的办学理念，在主动服务社会中加快自身发展。应用型本科教育在课程内容选择上强调按照行业、产业和企业所需的技术、技能知识，按理论与实践相结合的原则进行学科知识重组，在遵循学科和知识内在联系规律的基础上，强调从实际出发，结合现代企业人才的"职业元素"需求和本学科专业的具体学术要求，灵活地制定和构建课程体系。

从应用型人才培养的角度看，产学研合作的关键是建立双赢机制。产学研合作教育需要高校和企业的密切联系，将企业的需求放在首位，学校要积极主动地与部分企业进行大量沟通，广泛地开展产学研相结合的教学活动。应用型本科院校应切实调查了解企业的要求，积极地开展一些有利于合作企业发展的科研项目或课题，让企业体会到与高校进行合作的益处，愿意为高校提供更加良好的实习实训环境，在调动企业积极性的同时，还有效解决了教学中的实训及实习条件中的困难。积极开展校企共同参与的人才培养合作机制有助于提升产学研的合作层次，通过产学研的结合，高校争取在校外给学生提供更多实习岗位，让学生在真实的工作环境中对自己所学专业有一个清醒的认识，学到实处、不流于形式，让学生在校外实习活动中从毕业阶段平稳过渡到就业阶段，为将来毕业后走向工作岗位打下牢固的基础。产学研合作将使校外的实训基地真正发挥应有的作用，保证科学技术和社会生产之间不脱节，最终形成优势互补、调剂余缺、资源优化配

① 陈小虎. 校企融合，培养应用型本科人才——理论思考与南京工程学院的实践[J]. 高等工程教育研究，2009，（2）：6-11.

置，从而使应用型本科院校和地方企业携手走上一条良好持久的共赢之路，最终促进地方经济的进步和发展。[①]

八、建立教育质量保障机制

第一，落实各级政府责任，放管结合完善依法治校，逐步形成政府依法履职、院校自主保证、社会广泛参与、教育内部保证与教育外部评价协调配套的现代职业教育质量保障机制。提高经费保障水平，落实生均拨款政策，建立多渠道筹资机制，提高经费保障水平。各地应引导激励行政区域内各地市级政府（单位）建立完善以改革和绩效为导向的专科高等职业院校生均拨款制度，保证学校正常运转，保障基本教学条件，提升内涵建设水平，支撑院校综合改革。生均拨款制度应当覆盖本地区所有独立设置的公办高等职业院校；举办高等职业院校的有关部门和单位，应当参照院校所在地公办高等职业院校的生均拨款标准，建立并完善所属高等职业院校生均拨款制度；完善院校治理结构，落实《高等学校章程制定暂行办法》，建立健全依法自主管理、民主监督、社会参与的高等职业院校治理结构；完成高等职业院校章程制定、修订工作；坚持和完善公办高等职业院校党委领导下的校长负责制，提升学校的资源整合、科学决策和战略规划能力，开展校长公开选拔聘任试点；推动高等职业院校设立有办学相关方代表参加的理事会或董事会机构，发挥咨询、协商、审议与监督的作用；设立校级学术委员会，作为校内最高学术机构，统筹行使学术事务的决策、审议、评定和咨询等职权，发挥在专业建设、学术评价、学术发展和学风建设等事项上的重要作用；结合实际需要，根据条件设立校级专业指导委员会，指导促进专业建设与教学改革，加强风险安全制度建设。

第二，建立诊断改进机制，巩固学校、省和国家三级高等职业教育质量年度报告制度，以高等职业院校人才培养工作状态数据为基础，开展教学诊断和改进（以下简称"诊改"）工作。加强分类指导，保证新建高等职业院校基本办学质量，推动高等职业院校全面建立、完善内部质量保证体系，支持优质高等职业院校实现更高水平的发展。教育部牵头研制高等职业院校教学工作诊改指导方案，

---

① 刘旭. 中心城市本科院校应用型人才培养研究[D]. 武汉：湖北大学，2013.

针对高等职业院校不同发展阶段特点确定诊改重点，供地方和院校参照施行；省级教育行政部门负责统筹推进行政区域内高等职业院校诊改工作，根据需要抽样复核诊改工作质量；院校举办方协同高等职业院校自主诊断、切实改进；支持对用人单位影响力大的行业组织开展专业层面的教学诊改试点，以行业企业用人标准为依据，通过结果评价、结论排名、建议反馈的形式，倒逼职业院校进行专业改革与建设。改进高职教师管理，完善教师专业技术职务（职称）评聘办法，将师德表现、教学水平、应用技术研发成果与社会服务成效等作为高等职业院校教师专业技术职务（职称）评聘和工作绩效考核的重要内容，有条件的地方可以实行单独评审。鼓励高等职业院校制定和执行反映自身发展水平的"双师型"教师标准（不低于 2008 年《高等职业院校人才培养工作评估方案》规定的标准）。根据职业教育特点、比照本科高等学校核定公办专科高等职业院校教职工编制；新增教师编制主要用于引进具有实践经验的专业教师，推动教师分类管理、分类评价的人事管理制度改革，全面推行按岗聘用、竞聘上岗，制订体现高等职业教育特点的教师绩效评价标准，绩效工资内部分配向"双师型"教师适当倾斜。有条件的高等职业院校应建立专门教育研究机构，发挥学校人才、信息、资源聚集的优势，引导广大教师围绕专业建设、课程改革、实践教学、终身学习等方面开展教学研究。①

---

① 教育部. 高等职业教育创新发展行动计划（2015—2018 年）［EB/OL］. 学信网，http://www.chsi.com.cn/jyzx/201511/20151103/1509042579.html［2016-10-09］.

第十五章　专业学位研究生教育改革

第一节　专业学位研究生教育萌芽

一、起步发展阶段

"文化大革命"对我国教育事业造成了极大损伤，直接导致了我国科研人才的极度匮乏，直到 20 世纪 80 年代初期，我国对于人才的需求还主要集中在科研领域，当时大学生是标准的精英人才，毕业走向也多是高校和科研单位。随着经济社会的发展，现代化建设事业对于人才的需求呈现出多样化的特点，特别是高层次应用型人才日益受到重视。1984 年，教育部颁发《关于 1984 年在部分高等学校试办研究生班的暂行规定》，在部分高校试行工程硕士的培养工作，这可以视为我国专业硕士学位研究生培养的初步探索[①]。

随着经济社会的发展，社会对应用型人才需求的层次进一步提高，对高校人才培养类型提出了新的要求，当时硕士学位依然偏重理论和学术。在这种情况下，1986 年国家教育委员会在《关于改进和加强研究生工作的通知》中指出，偏重学术而轻视应用是我国研究生教育存在的主要问题，并提出调整学科比例，加快应用学科的发展，在原来工程硕士的基础上发展工程博士、临床医学博士等。随后，国务院学位委员会、国家教育委员会同有关部委，先后在医学、货币银行学、国际金融、刑法、民法、国际经济法等学科开始应用型硕士生培养改革试点工作，为实际业务部门培养应用型、高层次人才，这可以视为我国专业硕士学位正式发展的开始。[②]

1988 年 10 月，国务院学位委员会第八次会议首次提出"职业学位"的概念，并开始进行职业学位的相关考察、研究和论证工作。结合我国国情，1990 年国务院学位委员会第九次会议决定将"职业学位"修改为"专业学位"

① 王莹，朱方长. 我国专业学位与学术学位研究生教育模式的比较分析[J]. 当代教育论坛，2009，（2）：100-102.

② 于凤银，吕福军. 我国专业学位教育的发展历程[J]. 山东科技大学学报（社会科学版），2007，9（2）：97-100.

（professional degree）[①]，专业学位是相对于学术型学位（academic degree）而言的学位类型，其目的是培养具有扎实理论基础、并适应特定行业或职业实际工作需要的应用型高层次专门人才。第一个开展试点的专业学位是工商管理硕士，也就是公众熟知的 MBA，自此，我国的专业学位教育基本定性。

二、快速发展阶段

专业学位与学术型学位处于同一层次，但培养规格各有侧重，在培养目标上有明显差异；专业学位以专业实践为导向，重视实践和应用，培养在专业和专门技术上受过正规的、高水平训练的高层次人才。为了促进我国应用学科的建设和发展，加速培养应用学科的高层次人才，1996 年国务院学位委员会第十四次会议通过一部关于专业学位的法律法规文件，即《专业学位设置审批暂行办法》，使我国专业学位设置和试办突破了诸如定位不明确、招生混乱、制度不健全等瓶颈，这部法规可以被看作专业学位教育发展的里程碑。同时，这部法规第三条对专业学位的层次也做了规定，明确专业学位分为学士、硕士和博士三级，暂时把专业学位教育的重点放在硕士这一层级上。[②]

根据国务院学位委员会的定位，专业学位是与学术性学位教育互相补充的，专业学位教育是以应用为方向的，其突出特点是学术型与职业性紧密结合，主要不是从事学术研究，而是从事具有明显职业背景的工作，培养特定职业高层次专门人才[②]。专业学位与学术型学位在培养目标上各自有明确的定位，因此，在教学方法、教学内容、授予学位的标准和要求等方面均有所不同。经过多年的努力，我国的专业学位教育取得了一定成效。但 2009 年以前的专业学位主要是非全日制的"单证"硕士教育，即只有学位证而无毕业证，在发展过程中因此受到一定的误解，为适应我国当前社会经济形势对研究生教育结构转变的需要，教育部从实际出发，将"全日制专业型硕士"作为一种全新的研究生形式，并从2010 年开始减少学术型硕士学位研究生的招生数量，增加全日制专业硕士的招生。随着一系列政策的出台，全日制硕士研究生教育逐渐从以培养学术型人才为

---

① 王莹. 我国专业学位研究生教育存在的质量问题及对策[D]. 长沙：湖南农业大学，2009.
② 关于专业硕士的选择和未来发展前景的系列介绍[EB/OL]. 中国科教评价网，http://www.nseac.com/html/126/17691.html[2015-08-17].

主向以培养应用型人才为主转变，实现研究生教育结构的历史性转型和战略性调整，我国专业学位教育事业由此进入快速发展时期。[①]

从全国研究生和留学人员数据来看，我国研究生毕业人数从 1978 年的 9 人，到 2008 年的 344 825 人，再到 2014 年的 535 863 人；在校生数更是从 1978 年的 10 934 人，到 2008 年的 1 283 046 人，再到 2014 年的 1 847 689 人，两者均呈现出快速增长的趋势。出国留学人员也从 1978 年的 860 人，到 2008 年的 179 800 人，再到 2014 年的 459 800 人，增长速度更是惊人，然而这其中定位于应用型人才的却不多，如表 15-1 所示。

表 15-1 全国研究生和留学人员情况表　　　　（单位：人）

年份	研究生数			出国留学人员	学成回国留学人员
	毕业生数	招生数	在校学生数		
1978	9	10 708	10 934	860	248
1980	476	3 616	21 604	2 124	162
1985	17 004	46 871	87 331	4 888	1 424
1990	35 440	29 649	93 018	2 950	1 593
1995	31 877	51 053	145 443	20 381	5 750
2000	58 767	128 484	301 239	38 989	9 121
2001	67 809	165 197	393 256	83 973	12 243
2002	80 841	202 611	500 980	125 179	17 945
2003	111 091	268 925	651 260	117 307	20 152
2004	150 777	326 286	819 896	114 682	24 726
2005	189 728	364 831	978 610	118 515	34 987
2006	255 902	397 925	1 104 653	134 000	42 000
2007	311 839	418 612	1 195 047	144 000	44 000
2008	344 825	446 422	1 283 046	179 800	69 300
2009	371 273	510 953	1 404 942	229 300	108 300
2010	383 600	538 177	1 538 416	284 700	134 800
2011	429 994	560 168	1 645 845	339 700	186 200
2012	486 455	589 673	1 719 818	399 600	272 900
2013	513 626	611 381	1 793 953	413 900	353 500
2014	535 863	621 323	1 847 689	459 800	364 800

资料来源：中国统计年鉴-2015

---

① 国务院学位委员会办公室. 专业学位设置审批暂行办法（学位[1996]30 号）[EB/OL]. 教育部网站，http://www.moe.edu.cn/publicfiles/business/htmlfiles/moe/moe_621/200410/3445.html[2014-05-26].

我国的专业学位教育制度自 1991 年开始实行以来，得到了较快发展。2010 年 1 月，国务院学位委员会第 27 次会议审议通过了金融硕士等 19 种硕士专业学位设置方案，决定在我国设置金融、应用统计、税务、国际商务、保险、资产评估、警务、应用心理、新闻与传播、出版、文物与博物馆、城市规划、林业、护理、药学、中药学、旅游管理、图书情报、工程管理等专业硕士学位，至此，我国专业硕士学位种类已经达到 38 个，并基本形成了以硕士学位为主，博士、硕士、学士三个学位层次并举的专业学位体系，为社会主义现代化建设培养了大量高层次、应用型专门人才。2011 年 3 月 18 日，涉及金融、法律、会计等 29 个专业学位研究生教育的指导委员会在北京宣告成立，这是我国为推进专业学位研究生教育，培养高层次应用型人才的又一重要举措。全国专业学位研究生教育指导委员会是国务院学位委员会、教育部、人力资源和社会保障部领导下的专家组织，从事专业学位研究生教育的指导、督查、评估认证、研究和咨询等工作。我国目前"专业学位研究生"教育涉及硕士专业学位（39 种）、博士专业学位（5种），基本覆盖了国民经济和社会发展的主干领域，具有研究生专业学位授予权的培养单位达到 509 所，累计招收专业学位研究生超过 100 万人。新中国成立特别是改革开放 30 多年来，我国研究生教育取得了显著成绩。我国已累计培养33.5 万博士、273.2 万硕士，在校研究生超过 140 万人，是仅次于美国的第二大研究生教育国家。随着体制、机制的进一步建立健全，专业学位研究生教育必然会迎来一个快速发展的春天，也必然会在全面推进我国社会主义现代化建设事业的进程中发挥越来越重要的积极作用。

第二节 专业学位研究生教育缺陷

经济社会的快速发展，使我国的经济结构处于调整和转型时期，社会对各类高级专门人才的需求越来越强烈，专业学位研究生教育的改革正是适应我国当前的社会经济形势而做的转变。由于职业分化越来越细，技术含量越来越高，专业学位教育所具有的职业性、复合性、应用性的特征也逐渐为社会各界所认识，其吸引力会不断增加。教育部门将专业硕士学位调整面向应届生招生，不仅是为了应对当前就业问题，提高人才培养质量，提高学生的就业竞争力，更是要通过一定的增量，促进完成研究生培养结构的调整，逐步增强社会民众对专业学位的认识和认可。

大量应届生涌入专业学位研究生教育领域，对原本就脆弱的专业学位研究生教育质量是一个巨大的考验，如何在资源有限的情况下建立一种高质量的专业学位研究生培养制度，怎样将专业学位研究生与学术性研究生教育很好地区分开来，培养具有国际视野的创新型、复合型的高级人才，就成为专业学位研究生教育面临的难题[①]。

一、考核制度不完善

专业学位研究生的招生入学考核是进入专业学位研究生质量的第一关，我国专业学位研究生招生考试实行全国联考，过分强调笔试，客观上造成了通过面试甄选考生的空间太小。尽管学校教育一直强调不能以"一考定终生"，但是凭借一张试卷的总结性考核来评价学生的学习效果的现象仍然较为普遍；并且很多高校由于在职生报考人数过少，从而降低复试标准，"走过场"现象普遍存在，在一定程度上削弱了对考生综合能力和职业能力的考查，难以实现选拔优秀人才的目标，不利于专业学位研究生教育的健康发展。

长期以来，高校一直采用传统的考核方式与标准对学生的学习效果进行评价，专业学位教育也是如此，考试内容以知识再现为主，重知识理解，轻知识应用，重理论考评，轻实践操练。这种考核方式忽略了对学生学习态度、学习过程和心理品质的评价，以及创新精神的培养，也忽略了对学生个性能力的培养和应用能力的培养，导致学生解决复杂问题的能力得不到锻炼和提升，这已经成为制约高层次应用型人才培养质量的重要因素之一。此外，学生学习动机不纯，很多在职人员报考的目的不是为了学习知识、提升自我，而是为了获取一张文凭，应对社会学历高消费的现实，甚至有的学生直言不讳就是为了混个文凭，还有的学生认为交了高额学费，学校就不应该对他们要求严格，同时，有些高校为了自身

---

① 王莹. 我国专业学位研究生教育存在的质量问题及对策[D]. 长沙：湖南农业大学，2009.

利益，收取较高的学费后，以在职人员学习时间紧张为由，随意降低专业硕士学习内容和论文质量要求，迎合学生唯文凭的目的，这些错误行为也导致了专业硕士学位含金量难以提高。

二、社会对专业学位的认可度不高

专业学位研究生教育的社会认可度不高是与宣传力度不够有直接联系的，社会公众对专业学位教育认识模糊，许多人认为其不是正规的研究生教育，缺乏必要的法律法规和制度保障。我国专业学位研究生教育除了1996年的《专业学位设置审批暂行办法》外，再无相关法律法规，这与专业学位教育蓬勃发展的形势不符。另外，专业学位社会认可度不高，也体现在获得专业学位者的待遇并没有多大变化，大多数企业对于专业学位获得者应享有的津贴、福利待遇没有落实到位，各级政府对于高级应用型人才也没有很好的激励措施，由此导致职工学习知识、培训技能的积极性不高。

专业学位硕士教育生源不稳定，各高校兴办专业学位教育的热情和社会对专业学位教育的评价形成了鲜明对比。在职人员对于学历较为理性，会认真思考投入与产出比，如果高昂的学费换来的是一份社会认可度很低的证书，很多人就会打退堂鼓。虽然我国《专业学位设置审批暂行办法》明确规定专业学位研究生与学术性研究生处于同一水平[①]，但是在政策上还是采取了区别对待的策略，由于只颁发学位证书，导致没有学历证书的专业学位获得者在待遇上受到歧视。很多在职人员的单位也不支持员工攻读专业学位，既不愿意承担学费增加企业成本，又害怕职工拿到证书后"跳槽"，还担心职工的学习会影响生产。

随着国家将所有在职研究生均作为非全日制的分类纳入到国家研究生招生计划，国家取消了在职研究生联考，在职人员需参加全国硕士研究生统一入学考试。国务院学位委员办公室颁发的"单证在职硕士"统一纳入"双证全日制硕士"后，原来因成人考生"在职不研究"带来的"重取证轻学术"的就业诟病就会消失，在大学生群体中间因分不清"在职单证专硕"和"全日制双证专硕"造成的"所有专业硕士就业都会受质疑，就业力不强"的误区会被打消，

---

① 教育部. 专业学位设置审批暂行办法[EB/OL]. 中国教育部网站，http://www.moe.edu.cn/publicfiles/business/htmlfiles/moe/moe_621/200410/3445.html[2013-05-16].

这无疑为专业型学位在高校大学生中的接受程度起到了一定的"助推"作用，将会有越来越多的考生将注意力放到专业型学位上来。加之教育部一直在大力扶植专业型学位办学招生，因此专业硕士招生人数、办学规模超过了当前的学术硕士，成为研究生报考的主流。

三、培养模式单一，经费投入不足

许多专业学位硕士培养单位混淆了学术性学位与专业性学位，仍以培养学术性人才的模式来对待专业学位硕士，没有体现职业性的特点。很多学员反映课程设置针对性不强，学习的理论与实践相去甚远。事实上，专业学位硕士教育课程结构、培养方案、教学大纲等内容几乎全部采用全日制学术性硕士教育的翻版，没有充分体现职业性的特点。从毕业论文的角度来看，专业硕士的论文应联系实际，创造性地开展研究，但据全国教育硕士专业指导组对首批毕业的教育硕士专业学位论文的评价，只有 1/3 的论文能联系实际，达到专业学位论文要求，1/3 的论文与学术型论文差别不大，偏重理论，还有 1/3 论文质量不高或不合格[①]。论文是研究生培养的衡量标准，从这个结果也可以看出，专业硕士教育质量还是有所欠缺的。

专业学位教育作为研究生教育的重要组成部分，需要大量资金投入，党和国家已经意识到这个问题，并着力增加教育投入，表明了党和政府推动教育改革和发展的坚定决心。同时，较高的教育投入对科技发展有着巨大的促进作用。2015年国民经济和社会发展统计公报显示，我国 2015 年全年研究与试验发展（R&D）经费支出 14 220 亿元，比上年增长 9.2%，与国内生产总值之比为 21∶10，其中基础研究经费 671 亿元。全年国家安排了 3574 项科技支撑计划课题，2561 项"863"计划课题。截至 2015 年底，累计建设国家工程研究中心 132 个，国家工程实验室 158 个，国家认定企业技术中心 1187 家。国家新兴产业创投计划累计支持设立 206 家创业投资企业，资金总规模 557 亿元，投资创业企业 1233 家。[②]

---

① 赵岩. 论专业学位研究生培养模式的改革[J], 沈阳师范大学学报（社会科学版），2011，35（1）：123-125.

② 国家统计局. 2015 年国民经济和社会发展统计公报[EB/OL]. 国家统计局门户网站，http：//www.stats.gov.cn/tjsj/zxfb/201602/t20160229_1323991.html[2016-02-29].

2015 年全年受理境内外专利申请 279.9 万件，授予专利权 171.8 万件。截至 2015 年底，有效专利 547.8 万件，其中境内有效发明专利 87.2 万件，每万人口发明专利拥有量 6.3 件。2015 年全年共签订技术合同 30.7 万项，技术合同成交金额 9835 亿元，比上年增长 14.7%[①]，如表 15-2 所示。

表 15-2　2015 年专利申请受理、授权和有效专利情况

指标	专利数（万件）	比上年增长（%）
专利申请受理数	279.9	18.5
其中：境内专利申请受理	261.7	19.7
其中：发明专利申请受理	110.2	18.7
其中：境内发明专利	95.7	21.2
专利申请授权数	171.8	31.9
其中：境内专利授权	157.8	32.4
其中：发明专利授权	35.9	54.1
其中：境内发明专利	25.6	62.5
年末有效专利数	547.8	18.0
其中：境内有效专利	467.4	19.3
其中：有效发明专利	147.2	23.1
其中：境内有效发明专利	87.2	31.4

资料来源：2015 年国民经济和社会发展统计公报[①]

第三节　完善专业学位研究生教育

一、重视专业学位的职业属性

专业学位教育具有明确的职业背景，是针对社会特定职业领域的需要，培养具有较强的专业能力和职业素养，能够创造性地从事实际工作的高层次应用型专门人才而设置的一种学位类型。这就要求其知识结构和能力结构是应用型和复合

---

① 国家统计局. 2015 年国民经济和社会发展统计公报[EB/OL]. 国家统计局门户网站，http://www.stats.gov.cn/tjsj/zxfb/201602/t20160229_1323991.html[2016-02-29].

型的，并且是两者的有机结合。专业学位是社会分工和细化的产物，有着特定的职业指向性。在西方国家，往往把专业学位作为从事某项职业的必备条件，那些专业学位发展程度较好的国家必然是专业学位与职业资格制度衔接紧密的。

我国由于经济发展和用人制度的区别，还没有形成这种学位与职业挂钩的制度，但专业学位教育所具有的职业性、复合性、应用性的特征也逐渐地为社会各界所认识。在开展专业学位工作时，要特别注意与有关行业主管部门的联系和协调，逐步与相关行业任职资格相衔接。从这个意义上看，专业学位研究生教育其实是一种高层次的职业教育，正因为如此，它不同于传统的学术性研究生培养，应以实践为基础，以职业为目的，以综合为手段，确保培养目标的职业性和课程设置的应用性。现在的专业硕士教育基本上都建立了校内外的"双导师"制，校内导师是学术性导师，负责学生专业知识教育，校外导师则聘请在社会上有一定知名度、有学识、有业绩的社会人士担任，负责对学生实践技能的指导。校内外导师共同合作，指导专业学位研究生的学习，提升学生解决实际问题的能力，以期达到培养社会所需人才的目的。

专业学位研究生教育的层次决定了其培养的应用型人才应该是源于实践技能而又超出技术的管理型、复合型人才，要具备管理沟通、方案策划能力，以及一定的学术修养和品德层次。要加强文化素质教育，坚持知识学习、技能培养与品德修养相统一，将人文素养和职业素质教育纳入人才培养方案，加强文化艺术类课程建设，完善人格修养，培育学生诚实守信、崇尚科学、追求真理的思想观念。

在实际教学工作中，要重视教学理念的转变。课程体系折射出的市场对培育者在知识能力和知识结构方面的基本要求，在很大程度上为专业学位研究生教育教学指明了方向，其不仅是知识的传授，更应该是"教会学生怎么学"的沟通，是"解决问题的思维方式"的交流。课程内容设置要与市场需求接轨，培养面向行业企业的高级应用技术人才，围绕专业构建应用型人才培养为核心的课程体系，以利于对与专业相关的复合性知识学习和创新能力的培养。

二、促进文化传承与实践创新

1. 深入开展中国特色社会主义和中国梦教育

高等职业院校要在广大师生中积极培育和践行社会主义核心价值观，引导大学生关心国家命运，自觉把个人理想与国家梦想、个人价值与国家发展结合起来；健全学生思想政治教育长效机制，创新网络思想政治教育方式方法；充分发挥校园文化对职业精神养成的独特作用，推进优秀产业文化进教育、企业文化进校园、职业文化进课堂，将生态环保、绿色节能、循环经济等理念融入教育过程；支持高等职业院校加强民族文化和民间技艺相关专业的建设和人才培养；推进辅导员队伍专业化、职业化建设，扶持优秀学生社会实践活动，加强心理健康教育与咨询机构建设，全面推进《全国大学生思想政治教育质量测评体系（试行）》；培养学生具有国家意识，了解国情和历史，认同国民身份，能自觉捍卫国家主权、尊严和利益，具有文化自信，尊重中华民族的优秀文明成果，能传播和弘扬中华优秀传统文化和社会主义先进文化，了解中国共产党的历史和光荣传统，具有热爱党、拥护党的意识和行动，理解、接受并自觉践行社会主义核心价值观，具有中国特色社会主义共同理想，有为实现中华民族伟大复兴中国梦而不懈奋斗的信念和行动；提升民族地区的高等职业院校支持当地特色优势产业、基本公共服务、社会管理的能力。

2. 加强以职业道德培养和职业素质养成为特点的高等职业教育学生思想政治教育工作

高等职业院校要着力培养既掌握熟练技术又坚守职业精神的技术技能人才。学生能够注重自尊自律，文明礼貌，诚信友善，宽和待人；孝亲敬长，有感恩之心；热心公益和志愿服务，敬业奉献，具有团队意识和互助精神；能主动作为，履职尽责，对自我和他人负责；能明辨是非，具有规则与法治意识，积极履行公民义务，理性行使公民权利；崇尚自由平等，能维护社会公平正义；热爱并尊重自然，具有绿色生活方式和可持续发展理念及行动。高等职业院校要围绕传播职业精神组织第二课堂，弘扬以德为先、追求技艺、重视传承中华优秀传统文化；发挥学生党支部、共青团、学生会、学生社团的作用，与政府、行业、企业合作开展内容丰富、形式新颖、传递正能量的实践育人活动和校园文化活动；注重用优秀毕业生先进事迹教育引导在校学生；培养现代公民所必须遵守和履行的道德准则和行为规范，增强社会责任感，提升创新精神和实践能力，促进个人价值实现，推动社会发展进步，使学生发展成为有理想信念、敢于担当的人。①

---

① 教育部. 高等职业教育创新发展行动计划（2015—2018 年）[EB/OL]. 学信网，http://www.chsi.com.cn/jyzx/201511/20151103/1509042579.html[2016-10-09].

专业硕士作为高层次的应用型人才，应该具有全球意识和开放的心态，了解人类文明进程和世界发展动态；能尊重世界多元文化的多样性和差异性，积极参与跨文化交流；广泛参与国际职业教育合作与发展，加强与职业教育发达国家的政策对话，探索对发展中国家开展职业教育援助的渠道和政策，积极参与职业教育国际标准与规则的研究制定，开发与之对应的专业标准和课程体系，扩大国际话语权，增强国家软实力；关注人类面临的全球性挑战，理解人类命运共同体的内涵与价值等。另外，专业硕士要切实具备实践创新能力，包括在日常活动、问题解决、适应挑战等方面所形成的实践能力、创新意识和行为表现。其具体包括劳动意识、问题解决、技术应用等基本要点。其中，劳动意识的重点是，要尊重劳动，具有积极的劳动态度和良好的劳动习惯；要具有动手操作能力，掌握一定的劳动技能；在主动参加的家务劳动、生产劳动、公益活动和社会实践中，具有改进和创新劳动方式、提高劳动效率的意识；要具有通过诚实合法劳动创造成功生活的意识和行动等。问题解决的重点是：善于发现和提出问题，有解决问题的兴趣和热情；能依据特定情境和具体条件，选择制订合理的解决方案；具有在复杂环境中行动的能力等。技术运用的重点是：理解技术与人类文明的有机联系，具有学习掌握技术的兴趣和意愿；具有工程思维，能将创意和方案转化为有形物品或对已有物品进行改进与优化等。①

三、增强专业学位研究生教育的吸引力

尽管专业学位教育有着明确的职业属性，但很多在职人员仍不看好这种学位，究其原因，主要有三点：①教育质量有待提高，很多院校培养专业学位硕士仍是沿用学术性学位的培养模式，没有大的变化，难以满足在职人员的需求。②社会认可度不高，很多人是抱着传统观念来看待新生事物的，认为专业学位含金量不高，不如学术性学位，是二流学位等。③现代公司制度不看重学位，企业是按岗位来定薪的，学历职称并不影响待遇，而专业学位的招生对象主要是在职人员，他们都很清楚这一点。只有那些准备跳槽的，才会考虑去拿个专业学位，那也仅仅是作为下一份工作的敲门砖而已。此外，我国专业学位研究生教育在很长时间内只授予硕士学

① 一帆.《中国学生发展核心素养》总体框架正式发布[J]. 中小学信息技术教育，2016，（9）：34.

位，而无硕士毕业证，影响到了社会对其的认可度，这也和国际通行标准不相符，要改变这一状况，不是简单地增加一个毕业证的问题，而要从根本上重视专业学位的培养质量，要建立行业企业等第三方机构的监督机制，深度参与专业学位研究生教育，通过质量监管来保障专业学位研究生教育的健康发展。

传统上，德国只有硕士和博士两级学位，并没有与英美国家相当的学士学位（bachelor）。而且就应用科学大学而言，一般是不能授予博士学位的，这类院校的毕业生最终获得的将是硕士学位。在德国传统大学，学生从入学到专业学习结束，取得硕士学位平均需要 7 年时间。但应用科学大学的学制却不长，通常要求在 8 个学期（4 年）完成硕士学位学习。因此，一直以来，应用科学大学有自己独特的学位，即学位授予权。1998 年德国修改的《高等学校总法》指出，应用科学大学颁发的本科学位、硕士学位与综合性大学颁发的本科和硕士学位等值，并且不再需要在学位证书中标明"FH"字样。[①]

相比之下，我国专业学位的招生情况，仍然显示出了专业学位和学术学位的不对等，针对现实中专业学位不被广泛认可的现状，我们可以从五个方面加强改革力度：

1）加大宣传力度，尽快改变人们对专业学位硕士研究生的看法。从社会认可的角度看，与国际接轨，不过分强调毕业证（在职取得的专业学位硕士没有毕业证），用人单位及博士招生单位应以学位证书作为统一的衡量标准。

2）提升专业学位教育的实践导向问题。尽管专业硕士的目标是培养应用型职业人才，但目前很多高校开展的专业学位教育与学术性研究生的培养模式区别不大，必须加强与实习单位的联系，加快实训基地的建设，完善双师型师资的培养引进，切实提高专业学位教育的实践侧重。

3）改革招生考试内容，实现教学计划与职业资格考试内容的融合。考试改革是教育改革与发展的重要组成部分，推动着"应试教育"向"素质教育"转变。传统教学模式虽然也提出注重实践的理念，但操作性不强，专业学位研究生教育既然是以培养应用型人才为主，就要从实际出发，招生考试侧重于对考生实践技能潜质的考察，调整理论知识测试，逐步实现从知识衡量转向对能力和素养的考查。

4）构建职业教育不同层次之间的合理衔接。打通职业教育和专业学位研究

① 陈飞. 应用型本科教育课程调整与改革研究[D]. 上海：华东师范大学，2014.

生教育之间的升学通道，体现出职业教育体系的整体连贯性，纵向打通升学壁垒，实现职业教育专科、本科、硕士的贯通培养。

5）适量发展博士职业教育，完善职业教育的最高层次，不但能对职业教育起到积极的引领作用，还将大大改善社会对职业教育的歧视状况。①

四、重视人文底蕴和科学精神的培养

大学办学理念是对大学的精神、使命、宗旨、功能与价值等大学发展基本思想的概括性体现，职业院校要培养应用型人才，就要侧重于实践特色，确立基本的价值判断和识别，一方面要对教育传统理念进行阐释，对发展历程中最能体现自身优势的部分进行反思、提炼和整合，另一方面要基于现实社会需求和职业教育的发展趋向，确立未来的发展优势。高职院校要形成具有特色的办学理念，以特色理念指导学校发展，就需要从这两个方面进一步完善。职业院校的人才培养要面向社会，解决实际问题。"教学做合一"的特色人才培养模式包括三大育人平台，即以"课堂教学为基础，引导学生'做中学'，形成了理论联系实际的教学育人平台；以校内活动为载体，强化学生'做中学'，形成了学做互动的实践育人平台；以社会课堂为阵地，突出学生'做中学'，形成了学校和地方联动的社会育人平台。""教学做合一"的人才培养模式取得了显著的成效，学生的综合素质、实践能力、社会责任感等得到提升，所培养的人才受到社会欢迎。②

文化是人存在的根和魂，文化基础重在强调学生能习得人文、科学等各领域的知识和技能，掌握和运用人类优秀智慧成果，涵养内在精神，追求真善美的统一，使学生发展成为有宽厚文化基础、有更高精神追求的人。因此，要建立有利于全体劳动者接受职业教育和培训的灵活学习制度，服务全民学习、终身学习，推进学习型社会建设；面向未升学初高中毕业生、残疾人、失业人员等群体广泛开展职业教育和培训；推进农民继续教育工程，加强涉农专业、课程和教材建设，创新农学结合模式；推动一批县（市、区）在农村职业教育和成人教育改革发展方面发挥示范作用；利用职业院校资源广泛开展职工教育培训。

人文底蕴主要是学生在学习、理解、运用人文领域知识和技能等方面所形成

---

① 郑建英. 我国专业学位硕士教育的现状及发展研究[J]. 中国成人教育，2012，（23）：80-81.
② 郝进仕. 新建地方本科院校发展战略与战略管理研究[D]. 武汉：华中科技大学，2010.

的基本能力、情感态度和价值取向，具体包括人文积淀、人文情怀和审美情趣等基本要点[①]。①人文积淀的重点是，学生具有古今中外人文领域基本知识和成果的积累；能理解和掌握人文思想中所蕴含的认识方法和实践方法等。②人文情怀的重点是，学生具有以人为本的意识，尊重、维护人的尊严和价值；能关切人的生存、发展和幸福等。③审美情趣的重点是，具有艺术知识、技能与方法的积累，能理解和尊重文化艺术的多样性，具有发现、感知、欣赏、评价美的意识和基本能力；具有健康的审美价值取向；具有艺术表达和创意表现的兴趣和意识，能在生活中拓展和升华美等。

科学精神主要是学生在学习、理解、运用科学知识和技能等方面所形成的价值标准、思维方式和行为表现，具体包括理性思维、批判质疑、勇于探究等基本要点。①理性思维的重点是：崇尚真知，能理解和掌握基本的科学原理和方法；尊重事实和证据，有实证意识和严谨的求知态度；逻辑清晰，能运用科学的思维方式认识事物、解决问题、指导行为等。②批判质疑的重点是：具有问题意识；能独立思考、独立判断；思维缜密，能多角度、辩证地分析问题，作出选择和决定等。③勇于探究重点是：具有好奇心和想象力；能不畏困难，有坚持不懈的探索精神；能大胆尝试，积极寻求有效的问题解决方法等[②]。

五、提升专业学位研究生培养质量

党的十八大报告提出，走中国特色高等教育发展道路的核心是提高质量，推动高等教育的内涵式发展；专业学位研究生教育与我国经济社会的发展是紧密相连、相互促进的，随着培养规模的扩大，逐渐从量的增长转化为质的提升。

1. 要构建合理的实践教学形式

加强与职业教育发达国家开展交流与合作，探索中外合作办学的新途径和新模式，以产学研为契机，搭建高校与市场沟通的高质量实践基地，采用合理的教学组织形式，提高教学效率。在国外发达国家的职业教育中，教师也是专兼职结合，专职教师侧重于理论知识的传授，兼职教师侧重于专业的实践技能，兼职教

---

① 国务院. 关于加快发展现代职业教育的决定[EB/OL]，国发〔2014〕19号. 中国教育部网站，http://www. moe.edu.cn/publicfiles/business/htmlfiles/moe/moe_1778/201406/170691.html[2016-08-12].

② 一帆.《中国学生发展核心素养》总体框架正式发布[J]. 中小学信息技术教育，2016，(9)：34.

师主要来源于相关专业领域中实践经验丰富的专业人员。专业学位研究生教育课程体系应基于社会对高层次应用型人才的需求来设计，例如，美国 MBA 采用案例教学，看似简单易行，但要达到提高学生能力的效果，却是需要从很多方面整体考虑的，典型的案例也需要教师具备丰富的实践经验，才能引导学生就学习内容展开讨论。实践证明，这种方法确实能够提高学生的综合素质。专业学位研究生的培养不能仅仅将注意力放在课堂上，更要通过参与企业实际项目使学生得到锻炼和成长，培养符合市场所需的应用型人才。

2. 要建立灵活的教学模式

尽管专业学位研究生教育开展全日制的招生工作，但生源队伍仍有不少在职人员，必须考虑到他们的工作实际，采取较为灵活的教学模式。因此，高等职业院校可以采取集中性和分散性相结合，分批安排分散性授课的措施，增加案例教学、现场教学，激发学生兴趣，达到教与学的互动。对于异地学生高等职业院校还可以利用专门的网络教育平台进行网络教学，尝试引入学习领域设计课程大纲。教师将课程事先录制成视频课件，集中放在网络上，让学生可以随时利用网络在线学习，弥补学习时间不足的缺陷。成人学生往往不喜欢死记硬背的理论考试，专业学位的考试可以试行开卷考试，以主观题为主，重点考察学生的逻辑思维能力、分析判断能力，允许学生查阅资料完成考试。[①]

3. 要重视毕业论文的实践性

推进基于核心素养考试评价改革的一个最为重要的措施，就是要依据学业质量标准对学生进行考试评价。专业硕士研究生阶段的应用型教育不能完全从工作岗位的角度设置课程，要兼顾理论的深度，兼顾通才的培养目标。专业论文质量反映了研究生的学习质量，是对教学成果的检验，是人才培养的最后一个重要环节，特别是大部分在职人员报考的专业是和自己的职业紧密联系的，结合专业学位的特点，论文必须立足于实践，体现职业性和专业性，导师有针对性地引导学生学习相关专业前沿知识，探讨原因，以解决具体问题为主，采取案例分析、项目管理或市场调查分析报告等形式，杜绝空对空的纯学术性研究。毕业论文的质量标准不再是基于学科内容的表现标准，而是基于能力和素养的标准，专业学位研究生的应用型人才培养质量也因此得以展现。

---

① 郑建英. 我国专业学位硕士教育的现状及发展研究[J]. 中国成人教育，2012，(23)：80-81.

参考文献

蔡丽. 高校应用本科人才培养模式实施效果的研究[D]. 重庆：西南大学，2009.

陈丽华，胡燕平. 教育与教育财政的联动效应研究[J]. 福建省社会主义学院学报，2010，（6）：105-107.

褚宏启. 核心素养的概念与本质[J]. 华东师范大学学报（教育科学版），2016，34（1）：1-13.

调查显示：家庭阶层差异直接影响学生就业、创业[EB/OL]. 中新网，http://www.chinanews.com/cj/cj-gncj/news/2009/09-24/1883999.shtml[2016-09-16].

冯帆. 浅谈高等职业院校提高教育教学质量的基本途径[J]. 淮海工学院学报（社会科学版），2011，9（23）：40-42.

国务院办公厅. 关于深化高等学校创新创业教育改革的实施意见[EB/OL]，国办发〔2015〕36号. 国务院政府网，http://www.gov.cn/zhengce/content/2015-05/13/content_9740.htm[2016-06-07].

郝进仕. 应用型大学的属性与特征——兼论新建地方本科院校应定位于建设应用型大学[J]. 黄冈师范学院学报，2011，31（4）：127-129.

胡少华. 应用型本科人才培养的问题与对策研究[D]. 重庆：西南大学，2011.

黄东显，刘婷婷. 我国职业教育体系存在的问题及完善对策[J]. 职业时空，2015，11（10）：8-10.

黄东显，刘晓. 从劳动力市场角度探讨改善就业状况的对策[J]. 科教导刊（中旬刊），2016，（23）：5-6.

黄东显. 金融危机形势下大学生就业问题研究[J]. 出国与就业（就业版），2010，（3）：11-14.

教育部. 鼓励各界先行先试破解职教难题[EB/OL]. 新华网，http://news.xinhuanet.com/edu/2011-02/28/c_121130247.htm[2011-02-28].

李亚萍. 关于航海院校实施创业教育的思考[J]. 航海教育研究，2003，（3）：16-19.

林崇德. 核心素养研究报告[EB/OL]. 搜狐教育，http://learning.sohu.com[2016-07-08].

刘华. 应用型本科人才培养中存在的问题与对策研究[D]. 重庆：西南大学，2010.

鲁昕. 大力加强校企合作，深化职业教育人才培养模式的改革创新[J]. 汽车维修与保养，

2011，（3）：100-102.

吕玲. 试论大学生创业成功率的提高[J]. 黑龙江高教研究，2011，（2）：111-113.

马力. 高等教育结构与就业结构、产业结构关联性研究[D]. 北京：首都经济贸易大学，2016.

毛剑杨. 基于航海专业学生职业适任能力培养的体育课程理论与实践研究[J]. 中国学校体育（高等教育），2016，3（8）：29-35.

宋晓燕，宋继东. 旅游类高职院校校企合作模式研究[J]. 中国成人教育，2011，（8）：79-80.

孙锦. 高职院校教学质量监控的研究[J]. 华章，2013，（25）：101，104.

孙丽丽. 高职院校大学生创业教育探索[J]. 出国与就业（就业版），2010，（19）：54-55.

汪瑞林，杜悦. 凝练学生发展核心素养，培养全面发展的人[N]. 中国教育报，2016-09-14.

王春丽. 从创新驱动发展战略看高职教育转变[J]. 今日财富，2016，（11）：218-219.

王嵩. 德国全面职业教育研究[D]. 天津：天津大学硕士学位论文，2009.

韦松吟. 广西职业教育校企合作发展的制度缺陷及其对策[J]. 广西教育，2011，（3）：14-15.

新华社. 抓好"一带一路"建设和重大标志性工程落地[J]. 建筑设计管理，2015，（12）：47-48.

徐莉. 高等职业技术教育发展的前景展望[J]. 黑龙江教育学院学报，2010，29（12）：18-19.

许红菊，韩冰. 以供给侧改革思路提高高职教育吸引力[J]. 职教论坛，2016，（16）：16-20.

严权. 应用型本科课程论[M]. 武汉：中国地质大学出版社，2012：11.

杨倩音，肖斌. 当前高职院校毕业生就业形势导向因素的分析[J]. 河北旅游职业学院学报，2012，17（2）：109-112.

杨宇轩. 高等教育层次结构调整与经济增长的关系研究[D]. 成都：西南财经大学，2012.

杨志坚. 中国本科教育培养目标研究（之六）——本科教育培养目标的战略调整[J]. 辽宁教育研究，2004，（10）：1-16，49.

尤印国. 加强高职学生创业能力培养机制研究浅探[J]. 资治文摘（管理版），2010，（3）：140.

于明华. 对大学生创新创业教育方式方法的思考[J]. 河南机电高等专科学校学报，2011，19（2）：45-47.

袁花平. 大学促进公民教育的发展[J]. 湖北函授大学学报，2010，23（6）：7-8.

袁新建，张建峰，陈媛媛. 应用型本科课程设置中的问题及对策探索[J]. 产业与科技论坛，2015，（2）：155-156.

约翰·杜威. 民主·经验·教育[M]. 彭正梅译. 上海：上海人民出版社，2009：2.

郑建英. 中外职业教育发展比较及对我国的启示[J]. 教育与职业，2013，（8）：93-94.

智联招聘. 2016 年应届毕业生就业力调研报告[EB/OL]. 江苏新闻资讯网，http：//www.
　　jswt.com[2016-05-19].

周春彦，亨利·埃茨科威兹. 美国创业型大学的历史演化及主要特征[EB/OL]. 中国教育和科
　　研计算机网，http：//www.edu.cn/20050922/3153106.shtml[2016-09-16].

周孟祥，谭文清. 山东体育学院大学生就业若干问题分析与建议[J]. 山东体育学院学报，
　　2005，21（4）：45-47.

索 引

后 记

　　有幸从事职业教育研究与教学工作以来，我便把全部精力投入在这份充满希望的事业上。自 2009 年主持河南省政府决策研究招标课题开始，2011年 11 月获评副教授职称（三门峡职业技术学院），我在职业教育领域不断进取，虽然历经辛苦，反而常常乐在其中。我选择在学术这条道路上走下去，既是遵从内心深处的召唤，更是因为做学问、做研究已然成为我的一种生活习惯。

　　本书已构思多年，力图从理论层面对我的关于影响应用型人才培养的代表性教育教学成果进行梳理，同时关注应用层面的实践方案，并从创新层面加以分辨，以期获得对我国职业教育发展的有益启示。因诸多事务缠绕，延至如今才得以成书。本书在写作过程中得到了很多同志和朋友的帮助。

　　首先，要感谢我的导师、武汉大学李保强教授在百忙之中为本书写序。

　　三门峡职业技术学院（河南科技大学应用工程学院）郑建英先生通阅了全部书稿，提出了很多宝贵意见，并特别参与了本书第三部分的研究与写作；长江职业学院刘婷婷女士给予了大力支持，并参与了本书第一部分的研究与写作；湖北大学董莹女士做了很多资料整理工作，并参与了本书第二部分的研究与写作；科学出版社付艳、孙文影、高丽丽三位编辑为本书的出版付出了大量的辛勤劳作，并提出了许多建设性的建议，在此一并表示衷心感谢！

　　本书在写作过程中吸收了近年间有关专家和学者的研究成果，也参考了互联网上的一些资料，尽管列举了参考文献，但恐有遗漏，谨向被遗漏的参考文献作者表示歉意与谢意。

　　本书涉及我近年来主持或主要参与的课题，具体包括：河南省软科学研究计划项目（142400411178）、湖北省教育科学规划课题（2015GB329）、教育部教指委"十二五"规划课题（WH125YB28）、湖北省高职高专党建研究会委托课题（2016DJW005）、湖北技能型人才培养研究中心课题（B2014001、

2016JA002），各课题的研究成果在本书中均有所体现。

应用型人才培养是一个比较宏大的命题，加之本人学识有限，恐有观点偏颇之处，敬请专家、读者批评指正。

作　者

2016 年 10 月